知识产权实务丛书

药物晶型专利保护

主 编　白光清

副主编　袁　杰　夏国红

知识产权出版社

国防工业出版社

·北京·

图书在版编目（CIP）数据

药物晶型专利保护/白光清主编. —北京：知识产权出版社：国防工业出版社，2016.4
（知识产权实务丛书）

ISBN 978-7-5130-4145-4

Ⅰ.①药…　Ⅱ.①白…　Ⅲ.①药品—专利—知识产权保护—研究—中国

Ⅳ.①D923.424

中国版本图书馆 CIP 数据核字（2016）第 069768 号

内容提要

晶型药物已成为通用名药物开发中无法回避的专利问题，本书对晶型药物专利既往的专利申请、专利审查、专利诉讼经验进行了总结，并精选了国内外相关案例 21 件，涉及案情的技术分析、专利审理过程的法律解析、申请文件撰写、专利保护的方式、专利无效及侵权诉讼的策略等，适于专利部门、制药企业、科研单位、专利代理机构的专利审查员、专利代理人、专利律师、科研人员、管理人员等在药物创新中参考。

责任编辑：张　珑　穆丽丽　　　　　　　　责任出版：刘译文

药物晶型专利保护

YAOWU JINGXING ZHUANLI BAOHU

白光清　主　编　　　　　袁　杰　夏国红　副主编

出版发行：知识产权出版社 有限责任公司		网　　址：http：//www.ipph.cn
电　　话：010-82004826			http：//www.laichushu.com
社　　址：北京市海淀区西外太平庄 55 号		邮　　编：100081
责编电话：010-82000860 转 8539		责编邮箱：riantjade@ sina.com
发行电话：010-82000860 转 8101/8029		发行传真：010-82000893/82003279
印　　刷：北京嘉恒彩色印刷有限责任公司		经　　销：各大网上书店、新华书店及相关专业书店
开　　本：720mm×1000mm　1/16		印　　张：15
版　　次：2016 年 4 月第 1 版		印　　次：2016 年 4 月第 1 次印刷
字　　数：245 千字		定　　价：68.00 元

ISBN 978-7-5130-4145-4

本书编委会

主　编：白光清

副主编：袁　杰　夏国红

编　委：马秋娟　陈纪纲　曾学东　邓声菊　卫　军　孙海燕
　　　　张　辉　劳　芳　赵　菁　何　杰　曹　扣　崔传明

《知识产权实务丛书》总序

中国知识产权制度的百年史，是一个从"逼我所用"到"为我所用"的法律变迁史，也是一个从被动移植到主动创制的政策发展史。从清朝末年到民国政府的50年时间里，我国知识产权制度始终处于"被动性接受"状态。自中华人民共和国成立以来，长达30年间则处于"法律虚无主义"阶段，知识产权尚无法律形式可言；至20世纪80年代以来，中国开始了知识产权立法进程，在极短的时间内创建了比较完整的知识产权法律体系。然而，这一时期的知识产权立法既有对外开放政策的内在驱使，同时也有外来经济和政治压力的影响，因此具有被动的特点和一定的功利色彩。进入新千年后，特别是《国家知识产权战略纲要》颁布实施以来，中国知识产权制度建设进入了战略主动期，即根据自身发展需要，通过知识产权制度创新去推动和保障知识创新，从而实现了由"逼我所用"到"为我所用"的制度跨越。

当前，我国经济发展进入新常态，实施创新驱动发展战略成为时代主题，创新已经成为引领发展的第一动力。知识产权制度既是创新活动激励之法，也是产业发展促进之法。可以认为，创新驱动发展战略的核心内容就是要实施国家知识产权战略，助推创新发展。中共中央《关于全面深化改革若干重大问题的决定》强调"加强知识产权运用和保护"，表明了影响我国当前创新发展的两大关键节点，也指出了未来知识产权战略实施的重要攻坚难点。这即是说，知识产权的有效运用，是创新发展的基本路径；知识产权的有力保护，是创新发展的基本保障。经济发展的新常态带来知识产权事业的新常态，知识产权学人要认识新常态、适应新常态、引领新常态。

伴随着中国知识产权事业的进步，我国的知识产权研究在三十余年间也经历了起步、发展到逐步繁荣的阶段。知识产权学者在知识产权的基础理论、制度规范和法律应用等方面积累了丰硕的研究成果，这也为我国知识产权的制度完善和战略实施提供了足够的理论支撑。然而，知识产权是一门实践性很强的学科。因此，知识产权问题的研究不应仅仅满足于学理研究，而且要坚持问题导向，回应现实需求，注重应用研究。我国的知识产权应用研究相对薄弱，知识产权文化普及还缺乏新的抓手，这显然不能满足当前知识产权事业发展的需要。我们十分欣喜地看到，在国家知识产权局人事司的支持下，重庆市知识产权局、国家知识产权培训（重庆）基地、重庆理工大学重庆知识产权学院组织编纂了《知识产权实务丛书》，可谓恰逢其时，正应其需。该丛书具有以下几个特点：一是以知识产权实务操作为核心，理论联系实际，并重在实践和具体操作，因而非常契合加强知识产权运用和保护的战略需求；二是编写人员采用"混搭"的方式，既有从事知识产权理论研究和教学的高校教师，也有具备丰富实践经验的律师、知识产权代理人、企业知识产权管理人员和专利审查员等实务专家；三是丛书既涉及知识产权申请、保护、分析、运营以及风险管理等具有普遍适用性的主题，同时也有晶型药物等特定领域的研究成果；四是从案例出发，以案说法，以事喻理，以经验示范，使所述内容颇具可读性。因此，这是一套适合知识产权从业者阅读的专业书籍，更是适合普通公民了解知识产权知识、运用知识产权制度的科普性读物，它使知识产权走下"神坛"，为公众所能知、能用。这对于普及知识产权文化，增强知识产权意识有所裨益。

　　值此丛书出版之际，谨以此文为序。

吴汉东[1]

2015 年 11 月 30 日于武汉

---

　　[1] 本序作者为教育部社会科学委员会法学学部委员、国家知识产权战略专家、中南财经政法大学文澜资深教授、知识产权研究中心主任。

序

  创新是提升企业核心竞争力的关键，也是社会发展永恒的主题，知识产权作为国家的发展战略，就是要利用知识保护制度促进国家科技、经济的发展，完善知识产权的创新与保护体系，为技术创新与社会发展服务。目前，我国医药工业已步入第十三个五年规划，国家也将继续加大对医疗保障和医药创新的投入，国内医药领域的技术创新势必进一步增强。

  隐映浮中国，晶明助太阳。晶型作为药物技术创新的重要内容，在新药的研发中起着承前启后的重要作用，一方面作为延续基础化合物保护的重要载体，另一方面连结着优势的制剂产品。对药物晶型专利保护的系统性研究，在国内尚付阙如，本书从申请、审查、保护三个角度对药物晶型的专利进行了较为全面的研究，填补了国内有关药物晶型创造—运用—保护的空白，具有重要的学术价值和实践意义。药物晶型仅仅是医药技术创新链条中的一环，但药物领域常见的专利问题，在药物晶型专利中均有所体现。例如，新颖性的推定、现有技术中隐含公开内容的认定、创造性判断中最接近现有技术的选择、与已知化合物结构相似化合物的创造性判断、审查过程中提交的实验数据对新颖性或创造性判断的影响等，以及后续保护中涉及的权利要求的解释方法、现有技术的抗辩方式、委托实验的鉴定等。对药物晶型专利保护的系统性研究，不仅有助于提升晶型本身的技术创新与保护，也有助于促进对医药技术创新全环节专利保护的思考。

  奇文共欣赏，疑义相与析。当然，由于药物晶型涉及的技术问题和法律问题均较为复杂，对晶型中涉及的技术问题、专利申请与审查中反映的规律、案例的整理都需要花费大量的时间，书中不尽完美之处在所难免，一些案例可能后续仍会存在争议，编写组旨在通过现行的案例，提供给专利部门、制药企业、科研单位、专利代理机构的专利审查员、专利代理人、专利律师、科研人员、管理人员等参考，以服务国内的药物创新，为促进国内科技、经济的社会发展尽绵薄之力。

博观而约取，厚积而薄发。衷心希望读者通过本书有所受益，并在工作、生产实际中有所帮助；同时，也希望本书的编写组在本书的基础上，继续对药物晶型国内外的申请、审查、案例进行更专业、更深入的专利研究，取得更多、更好的研究成果。

是为序。

前　　言

　　晶型是化合物分子或原子在晶格空间排列不同而形成的不同固体状态，属于物理微观结构，对这种物理微观结构的深入研究，逐渐使人们认识到不同晶型状态所带来的药物临床差异，包括不同的治疗效果、不同的毒副作用、不同的制剂品质等。因此，对药物晶型的研究与创新将有助于促进药物领域的技术进步，是除化合物之外，组成药品关键技术的核心内容之一。现有专利信息也表现，晶型专利是在全球布局最广泛的专利技术主题之一，是在化合物专利保护到期之后延续药品独占利益的有效方法。

　　然而，晶型药物在技术本质上属于物理的微观状态，在专利表述上属于采用物理参数表征的固体化学产品，所述的参数是一种在技术上可以是直接测定的性能值（如物质熔点、钢的抗弯强度、电导体的电阻），用以反映的是结构、组成、性能和/或效果等特征，对于晶型药物而言，通常是用测定方法反映的物理结构和/或组成特征，如空间群、X射线衍射、红外光谱、拉曼光谱等数据，如何对这些参数表征的产品进行专利保护一直是专利申请、专利审查、专利诉讼中的难点。随着我国制药工业的发展，以及药品研发水平的提升，国内逐渐认识到晶型研究的重要性，晶型药物不仅成为近年来国内专利申请的重要技术主题，而且也成为通用名药物开发中无法回避的专利问题。本书正是在这样的背景下由专利局专利审查协作北京中心组织编写完成的，以进一步促进药物领域的技术创新，践行专利制度保护专利权人合法权益、鼓励发明创造、推动发明创造的应用、提高创新能力、促进科学技术进步和经济社会发展的立法宗旨。

　　本书通过晶型药物的检索、调查分析、案例筛选等研究过程，对晶型药物专利既往的专利申请、专利审查、专利诉讼经验进行了总结，并精选了国内外相关案例21件，希望通过这些鲜活的具体案例，从案情的技术分析、专利审理过程的法律解析到申请文件撰写、专利保护的方式、专利无效及侵权诉讼的策略等启示，能够使读者对药物晶型专利的保护所涉及的法律问题有更深的理解。

　　本书第1章药物晶型技术概述由张辉撰写，第2章药物晶型专利概述由邓声菊撰写，第3章第3.1节复审案例由何杰撰写，第3章第3.2节无效案例及第3.3节诉讼案例由劳芳撰写，第4章第4.1节专利侵权应对及第4章第4.2节专利挑战策略由赵菁撰写，第5章第5.1节纯度专利审查由曹扣撰写，第5章第5.2节国内专利案例评析由崔传明撰写。全书由马秋娟、张辉统稿，白光清校核定稿。

　　由于水平有限，书中疏漏之处在所难免，希望读者批评指正。

本书编委会

目　　录

第1章 药物晶型技术概述

　　晶型是化合物分子或原子在晶格空间排列不同而形成的不同固体状态，晶型药物是指药效成分以特定晶型状态存在的固体药物，药物多晶型是指药物存在两种或两种以上的不同晶型物质状态，常见的晶型种类包括以下几种①：分子有序排列与多晶型、分子无序排列与多晶型、药物分子构型与多晶型、构物分子构象与多晶型、溶剂合物、水合物（图1-1）。与药品注册相关的技术指导原则一般将多晶型概括为②：晶体状态、无定形状态、溶剂化合物、水合物（图1-2）。晶型药物在20世纪50年代末才引起药学界的注意，20世纪70年代后，美国在药典中已有个别药物晶型的记载。据统计，《美国药典》（2000版）片剂样品中约有40%的药物存在多晶型现象，《中国人民共和国药典》（以下简称《中国药典》）（2005版）共收载化学药品789种，其中仅2个品种为晶型药物③，我国晶型药物的管理与其他国家存在较大的差距。

图1-1　不同晶型

---

　　① 吕扬，杜冠华. 晶型药物 [M]. 北京：人民卫生出版社，2009：69-104.
　　② 仿制药晶型研究的技术指导原则. [EB/OL]. 2009 [2015-07-30]. http：//download.bioon.com.cn/view/upload/201210/09161305_ 4919. pdf.
　　③ 吕扬，杜冠华. 晶型药物 [M]. 北京：人民卫生出版社，2009：294-295.

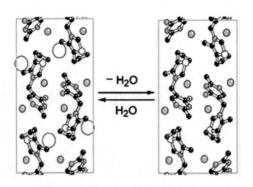

图 1-2 水合物晶体示意图

1.1 晶型药物的特点

由于不同晶型的药物可能会影响其在体内的溶出、吸收，进而可能在一定程度上影响药物的临床疗效和安全性；特别是一些难溶性口服固体或半固体制剂，晶型的影响会更大。因此，对于多晶型药物，在研制固体口服制剂时，对晶型进行研究有利于选择一种在临床治疗上有意义且稳定可控的活性成分。

1.1.1 晶体的易变性

作为药物晶型的物质必须具备一定的稳定性，包括自身的稳定性、制剂过程中的稳定性等。然而，由于药物在不同溶剂、不同温度、不同压力等条件下会产生不同的空间结构，这是多晶型的天然特性。不同晶型间的转变也是晶型是化合物一个重要的理化性质，根据不同晶型稳定性的差异，药物多晶型又可以分为稳定型、亚稳定型和不稳定型。稳定型的熵值小、熔点高、化学稳定性最好，但溶出度、溶解度也往往最小，因此生物利用度比较差，不稳定型则相反，亚稳定型介于二者之间，亚稳定型和不稳定型在一定条件下会逐步向稳定型转变[①]。

在原料药的晶型得以充分认识及进行了必要的控制后，还应考虑其在制剂加工过程中可能因制剂工艺及辅料而发生晶型改变的问题。因为从药物原料到

---

① 周肖寅，等. 药物多晶型现象研究进展 [J]. 化学与生物工程，2010, 27 (10): 1-5.

固体制剂成品，需要多步工艺过程，如重结晶、粉碎、制粒、干燥、压片，这些加工工艺都可能使药物的晶型发生改变①。

（1）研究发现制剂工艺中粉碎过程可使药物由晶型稳定型转变为非晶型，或使亚稳定型转变为稳定型或非晶型，这主要是由于机械作用引起温度升高，使药物晶型发生了改变。

（2）在固体制剂的制备过程中，制粒通常是必不可少的一步工艺过程，而水和含醇水溶液是最常用的黏合剂，用黏合剂进行制粒，常导致药物的晶型发生转变。

（3）工艺中的干燥过程也会对药物晶型产生影响，这是由于多晶型药物在高温下也会发生晶型的转变。

如果发现制剂过程中晶型发生了变化，应考虑采用其他适宜的方法制剂，避免在制剂过程中因晶型发生变化而影响药物在体内的溶出和吸收。但是，由于制剂中添加了大量的辅料，给识别药物中的原料药的晶型带来了一定的困难，对有多晶型存在且不同晶型药效差别较大的药物，应首先在处方和工艺筛选过程中研究各种因素对晶型可能的影响，考察工艺过程前后主药的晶型变化情况，选择与本品晶型适宜的工艺条件，制订相应的操作规范和检测手段。同时在稳定性研究中也应对晶型进行考察，对长期留样样品进行前后对比试验，根据晶型的变化情况，确定药物合理的贮存条件及有效期。通过上面的工作最大限度地减少低效、无效晶型的产生；避免由于同一药物不同晶型的特性溶出速率、溶解度存在差异，而影响生物利用度或治疗的有效性，确保药品使用的安全性和有效性。

1.1.2　晶种的重要性

晶种用以提供晶体生长的位点，以便从均匀的、仅存在一相的溶液中越过一个能垒形成晶核，加入的晶种加速了目标晶型的生长速率，有助于得到目标晶型。工业制晶中，为了得到粒度大且均匀的晶体产品，都要尽可能避免初级成核，控制二次成核，加入适量的晶种作为晶体生长的核心通常是必须的，晶种的制备因此也成为制备晶体的一个重要环节②。

---

① 阿基业，等. 固体制剂工艺对药物晶型的影响 [J]. 中国医药工业杂志, 2000, 31 (11)：524-526.
② 鲍颖，等. 溶析结晶研究进展 [J]. 化学工业与工程, 2004, 21 (6)：438-443.

晶种的重要性在于所用的晶种是否需要特别工艺获取，如果需要，则需要说明晶种的获取途径，如果晶种的性质有特别要求，需说明晶种的特性及检测方法。例如，研究表明：① 针状头孢地嗪钠作为晶种对最终产品粒度无改善、产品粒度极细小，碎晶多；超声法获得的晶种制得的产品均一度较好，完整的长棒状产品较多；以无定形为晶种得到的产品粒度最大，且长径比最小，呈短棒状。

另外，晶种与晶型的稳定性也存在一定的联系。例如，也存在某一晶型在别的晶型晶体的表面生长，稳定晶型会在亚稳定型或不稳定型晶型表面成核、生长，直至最终完全转晶，这是由于两种型的某一晶面的结构相似，溶质分子可以在亚稳定型或不稳定型晶型晶面上直接堆积、排列成稳定晶型②。因此，在原料药晶型的研发中，对于有特殊要求的晶体制备，一般需要将加入的晶种当做起始原料来控制。

1.2　晶型药物的鉴别

晶型的检测方法很多：X 射线衍射（X-Ray Diffraction，XRD，包括单晶衍射（X-Ray Single Crystal Diffraction）（图 1-3）、粉末衍射（X-Ray Powder Diffraction，XRPD））、热分析（差热扫描分析，Differential Scanning Calorimeter，DSC；热重分析，Thermogravimetric Analyzer，TGA）、红外光谱（Infrared Spectroscopy，IR）、拉曼光谱（Raman Spectra）等。其中，XRD 是利用原子对 X 射线的衍射效应，完成对物质结构、物质成分、物质晶型的研究，单晶 X 射线衍射分析是以一颗单晶体作为研究对象，可提供药物晶型物质一定量分子立体结构信息和表征不同晶型药物的特质特征。XRPD 分析技术是以无数粉晶物质（晶态与无定型态）样品作为研究对象，以物相分析理论为基础，可用于物质状态、物质成分、晶型状态、晶型纯度、晶型质量控制等分析。DSC/TGA 是研究晶型物质在受热过程中发生的晶型转变、熔融、升华、吸附等物理变化和脱水、氧化、还原等化学变化过程。对于不同药物的不同晶型，其检查方法的专属性

① 胡晓薇. 头孢地嗪钠晶型转化与结晶过程研究. 天津：天津大学化工学院硕士研究生论文，2013，6.

② 龚俊波，等. 药物晶型转化与控制的研究进展［J］. 化工学报，2013，64（2）：385-392.

是不同的。进行晶型质量研究时，首先要根据化合物的自身特点，选择适宜的、具有专属性的晶型检查方法，并根据试验结果制订合理的限度控制有效晶型的含量或无效晶型的含量，保证批次之间样品晶型的一致性。

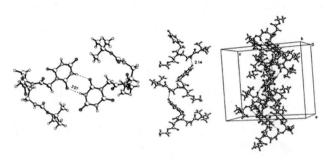

图 1-3 X-Ray 单晶衍射测得的晶体中化合物的排列方式

一般认为，最直接的证据是单晶衍射，但是由于很多药物无法制备药用晶型的单晶，所以一般采用粉末衍射，目前粉末衍射被认为是较为可靠的依据。表 1-1 是几种常见的检测方法的优缺点比较[①]。

表 1-1 几种常见的晶型检测方法的优缺点比较

检测方法	原理	优点	缺点
XRD	通过 X 射线衍射分析晶体结构	精确计算晶体间原子间距，XRD 被广泛用于晶体结构的分析	无定形结构难以用 XRD 进行评估
DSC	通过晶体的吸热/放热反应分析晶体的稳定性和熔点	观察晶体的属性	无法定义晶体的结构
Raman	通过分析受激光辐射产生的散射光来分析化学结构	晶体与无定形结构均可以通过分子振动信息获得；样品制备没有特殊要求	很难通过 Raman 分析晶体的绝对结构

① Raman Spectroscopy Analysis of Crystalline Polymorphs for Pharmaceutical Development [EB/OL]. 2015 [2015-07-30]. http://www.jascoinc.com/pharmaceutical/raman-spectroscopy-analysis-of-crystalline-polymorphs-for-pharmaceutical-development.

1.2.1 X线衍射

1. 峰位置

峰位置是图谱鉴别的最重要的特征，其测量误差来源主要有 θ 和 2θ 的光栅角度编码器引入的圆周分度间隔误差和光栅刻线误差、系统装配引入的同轴度误差，以及初始零位误差和环境温度漂移等导致的测角误差。对于不同晶体来说，低角度线的晶面间距 d 值大，其相近似的机会很少，而高角度线的晶面间距 d 值小，其相近似的机会多。即测定的环境条件、测定方法和仪器型号对于测定结果都具有一定的影响，不是在同一条件下进行的检测结果通常不具备可比性。

《中国药典》（2015 版）征求意见中认为[①]，单晶衍射：晶胞参数三个轴（a、b、c，单位为 Å）的误差在小数点后第三位，三个角（α、β、γ，单位为（°））的误差在小数点后第二位；原子相对坐标的误差在小数点后第四位，键长的误差在小数点后第三位，键角的误差在小数点后第一位。粉末衍射：采用相同制备方法的等质量试样定量分析，在同一实验条件下，样品与标准品的 2θ 值数据误差范围为 $\pm0.2°$，衍射峰的相对强度误差范围为 $\pm5\%$，否则应考虑重新进行实验或可能存在多晶型问题。《美国药典》认为："样品和参考物的衍射角应当在衍射仪校准精度范围内一致（2θ 值应可重现，$\pm0.10°$）"。而有学者认为[②]，若采用光学法修正后的 XRD，测角不确定度可从 $0.01°$（36″）提高到 $0.001°$ 内，则该 XRD 能够对标准物质的实际衍射峰位进行校准。校准后的标准物质衍射峰位的准确度约为 $0.003°$，则该标准物质可以校准测角准确度不大于 $0.01°$ 的多晶 XRD。应用上述测角方法，对 XRD 测角仪进行修正后，可使被测 XRD 也具有相当的测量能力。

2. 峰强度

通常认为忽略衍射峰强度（相对强度、绝对强度）的晶型分析方法是十分

---

① 国家药典委员会. 0451 X 射线衍射法 [EB/OL]. 2015 [2015-07-30]. http：//www.chp.org.cn/export/sites/chp/resource/2014b/20140730094730 72463.pdf.

② 崔建军，等. X 射线衍射仪角度校准的光学新方法 [J]. 天津大学学报（自然科学与工程技术版），2014，47（8）：747-752.

错误的①，晶体的鉴别，一般应本着峰位偏移但不缺失即可以初步判定为同一晶型的原则，首先考虑的是峰位置，如果峰位置能对上，即使有偏移，也应初步判定为相同的晶体；其次，可进一步考虑各衍射峰的强度及峰形，晶态物质呈现的衍射峰为尖峰，而无定型态的衍射峰比较弥散，有时呈现馒头状，峰越尖、半峰宽越小，则表明晶粒越小、结晶越好，在衍射仪获得图谱上，如果样品是较好的"晶态"物质，图谱的特征是有若干或许多个一般是彼此独立的很窄的"尖峰"，尖峰半高度处的 2θ 宽度一般为 $0.1°\sim0.2°$②。

判断时应综合考虑样品与标准品是否确属同一精度的实验条件、2θ 值数据一般性误差范围等。由峰位置、峰强度认定的差异峰数量的多少被认为晶体不同暂无定论，也很难有结论，利用差异峰来支持不同晶型的主要依据仍然在于上述对于峰位置、峰强度的判断上。

1.2.2　其他方法

其他检测方法，如 Raman、IR、DSC、TGA、NMR 等，有时对于待鉴定的药物多晶体是非常有效的。例如，Raman 光谱分析被认为也能够非常快并且精确地鉴定奥美拉唑™的晶型 A 与晶型 B：晶型 A 很容易地因 1364 cm⁻¹ 位置峰的缺失，而与晶型 B 区别开来。但是，单一的检测手段一般难以提供足够的技术信息③，如化合物中的水含量通过 TGA 很容易获得，但 TGA 对于水合物的失重曲线并不能提供物理结构的信息，且有时单水合物与二水合物的 DSC 图谱会表现得非常相似，而联合 XRD 检测，包括采用变温 XRD（VTXRD）④ 被认为更有效。因此，未来多种检测手段的联合应用会是一种必然的趋势。

① 吕扬，杜冠华. 晶型药物 [M]. 北京：人民卫生出版社，2009：129.
② XRD 分析常见问题整合 [EB/OL]. 2015 [2015-07-30]. http://max.book118.com/html/2013/0309/3419237.shtm.
③ Jun Han. Advances in Characterization of Pharmaceutical Hydrates. [EB/OL]. 2006 [2015-07-30]. htp://tbiweb.org/tbi/file_dir/TBI2006/TBI2006_3_25.pdf.
④ Cynthia S Randall, William L Rocco, Pierre Ricou. XRD in Pharmaceutical Analysis: A Versatile Tool for Problem-Solving [EB/OL]. 2010 [2015-07-30]. http://www.americanpharmaceuticalreview.com/Featured-Articles/115052-XRD-in-Pharmaceutical-Analysis-A-Versatile-Tool-for-Problem-Solving.

第2章　药物晶型专利概述

晶型专利是在全球布局最广泛的专利技术主题之一[①]，药物晶型专利日益受到重视，1985—2005 年 FDA 批准的新分子实体中大约有 51% 至少一件专利涉及多晶型、异构体、前体、酯或其盐，这些专利产生额外的专利保护期限约 4~6 年[②]，它是在化合物专利保护到期之后延长产品利益的有效方法。

为掌握目前药物晶型专利的国内申请、审查与保护情况，随机抽取了 24 件实审案例、25 件复审案例和 10 件无效案例、10 件司法判例进行分析，抽样结果见表 2-1。

表 2-1　抽样结果

案例类别	实审			复审		无效		
	授权	驳回	视撤	维持	撤销	全部有效	全部无效	部分有效
新颖性	15	4	3	5	3	0	0	0
创造性	1	1	0	8	1	1	6	0
说明书公开不充分	0	0	0	3	1	0	0	1
不支持	1[①]	0	0	0	4	1	0	1

①涉及新颖性的同时涉及不支持。

---

① 张辉，刘桂英. 立普妥同族专利构建策略探析［J］. 中国药学杂志，2014，49（5）：437-440.

② Susanne H. Goodson. Challenges and Strategies for Patenting New Solid Forms［EB/OL］. 2015［2015-07-30］. http：//www. fr. com/files/uploads/newsolidforms2. pdf.

2.1　申请与实质审查

2.1.1　申请文件撰写

1. 晶体的种类及类型

晶体的种类可以分为晶态晶型、无定型态晶型、水合物、溶剂合物等，而晶体的类型通常包括化合物晶体、化合物盐晶体、水合物晶体、衍生物晶体等，将进行研究的 59 件专利申请案例据此进行分类，结果见表 2-2。

表 2-2　晶体的种类及类型

晶体种类	晶体类型				
	化合物晶体	化合物盐晶体	水合物晶体	衍生物晶体	其他
晶态晶型	34	11	1	0	0
无定型态晶型	2	1	0	0	0
水合物	0	1	7	0	0
溶剂合物	0	0	0	1	0
其他	0	0	0	0	1

根据表 2-2 可知，在进行研究的 59 件专利申请案例中，根据晶体种类进行分类，有 46 件涉及晶态晶型，8 件涉及水合物，3 件涉及无定型态晶型，涉及溶剂合物和其他种类的各 1 件；根据晶体类型进行分类，有 36 件涉及化合物晶体，13 件涉及化合物盐晶体，8 件涉及水合物晶体，涉及衍生物晶体和其他类型的各 1 件。由此可知，晶型药物专利主要涉及化合物晶态晶型，其次是化合物盐晶态晶型，其他类型涉及较少。

2. 晶体的制备与确认

对于晶型药物专利申请，说明书中应当记载晶体的确认和晶体的制备，对于晶体的确认，最常见的是以 X 射线衍射结果对晶体进行表征，此外还有采用红外光谱和热分析技术检测结果进行表征，对于晶体的制备，最常见的方法是溶剂结晶法，此外还有喷雾法和熔融结晶法，将进行研究的 59 件专利申请案例据此进行分类，结果见表2-3。

表 2-3　晶体的制备与确认

制备方法	晶体的确认		
	X 线衍射	多种检测	无确认
溶剂结晶法	23	33	3
熔融结晶法	0	0	0
压力转晶法	0	0	0

根据表2-3可知，在进行研究的59件专利申请案例中，有23件是采用 X 射线衍射结果对晶体进行表征，33件是同时采用多种检测技术检测结果进行表征，3件没有进行确定，所有案例均是采用溶剂结晶法进行制备。

3. 技术问题与技术效果

晶型药物专利申请的提出，通常不外乎于致力于解决多晶型自身和制剂相关两个方面的技术问题，其效果通常体现在纯度、稳定性、溶解性和生物利用度方面的提高，将进行研究的59件专利申请案例据此进行分类，结果见表2-4。

表 2-4　技术问题与技术效果

技术问题	技术效果					
	纯度高	稳定性	溶解性	生物利用度	没有说明效果	其他
多晶型问题	2	28	7	4	9	2
制剂相关问题	1	8	1	0	1	1

根据表2-4可知，在进行研究的59件专利申请案例中，有52件涉及解决多晶型问题，有12件涉及解决制剂相关问题。其中部分案件涉及同时解决上述两个方面的问题，有36件取得了稳定性提高的技术效果，有8件取得了溶解性提高的技术效果，有4件取得了生物利用度提高的技术效果，有3件取得了纯度提高的技术效果，有10件没有说明效果。由此可知，晶型药物专利申请主要涉及解决多晶型自身的问题，其效果主要涉及稳定性的提高。

2.1.2　实质审查

1. 权利要求请求保护的方式

晶型药物专利申请涉及的晶体类型通常包括化合物晶体、化合物盐晶体、水合物晶体、衍生物晶体等，申请人在对其请求保护时通常采用晶胞参数、XRD、IR 等图谱或者制备方法进行定义，将进行研究的 59 件专利申请案例据此进行分类，结果见表 2-5。

表 2-5　权利要求请求保护的方式

晶体类型	对请求保护晶体的定义						
	晶胞参数	XRD	晶胞及 XRD	XRD/IR 等两种以上	方法定义	其他	无定义
化合物晶体	2	20	2	8	1	1	2
化合物盐晶体	0	8	0	0	2	3	0
水合物（盐）晶体	0	0	3	4	1	0	0
衍生物晶体	0	1	0	0	0	0	0
其他	0	0	0	0	1	0	0

根据表 2-5 可知，在进行研究的 59 件专利申请案例中，有 29 件采用 XRD 进行定义，有 12 件采用 XRD/IR 等两种以上方式进行定义，有 2 件采用晶胞参数进行定义，有 5 件采用晶胞参数和 XRD 进行定义，有 5 件采用制备方法进行定义，有 2 件没有进行定义，有 3 件属于其他情况。其中，36 件化合物晶体案例和 13 件化合物盐晶体案例分别有 20 件和 8 件采用 XRD 进行定义，8 件水合物（盐）晶体案例有 4 件采用 XRD/IR 等两种以上方式和 3 件采用晶胞参数和 XRD 进行定义。由此可知，化合物晶体和化合物盐晶体主要采用 XRD 进行定义，水合物（盐）晶体主要采用多种方式进行联合定义。

2. 最接近的现有技术类型

在专利审查过程中，审查员通常需要选择最接近的现有技术对请求保护的晶型药物进行审查，将进行研究的 59 件专利申请案例审查过程中最接近的现有技术根据晶体的类型进行分类，结果见表 2-6。

表 2-6　最接近的现有技术类型

本申请的 晶体类型	最接近现有技术的类型				
	化合物	化合物盐	水合物	其他	无
化合物晶体	32	0	1	3	1
化合物盐晶体	1	9	0	2	1
水合物（盐）晶体	0	0	7	0	0
衍生物晶体	0	0	0	1	0
其他	0	0	0	1	0

根据表 2-6 可知，在进行研究的 59 件专利申请案例中，36 件化合物晶体案例有 32 件采用化合物作为最接近的现有技术，13 件化合物盐晶体案例有 9 件采用化合物盐作为最接近的现有技术，8 件水合物晶体案例有 7 件采用水合物作为最接近的现有技术。由此可知，绝大部分案例都是选择结构最接近的物质作为最接近的现有技术。

3. 与最接近现有技术的区别类型

根据上述分析可知，在专利审查过程中，绝大部分案例都是选择结构最接近的物质作为最接近的现有技术，而在将发明请求保护的晶型与最接近的现有技术进行比较时，通常存在以下几种情形：现有技术没有公开晶型、现有技术公开的是不同检测方法的晶体、现有技术公开的是不同制备方法的晶体，以及现有技术公开了相同检测方法的晶体图谱不同等区别，将进行研究的 24 件实审案例据此进行分类，结果见表 2-7。

表 2-7　与最接近现有技术的区别类型

晶体种类	与最接近现有技术的区别类型			
	非晶体间 的区别	不同检测方法 的晶体区别	晶体制备方法不同 的晶体区别	相同检测方法的 晶体图谱区别
晶态晶型	12	1	1	4
无定形态晶型	1	0	0	0
水合物	2	0	1	1

根据表 2-7 可知，在进行研究的 24 件实审案例中，有 15 件由于现有技术没有公开晶型而存在非晶体间的区别，5 件存在相同检测方法的晶体图谱区别；18 件涉及晶态晶型的案例中，有 12 件存在非晶体间的区别，4 件存在相同检测方法的晶体图谱区别，存在不同检测方法的晶体区别和晶体制备方法的晶体区别的各 1 件；1 件涉及无定型态晶型的案例存在非晶体间的区别；4 件涉及水合物的案例中，有 2 件存在非晶体间的区别，存在不同检测方法的晶体区别和晶体制备方法的晶体区别的各 1 件。由此可知，实审阶段发明请求保护的晶型与最接近的现有技术的区别主要涉及非晶体间的区别，其次是相同检测方法的晶体图谱区别。

4. 申请人意见陈述方式

在实审过程中，申请人在针对审查员发出的发明不具备新颖性和/或创造性的审查意见进行答复时，通常都会陈述现有技术公开的不是晶体、现有技术公开的晶体的制备方法不同、通过对比检测证明发明请求保护的晶型与现有技术的晶体不同或者强调发明请求保护的晶体产生了预料不到的技术效果等，将进行研究的 24 件实审案例据此进行分类，结果见表 2-8。

表 2-8　申请人意见陈述方式

是否提交证据	申请人意见陈述重点			
	方法不同	对比文件不是晶体	对比检测晶体不同	强调晶体的预料不到技术效果
提交证据	6	0	11	0
未提交证据	3	2	1	1

根据表 2-8 可知，在进行研究的 24 件实审案例中，有 17 件提交了证据证明发明请求保护的晶体与现有技术的晶体不同，有 7 件未提交证据，其中仅有 1 件强调了晶体的预料不到的技术效果，申请人意见陈述重点涉及对比检测发明请求保护的晶型与现有技术的晶体不同的有 12 件，涉及制备方法不同的有 9 件。由此可知，在实审阶段，申请人主要通过对比检测发明请求保护的晶型与现有技术的晶体的不同、制备方法的不同以及提供证据予以证实来进行答复，很少涉及晶体的预料不到的技术效果的陈述。

5. 实审阶段对新颖性的推定

抽样的 24 件实审案例根据其所涉及的法条新颖性、创造性和不支持进行分类，结果见表 2-9。

表 2-9　实审阶段对新颖性的推定

实审结论	审查中涉及的法条		
	新颖性	创造性	不支持
驳回	3	2	0
视撤	2	1	0
授权	16	2	1

在实审阶段，多数案例表现为在认可了申请人要求保护的晶型具备新颖性的情况下，一般认可该晶型的创造性，其原因是认为药物晶型的制备获得具有不可预期性，新晶型的技术方案本身是非显而易见的。因此，在实审阶段新颖性判断时，通常由于对比文件没有公开晶型、对比文件采用相同的检测方法所得的参数和/或图谱与本申请接近、对比文件晶型的制备方法与本申请接近、对比文件晶型参数和/或图谱的测定方法和/或测定条件与本申请不同或对比文件晶型的表征参数和/或图谱的类型与本申请不同而认为无法将对比文件与本申请的晶型进行区分，从而推定申请人要求保护的新晶型不具备新颖性。在进行新颖性的推定时，晶型的判断标准通常涉及参数、图谱等的使用，然而随着晶型研究的深入及仪器精确度的提高，晶型的纯度、溶剂残留、测定仪器、环境温度等条件的差别都会对获得的参数和/或图谱造成不同程度的影响，因而在将对比文件的晶型与本申请的晶型进行对比时，采用相同测定方法和测定仪器所得的参数和/或图谱一般都会存在差别，这种差别是否属于误差，通常审查员和申请人存在不同的见解，而本领域目前也没有统一的判断标准，在此情况下，通常需要审查员和/或申请人通过引证本领域公知常识类证据（如书籍）进行分析判断。

6. 实审阶段对创造性的把握

专利申请如果是首次公开并要求保护化合物的结晶形式，则最接近的现有技术可能是公开了该化合物的油状物或无定形的文献，还可能是公开了化合物类似物的晶体的文献。对于涉及新晶型的专利申请来说，最接近的现有技术通常是公开了具有相同技术用途的相同化合物的其他结晶形式的文件，有可能现有技术中只公开了一种晶型，还有可能是现有技术中已经公开了多种晶型。在进行分析的 24 个案子中，将最接近的现有技术分为如下几种情形：第一种，没有公开所述化合物的任何晶型；第二种，现有技术公开了化合物的无定形或固体；第三种，现有技术中公开了化合物的类似物的晶体；公开的类似晶体中，可能是图谱接近、制备方法接近，也可能检测方法和制备方法均不接近。因此，审查员应当通过全面的检索来掌握申请之前所有该药物晶型的现有技术，才能对其做出准确的最接近现有技术的选择。

在实审阶段，晶型的创造性审查一般出现在申请人要求保护晶型的制备方法或者通过制备方法进行限定的晶型的情形下，创造性标准的把握需要综合考虑发明实际解决的技术问题，发明与现有技术的区别以及发明所取得的技术效果。对于晶型的制备方法或者通过制备方法进行限定的晶型，其要解决的技术问题通常是提高纯度、稳定性或溶解性等方面的性能，其与现有技术的区别通常在于制备工艺中溶剂、加热温度、结晶次数以及各项操作的参数等的不同，如果这些区别技术特征的选择是通过本领域常规技术手段能够轻易实现的，或者现有技术已经给出了选择的启示，其效果也是本领域技术人员能够预期的，则不具备创造性，如果这些区别技术特征的选择需要克服技术偏见或者通过常规手段不能实现，以及发明确实产生了提高纯度、稳定性或溶解性等方面预料不到的技术效果，则具备创造性。

2.2　复审与无效审查

2.2.1　复审审查

化合物晶型的复审审查过程抽样案件中，撤销驳回 3 件，维持驳回 16 件。复审案件中结论为维持驳回的比例高于撤销的比例，且撤销驳回的案件均为涉及新颖性争议的案件，见表 2-10。

表 2-10　复审审查结论

审查中涉及的法条	复审结论		
	维驳	撤驳	视撤
新颖性	5	3	0
创造性	8	0	0
说明书公开不充分	3	1①	0
不支持	0	4	0

①删除公开不充分的技术方案后撤驳。

　　复审阶段关于晶体发明新颖性的案件中，技术争议焦点包括：XRPD 数据能否将本申请的晶体与现有技术中化学结构相同的固态化合物区分开、当两种晶体的 IR 数据不完全一致时能否推定两者是相同的晶体、现有技术公开的晶体制备过程中得到的多种产物能否排除非晶型产品、杂质含量峰强度的差异能否将晶体区别开、结晶度能否作为鉴定晶体的依据、特定参数的限定以及产品性能上的不同是否隐含晶型的不同等。抽样中，7 件案件中有 4 件维持驳回决定，1件经删除产品权利要求后撤销驳回决定，2 件经修改和/或提交对比实验数据证明与对比文件公开的产品不同而撤销驳回决定。

　　复审阶段关于晶体发明创造性的案件中，技术争议焦点包括：现有技术是否存在制备已知化合物特定晶型的技术启示、现有技术是否存在使已知化合物晶体形成结晶水合物/无水晶体/无定形形式的技术启示、现有技术是否存在将已知晶体制备成药物制剂的技术启示、现有技术是否存在将具有创造性的晶体应用于化合物已知用途的技术启示。抽样中 9 件案件中有 8 件维持驳回决定，1件经删除制药用途权利要求后撤销驳回决定。

　　复审阶段关于晶体发明说明书充分公开的案件中，技术争议焦点包括结晶过程中使用的晶种是否充分公开、晶体的性能是否充分公开，其中前者所占比例较大。抽样中 4 件案件中有 3 件维持驳回决定，1 件经删除公开不充分的技术方案后撤销驳回决定。

　　1. 复审阶段对新颖性的认定

　　在复审阶段，对于新颖性的判断方式基本与实审阶段一致：当对比文件公开的产品与请求保护的晶体无法直接比较时，如对比文件没有公开固态化合物的任何晶体表征参数、对比文件中晶体参数的测定方法和/或测定条件不同于本申请、对比文件中公开的晶体表征参数不同于本申请，则推定对比文件公开的产品与本申请请求保护的晶体相同。如果复审请求人仅仅争辩对比文件公开的产品不同于本申请请求保护的晶体，但未提供任何合法的对比实验数据加以证实，即使以详尽的参数表征本申请的晶体，复审请求人关于本申请晶体具备新颖性的主张也不能得到支持。在复审阶段，多数情况下请求人会通过提交对比实验数据证明本申请保护的晶体不同于对比文件公开的产品。一类对比实验数据是比较两种产品的表征参数，当参数不完全相同时，需要判断这种差异属于实验误差，还是由产品结构不同带来的，差异是峰强度方面的，还是峰位置方面的。以 IR 为例，如果具有重要鉴别意义的特征峰的位置差别在误差范围内时，则认为所述差异无法将两者所代表的晶体区分开，本申请的晶体不具备新颖性。另一类对比实验数据是比较两种产品的性能，用以证明请求保护的晶体的性能不同于对比文件公开的产品，说明参数的限定已经隐含了两种产品在物理形态上的差异。

2. 复审阶段对创造性的认定

在实审抽样中，一般在认可了申请人要求保护的晶型具备新颖性的情况下，认可该晶型的创造性，其原因是认为药物晶型的制备获得具有不可预期性，新晶型的技术方案本身是非显而易见的。通过对典型案例的分析比较发现，在复审阶段，合议组对于晶体创造性的判断持更为审慎的态度，通常是采用三步法，首先选择最接近的现有技术，在明确区别技术特征后，确定本申请实际解决的技术问题，然后结合相关化合物具体领域的现有技术状况综合考量技术启示，对于存在启示的情况，还要判断不同于现有技术的新晶型是否产生了预料不到的技术效果。

1) 最接近的现有技术的选取

对于化合物或其盐的晶体/无定形形式而言，最接近的现有技术通常是化学结构相同的化合物/盐；对于水合物而言，最接近的现有技术通常是化学结构相同的化合物晶体或化学结构相同且结晶水数目接近的水合物。

2) 实际解决的技术问题的认定

涉及晶体的发明专利申请，在说明书中通常会记载该晶体的有益效果，但往往不会与审查过程中选取的最接近的现有技术相比较，因此一般情况下仅根据说明书的记载无法判断本申请的晶体相对于最接近的现有技术获得了何种有益效果，最终合议组确定的本申请实际解决的技术问题通常是"提供可供选择的另一种晶体形式"。此外，也可以根据补充提交的对比实验数据所证实的技术效果认定本申请实际解决的技术问题，前提是所述的技术效果必须在原始说明书中公开过，或者已经有含蓄地提示。

3）现有技术的启示

复审阶段对于晶体发明创造性的共识在于：同一化合物的不同晶体可能具有不同的物理化学性质，包括溶解度、稳定性、加工特点。开发已知化合物的不同晶型或无定形产品、水合物以获得更有利于工业生产或更适于制备药剂的产品是本领域的普遍诉求，通常采用常规技术手段或与最接近的现有技术中公开的相似的方法就能够制备得到，因此本领域技术人员有动机也有能力获得已知化合物的不同晶型、无定形产品、水合物，或者改变已知水合物中的结晶水数目，通常所得到的产品在理化性质方面的改善也是可以预期的。因此，已知化合物的晶体发明通常是显而易见的。

此外，对于已知化合物而言，其新晶型的化学结构并没有改变，一般仍具有与已知化合物本身相同的用途。因此，将新晶型应用于制备与已知化合物相同适应症的药品对于本领域技术人员而言是显而易见的。

2.2.2 无效审查

化合物晶型的无效案件审查过程抽样 10 件，其中涉及新颖性和/或创造性的 7 件，涉及不支持的 2 件，涉及公开不充分的 1 件。其中无效理由成立的（案件结论为全部无效或部分无效）共计 8 件，其中结论为全部无效的 6 件，均为涉及新颖性和/或创造性的案件；结论为部分无效的 2 件，而无效程序中专利权人未修改权利要求而被最终维持专利权有效的仅 2 件，见表 2-11。

表 2-11 无效审查结论

审查中涉及的法条	无效结论		
	全部无效	全部有效	部分无效
新颖性	0	0	0
创造性	6	1	0

审查中涉及的法条	无效结论		
	全部无效	全部有效	部分无效
不支持	0	1	1
公开不充分	0	0	1

从上述数据进行分析发现，涉及化合物晶型的无效案件中：

（1）新颖性和/或创造性为主要的无效理由；

（2）无效理由成立（包括全部无效或部分无效）的比例较高，且绝大多数是因不具备创造性而被宣告无效。数据表明涉及化合物晶型的发明专利权稳定性相对较差。

创造性案件仅有 1 件有效，其余 6 件全部无效，无效请求人提供了能够评述专利创造性的证据是导致案件最终无效的主要原因，而在无效过程中"不具备预料不到的技术效果"又是主要的无效理由。这一方面对前审在晶体领域现有技术的把握和对比文件的检索上提出了要求，另一方面也反应了晶体类药物的可专利性关键是在技术效果。

1. 无效阶段对新颖性的认定

如前所述，在实审阶段，以下情形可以推定申请不具备新颖性：

（1）对比文件中未公开固态化合物的任何晶体表征参数；

（2）对比文件中晶体参数的测定方法和/或测定条件不同于本申请；

（3）对比文件中公开的晶体表征参数类型不同于本申请。

实审的这种操作方式实际是将举证责任更多地让申请人承担，即由申请人提供证据证明本申请相对于对比文件而言具备新颖性。而通过分析无效阶段的案例发现，在本次统计的涉及新颖性无效请求人的案件中，无效请求人往往也是采用实审阶段的推定新颖性的方式来评述专利权不具备新颖性。而与创造性的无效结局截然不同的是，无效请求人提出的专利不具备新颖性的无效理由均未被认可，本次统计中所有关于新颖性的无效请求均未被接受，即合议组认为被请求无效的案件相对于无效请求人提供的证据而言是具备新颖性的。

在这些案例中，结合不同的具体案情能够发现，无效阶段对于新颖性的判断，尤其是推定新颖性的审查是比较慎重和严谨的，当从无效请求的证据和现有技术中无法区分被请求无效的专利中的化合物与无效证据中的化合物晶体时，一般均认为其不属于相同晶体，即满足了新颖性的要求。简单而言，无效阶段采用的为"无法证明一样就说明不一样"的判断标准，与实审阶段时采用的"无法证明不一样就说明是一样的"推定标准不同。因此，对于提供了特定表征数据和表征测定方法的晶体专利而言，在无效阶段，在没有其他辅助信息提供佐证的前提下，若①无效请求提供的证据中未公开化合物的任何晶体表征参数，也未公开获得的化合物的形态（无定形、晶态）；②无效请求提供的证据中晶体参数的测定方法和/或测定条件不同于本申请；③无效请求提供的证据中公开的晶体表征参数类型不同于本申请，则无效请求人关于新颖性的请求不被认可。

2. 无效阶段对创造性的认定

分析无效阶段的审查过程发现，该阶段多采用创造性的三步法评价方法，首先确定无效请求人提供的有效证据中与本申请最接近的现有技术；其次确定发明与最接近现有技术的区别技术特征，从而客观分析并确定发明实际解决的技术问题，在确定区别技术特征时，除了判断化合物结构是否存在差别之外，往往还考虑由于晶型的不同而带来的微观结构上的区别；最后考察现有技术中是否给出将上述区别特征应用到该最接近的现有技术以解决其存在的技术问题的启示，若存在启示，还需要重点考察基于化合物微观结构上的区别所带来的技术效果，判断是否达到预料不到的程度。

另外，由于无效阶段请求人提供了支持其无效请求观点的相关证据较充分，在此阶段的审查更注重对无效请求的关键问题进行正面回应，同时也充分考虑专利权人的意见和反证，强调对双方争辩焦点的反馈和对证据的分析，并针对个案情况深入的技术分析和整体把握相关现有技术，对创造性的判断更客观、更合理、更有理有据有节。在无效审查过程中也更注重双方举证责任的分配，体现更严谨的逻辑思维和法律思维。

在化合物晶体发明的无效阶段审查中，其创造性的审查特点如下。

1）对于制备晶型存在明显技术启示的肯定趋同

三步法仍旧是判断晶体创造性的主要审查方式。从无效案例的分析说理来看，在晶体三步法的判断中，对于最后一步的制备晶体的"显而易见性"已经达成普遍的具备技术启示的共识。从化合物保存角度来说，本领域公知晶体通常以特定的立体几何物理形态成单个或簇状存在，在工业化生产中相对于油状或无定形在取用、称量、配制、干燥、过滤等方面均更具优势，而且晶体本身即是一种相对稳定的形态，更易保存和运输，结晶型态较粉末具有更高的稳定性和纯度，因此晶体形式是工业化生产中本领域技术人员致力于追寻的一种化合物最终形态。从利用度上来说，在合成实践中，如果对现有技术中无定形化合物的稳定性和纯度提出更高要求，则本领域技术人员显然知晓基于从溶液中结晶析出的特性，从而有动机制备结晶产品以进一步降低最终产物中杂质的含量，获得更纯的产品。再从化合物应用效果的角度来说，更具稳定性和纯度的晶体其生物利用度自然提高，这些内容均促使所属领域技术人员通常会尝试将药物活性物质转化为相应的晶体。因此，本领域技术人员出于提高药物生物利用度的目的，也有动机结合其他现有技术和公知常识进行结晶化的实践尝试，继而制备晶体产品。也就是说，在现有技术中，制备已知化合物的晶体的动机已经非常明确，且制备的晶体的技术也已经成熟，其技术效果可以预见，因此在述及制备晶体的创造性时，对于结合启示已经达成"显而易见"的趋同。

2）对于晶体微观结构与技术效果之间关联性的判断

无效过程中专利权人在进行争辩时往往强调专利与现有技术的化合物或晶体的微观结构不同，因此具备了某种技术效果从而符合创造性的要求。然而，化合物的活性与其化学结构密切相关，仅仅是在微观结构上发生改变，并不必然意味着所述的技术效果是特定微观结构带来的。因此，判断专利的特定微观结构与所述的技术效果之间是否存在关联，或者说判断该技术效果是否是由该特定的微观结构带来的成为判断晶型专利是否具备创造性的必要条件，只有明确了所述技术效果是由专利特定的晶体微观结构带来的，专利才有具备创造性的可能。如第 20290 号无效决定中认为，本领域技术人员无法确定两种晶体保存 1 年后的纯度差异以及该差异是否为晶型不同而导致的结果，从而无法建立本专利晶体微观结构与保存期延长的技术效果之间的关联性，由此确定专利相对于证据 1 实际解决的技术问题仅是为了提供了一种具有特定 X 射线衍射图谱的他唑巴坦无水结晶，不具备创造性。

3）化合物晶体属于"结构接近的化合物"

当判断药物晶型发明与现有技术中的已知化合物或已知晶型在结构上是否接近时，在此所指的结构接近是核心活性的化学结构，而非晶体微观上的结构接近。如果化合物的核心活性结构相同，则认为它们在结构上接近。例如：化合物晶体与已知化合物、其盐或酯等衍生物之间，由于它们都具有相同的活性结构，则认为它们在结构上是接近的；同一化合物的新晶体与已知晶体之间，它们具有完全相同的化学结构，仅是微观结构上不同，也可以认为它们在结构上是接近的。在此情形下，晶体需要具有预料不到的用途或效果才能满足创造性的要求，这是对结构接近的化合物的创造性的把握标准。

从本次统计的无效案件中发现，晶体虽然是化合物的特殊状态，但不同晶态或非晶态的同一化合物目前在审查过程中已经无疑义地被认为是"结构接近的化合物"。后审合议组的观点普遍认为：不论无效请求人提供的证据中公开的产品是何种物理状态，结晶性的还是非结晶性的，也不论"x"或者"作为水合物"的表述具体代表了多少量的结合水，只要证据中公开的化合物与本专利的化合物为结构相同的化合物，则都不可否认本专利的化学产品与证据公开的化学产品是结构非常接近的化学产品的事实。而确立是否为"结构接近的化合物"对于判断晶体化合物是否具备创造性的判断是非常重要的，一般情况下，本专利保护的化学产品只有在其相对于现有技术中结构接近的化合物而言具有预料不到的用途或效果的情况下，才具备创造性。

因此，确定是否为"结构接近的化合物"是进行晶体创造性判断的重要过程，根据无效案件分析过程能够发现，在确定了最接近的现有技术以后，一般按照如下顺序来进行此项判断：

（1）当从化学结构上无法直接确定是否结构相同时，可对比本专利与最接近的现有技术的化合物的各种表征参数，从表征参数信息来判断其是否为结构相同的化合物。此时需注意，即便从参数判断两者属于不同的晶体，如不同的水合状态、无定形和晶体等，只要通过该参数表征能确定化合物结构相同，则仍旧属于"结构接近的化合物"；

（2）当借助表征参数信息无法判断是否为结构接近的化合物时，进一步比较两者的制备方法，从制备方法上进行是否为"结构接近的化合物"的判断。

4）对于预料不到的技术效果的判断

首先，在工业化生产中，晶体相对于油状或无定形在取用、称量、配制、干燥、过滤等方面均更具优势，而且晶体本身即是一种相对稳定的形态，更易保存和运输，因此，具有更好的稳定性是本领域公知的晶体性状，基于提高稳定性而进行的技术效果的陈述一般情况下不能认为其获得了预料不到的技术效果。

其次，晶体是从溶液中结晶析出的，相对于无定形和其他状态的化合物而言，能进一步降低最终产物中杂质的含量，获得更纯的产品，也因此比无定形状态获得可预期的更好的治疗效果或作用效力。因此，基于纯度提高从而使得更有利于化合物的应用一般也不属于预料不到的技术效果。

除了需要综合考虑晶体所获得的整体性质的改善，如稳定性、溶解度、生物利用度、活性等外；还需要同最接近的现有技术进行比较，如已知化合物或已知晶体的效果进行比较；另外还需要区别晶体的微观结构的不可预期性与技术效果的不可预期性，仅凭其独特的微观结构特性不足以给发明带来创造性。

2.3　专利诉讼的审理

2.3.1　行政诉讼的审理

目前涉及晶型专利行政诉讼的案件中，多为专利权人对专利复审委员会作出的专利权无效或部分无效决定不服提出的行政诉讼。而在这些无效决定中，最主要的无效理由为晶体不具备创造性，不符合《专利法》第二十二条第（3）款的规定，另外两个主要的无效理由为新颖性和说明书公开不充分，鲜少涉及其他法条，这与晶体的制备、晶体的确认和晶体的技术效果的特殊性相关。

1. 关于新颖性的审理要点

（1）现有技术未公开同一化合物是否是晶体，一般不评述涉案专利不具备新颖性；

（2）现有技术公开了同一化合物为晶体，但表征方式与涉案专利不同，一般不评述涉案专利不具备新颖性；

（3）现有技术公开了同一化合物晶体，表征方式相同，但表征条件不同，一般不评述涉案专利不具备新颖性；

（4）现有技术公开了同一化合物晶体，表征方式相同，表征条件一致，表征结果有差别，需要具体分析两者表征结果是否能够使得两种晶体能够区别开来，从而得出新颖性结论。

2. 关于创造性的审理要点

（1）确定涉案专利与最接近的现有技术是否属于结构接近的化合物，若属于，则涉案专利的晶体需具备预料不到的技术效果才符合创造性的要求。

（2）结构类似物的判断方式：仅特指化合物具有相同的核心部分或者基本的环，而不涉及化合物微观晶体本身的比较。化合物与该化合物的不同类型的盐、酯等衍生物、以及与该化合物的不同含量的溶剂化物、水合物，以及与该化合物的晶体及其该化合物的衍生物的晶体之间均属于"结构接近的化合物"。

（3）预料不到的技术效果的判断方式：稳定性，纯度、良好的生物利用度、溶解性、耐存储等晶体已知的性能产生"量"的变化，超出所属技术领域的技术人员的事先预期或者推理。或者，晶体产生未知的"质"的变化，具备常规晶体共有特性之外的其他新性能。

（4）对于技术效果记载的要求：说明书中要记载所述晶体具备相应的技术效果，且所述记载能够使得本领域技术人员根据技术知识能够判断所述技术效果是由所述的特定晶型所产生的。

3. 关于说明书是否公开充分的审理要点

（1）判断说明书是否公开充分时，是以权利要求请求保护的技术方案为判断的出发点，有些情况下，说明书中虽然详细记载了晶体的制备过程并得到晶体化合物，但并不确保一定能够得到"权利要求"请求保护的晶体化合物。

（2）权利要求书中当出现对晶体化合物水含量，以及其他物化参数（包括粒径、熔点、纯度、分布）等限定特征时，对于说明书记载内容的判断除了要考虑所述制备方法是否能够确定得到所述晶型的产品外，还要确定是否能够得到所限定范围的水和物化状态，以达到"本领域技术人员能够实现"的要求。

2.3.2 侵权诉讼的审理

晶体药物专利相关的国外侵权诉讼中，被告的抗辩理由主要包括：①无效涉诉专利；②不侵权抗辩。

关于无效理由，因固有占先而丧失新颖性占多数，而固有占先多与晶型转化有关。实施现有技术是否必然地、不可避免地生成某种晶型是判断固有占先的关键，如果仅仅是可能生成、偶尔生成都不足以被认定为固有占先。原告、被告通常通过提供对比实验数据证明己方观点，对于鉴别晶型而言有指纹图谱意义的 XRPD 图谱是最有说服力的证据，重复现有技术的制备方法时要注重实验条件的选择，特别是当现有技术没有明晰具体实验条件，而实验条件又对晶型有重要影响时，应在合理的范围内选择不同的实验条件，这样才能充分证明某种特定晶型是实施现有技术的必然结果。此外，在进行抗辩时，还需注意"客观存在"与"可检测到"的区别，在特定的时期由于检测手段的局限性而没有检测到某种晶型，并不能作为否认晶型客观存在的理由。以创造性为由无效时，美国法官注重分析新晶型的显而易见性，从制备新晶型的动机、实验条件的繁杂程度等多方面进行考虑，与我国通常认为制备新晶型存在普遍动机，而注重预料不到的技术效果的分析有显著差异。

关于不侵权抗辩，争议焦点是涉诉产品是否落入权利要求的保护范围。晶体专利通常以谱图对产品进行表征，因此侵权分析时主要涉及谱图的对比。选择比较对象时应注意，如果选择专利产品的谱图，需确保该产品的谱图与专利权利要求的限定一致，或者两者的差异在误差范围内。对于多种晶型混合物中特定晶型的鉴别，由于难以排除杂质的影响，仅使用单一的特征峰时通常不具有说服力。

2.4　药物晶型的专利性

2.4.1　审查基准

药物晶型的专利审查主要依据《专利法》第二十二条、第二十六条。

《专利法》第二十二条规定："第二十二条　授予专利权的发明和实用新型，应当具备新颖性、创造性和实用性。新颖性，是指该发明或者实用新型不属于现有技术；也没有任何单位或者个人就同样的发明或者实用新型在申请日以前向国务院专利行政部门提出过申请，并记载在申请日以后公布的专利申请文件或者公告的专利文件中。创造性，是指与现有技术相比，该发明具有突出的实质性特点和显著的进步，该实用新型具有实质性特点和进步。实用性，是指该发明或者实用新型能够制造或者使用，并且能够产生积极效果。本法所称现有技术，是指申请日以前在国内外为公众所知的技术。"

《专利法》第二十六条规定："第二十六条　申请发明或者实用新型专利的，

应当提交请求书、说明书及其摘要和权利要求书等文件。请求书应当写明发明或者实用新型的名称，发明人的姓名，申请人姓名或者名称、地址，以及其他事项。说明书应当对发明或者实用新型作出清楚、完整的说明，以所属技术领域的技术人员能够实现为准；必要的时候，应当有附图。摘要应当简要说明发明或者实用新型的技术要点。权利要求书应当以说明书为依据，清楚、简要地限定要求专利保护的范围。依赖遗传资源完成的发明创造，申请人应当在专利申请文件中说明该遗传资源的直接来源和原始来源；申请人无法说明原始来源的，应当陈述理由。"

1. 新颖性

药物晶型属于包含性能、参数、用途或制备方法等特征的产品，对于包含性能、参数、用途、制备方法等特征的产品权利要求新颖性的审查，中国《专利审查指南2010》第二部分第三章第3.2.5节规定了如下审查基准：

如果该性能、参数隐含了要求保护的产品具有区别于对比文件产品的结构和/或组成，则该权利要求具备新颖性；相反，如果所属技术领域的技术人员根据该性能、参数无法将要求保护的产品与对比文件产品区分开，则可推定要求保护的产品与对比文件产品相同，因此申请的权利要求不具备新颖性，除非申请人能够根据申请文件或现有技术证明权利要求中包含性能、参数特征的产品与对比文件产品在结构和/或组成上不同。例如，专利申请的权利要求为用X衍射数据等多种参数表征的一种结晶形态的化合物A，对比文件公开的也是结晶形态的化合物A，如果根据对比文件公开的内容，难以将两者的结晶形态区分开，则可推定要求保护的产品与对比文件产品相同，该申请的权利要求相对于对比文件而言不具备新颖性，除非申请人能够根据申请文件或现有技术证明，申请的权利要求所限定的产品与对比文件公开的产品在结晶形态上的确不同。

上述第3.2.5节中的基准同样适用于创造性判断中对该类技术特征是否相同的对比判断。

2. 创造性

药物晶型的创造性审查应当以《专利法》第二十二条第（3）款为基准。为助于正确掌握该基准，中国《专利审查指南2010》第二部分第四章第3.2节分别给出突出的实质性特点的一般性判断方法和显著的进步的判断标准。

突出的实质性特点的判断：判断发明是否具有突出的实质性特点，就是要判断对本领域的技术人员来说，要求保护的发明相对于现有技术是否显而易见。如果要求保护的发明相对于现有技术是显而易见的，则不具有突出的实质性特点；反之，如果对比的结果表明要求保护的发明相对于现有技术是非显而易见的，则具有突出的实质性特点。

显著的进步的判断：在评价发明是否具有显著的进步时，主要应当考虑发明是否具有有益的技术效果。

3. 关于化学领域发明专利申请审查的若干规定

化学领域发明专利申请的审查存在着许多特殊的问题。例如，在多数情况下，化学发明能否实施往往难以预测，必须借助于试验结果加以证实才能得到确认；有的化学产品的结构尚不清楚，不得不借助于性能参数和/或制备方法来定义；发现已知化学产品新的性能或用途并不意味着其结构或组成的改变，因此不能视为新的产品；某些涉及生物材料的发明仅仅按照说明书的文字描述很难实现，必须借助于保藏生物材料作为补充手段。

中国《专利审查指南 2010》第二部分第十章按照专利法和专利法实施细则的原则，在符合指南一般性规定的前提下，对于如何处理化学发明审查中的某些特殊问题作出若干规定。

例如：对于化学产品发明，说明书中应当记载至少一种制备方法，说明实施所述方法所用的原料物质、工艺步骤和条件、专用设备等，使本领域的技术人员能够实施。对于化合物发明，通常需要有制备实施例。

如果所属技术领域的技术人员无法根据现有技术预测发明能够实现所述用途和/或使用效果，则说明书中还应当记载对于本领域技术人员来说，足以证明发明的技术方案可以实现所述用途和/或达到预期效果的定性或者定量实验数据。

对于表示发明效果的性能数据，如果现有技术中存在导致不同结果的多种测定方法，则应当说明测定它的方法，若为特殊方法，应当详细加以说明，使所属技术领域的技术人员能实施该方法。

1）用物理化学参数表征的化学产品的新颖性

对于用物理化学参数表征的化学产品权利要求，如果无法依据所记载的参数对由该参数表征的产品与对比文件公开的产品进行比较，从而不能确定采用该参数表征的产品与对比文件产品的区别，则推定用该参数表征的产品权利要求不具备《专利法》第二十二条第（2）款所述的新颖性。

对于用制备方法表征的化学产品权利要求，其新颖性审查应针对该产品本身进行，而不是仅仅比较其中的制备方法是否与对比文件公开的方法相同。制备方法不同并不一定导致产品本身不同。如果申请没有公开可与对比文件公开的产品进行比较的参数以证明该产品的不同之处，而仅仅是制备方法不同，也没有表明由于制备方法上的区别为产品带来任何功能、性质上的改变，则推定该方法表征的产品权利要求不具备《专利法》第二十二条第（2）款所述的新颖性。

2）化合物的创造性

（1）结构上与已知化合物不接近的、有新颖性的化合物，并有一定用途或者效果，审查员可以认为它有创造性而不必要求其具有预料不到的用途或者效果。

（2）结构上与已知化合物接近的化合物，必须要有预料不到的用途或者效果。此预料不到的用途或者效果可以是与该已知化合物的已知用途不同的用途；或者是对已知化合物的某一已知效果有实质性的改进或提高；或者是在公知常识中没有明确的或不能由常识推论得到的用途或效果。

（3）两种化合物结构上是否接近，与所在的领域有关，审查员应当对不同的领域采用不同的判断标准。以下仅举几个例子。结构接近的化合物，它们必须有相同的基本核心部分或者基本的环。

（4）应当注意，不要简单地仅以结构接近为由否定一种化合物的创造性，还需要进一步说明它的用途或效果是可以预计的，或者说明本领域的技术人员在现有技术的基础上通过合乎逻辑的分析、推理或者有限的试验就能制造或使用此化合物。

（5）若一项技术方案的效果是已知的必然趋势所导致的，则该技术方案没有创造性。例如，现有技术的一种杀虫剂 AR，其中 R 为 C_{1-3} 的烷基，并且已经指出杀虫效果随着烷基 C 原子数的增加而提高。如果某一申请的杀虫剂是 $A-C_4H_9$，杀虫效果比现有技术的杀虫效果有明显提高。由于现有技术中指出了提高杀虫效果的必然趋势，因此该申请不具备创造性。

2.4.2　审查实践

1. 推定新颖性的审查原则

晶体的鉴别，应本着峰位偏移但不缺失即可以初步判定为同一晶型的原则，一般首先考虑的是峰位置，如果峰位置能对上，即使有偏移，也应初步判定为相同的晶体；其次，可进一步考虑各衍射峰的强度及峰形，晶态物质呈现的衍射峰为尖峰，而无定形态的衍射峰比较弥散，有时呈现馒头状，峰越尖、半峰宽越小，则表明晶粒越小、结晶越好，在衍射仪获得图谱上，如果样品是较好的"晶态"物质，图谱的特征是有若干或许多个一般是彼此独立的很窄的"尖峰"（其半高度处的 2θ 宽度一般在 $0.1° \sim 0.2°$[①]），判断时应综合考虑样品与标准品是否确属同一精度的实验条件、2θ 值数据一般性误差范围、申请文件中具体载明的误差范围等。

随着晶体研究的深入及仪器精确度的提高，晶体的纯度、溶剂残留、测定仪器、环境温度等条件的差别都会对获得的参数造成不同程度的影响，因此，从另一个角度来说，实际上，晶体检测谱图的重现性较差，以 XRPD 为例，申请人较容易通过图谱证明对比文件的 XRPD 图谱不同于专利申请的晶型的 XRPD 图谱，实审审查员依据有限的书面证据确难做出准确的鉴定结论，故存有认可专利申请的新颖性，转而判断申请的创造性的可能。虽然审查员对晶型间的判断很难做出确切的结论，但如晶型的研发需要一样，研发时需要研发者对文献进行充分的调研，取得有关多晶型方面的信息，而在对晶型药物的专利审查时，尤其是在推定新颖性时，原则上需要审查员检索获得尽可能多的晶型，以及综合申请文件记载的实验条件、晶体数据、申请人的意见陈述排除现有技术已知的晶型，从而获得较为肯定的新颖性的结论。

2. 晶体制备的普遍技术启示

研究 API 的多晶型对于本领域技术人员而言是常规的，现有技术中存在着普遍的技术启示，以使得本领域技术人员有动机制备相应的晶体，例如：

（1）化合物被证明多晶型在药学工业上是常规的手段，大部分药物在被研

---

① XRD 分析常见问题整合［EB/OL］2015［2015-07-30］. http：//max. book118. com/html/2013/0309/3419237. shtm

究一段时间后，都被发现超过一种晶型，而且筛选晶型的方法是现有技术已知的，本领域技术人员有动机采用常规手段选择化合物的晶型。

（2）发现一种多晶型本身并不属于技术问题，除非该晶型解决了实际技术问题。

（3）现有技术已公开了一种结晶形式，母体分子的溶解性取决于结晶形式，药物发展的优选是结晶形式，对于一个已知药物，本领域技术人员进一步筛选其固体的其他形式，是常规的手段。

（4）已知药物的新晶型对于本领域技术人员来说是常规的，并且知晓能够带来一定的性质改善。也许寻找合适的条件结晶是一项困难的工作，但是这些大量的尝试也是公知的。

（5）X射线衍射只是晶型的一种性质数据，一个新的化合物总会有各种表征数据，如果这些数据可以作为限定，则任何新颖性化合物都具有创造性。

（6）在药物领域，如果该常规方法得到的是一种不同的晶型，仅仅提供一种不同的选择对本领域技术人员而言是显而易见的。

如果解决的技术问题与最接近的现有技术的效果相同，例如，只是获得同样的药理活性的技术问题，而已知化合物的晶型改变是显而易见的，而且其必然具有化合物的某些治疗活性。如果要证明本申请要求保护的晶体具有预料不到的技术效果，则必须有性质或效果的改善。

3. 权利要求保护范围的解释

XRD图谱是对晶体进行专利性表征的常用方法，已有文献总结①，XRD图谱对权利要求的限定类型包括全谱限定型、5条以上主要衍射峰限定型、3~4条部分衍射峰限定型、1~2条衍射峰限定型，以及与其他参数共同限定型几种，对于不同限定方式的晶体的权利要求而言，其保护范围是否应当差异化解释，目前尚未有相关司法判例参考或指导。

以授权案例②为例，权利要求1以9个特征峰进行限定：一种鲁比前列酮晶体，所述晶体在X射线粉末衍射图谱中包含以下2θ反射角测定的特征峰：

---

① 贾连锁，张京德. X射线图谱限定特征对晶型药物专利申请保护范围的影响 [J]，中国新药杂志，2014，23（21）：2481-2485.

② 上海天伟生物制药有限公司. 鲁比前列酮晶体、其制备方法及用途：中国，200810035448.1 [P] 2011-04-27.

（14.6°±0.2°）、（17.0°±0.2°）、（19.6°±0.2°）、（7.6°±0.2°）、（8.5°±0.2°）、（10.6°±0.2°）、（17.7°±0.2°）、（20.1°±0.2°）和（23.4°±0.2°）。由于精度误差是一个动态变化的过程，校准方法的优化及仪器设备的发展，都能改善精度、降低误差，申请日前能够以所述特征峰与现有技术存在的晶体清楚地区分开来，不等于申请日后始终能够将存在或者陆续发现的不同晶体清楚地区分开来，即所述特征峰限定的数值理论上可能涵盖了实际上是不同的晶体，如果上述专利保护的是一组数据，无论实验条件如何，所得相同图谱数值的物质均纳入其保护范围；如果权利要求遵循"一晶型一保护"的原则，上述专利保护的是晶体本身，则无论何种类型限定的权利要求，其全谱甚至说明书中其他检测方法均需用于对权利要求保护范围的解释，即事实上未被发明专利公开的不同晶型的晶体，不被纳入其专利的保护范围。

在无具体判例指导的情况下，基于新颖性审查的宗旨（区分两件事实上相同的晶体），对于以特征峰限定的权利要求而言，建议除非申请人在申请中能够证明选择有限几个特征峰的保护范围，其不仅能够与现有的晶体进行划界，而且能够证明发明的技术贡献与所述特征峰的确定具有密切的关联性，而非特征峰对发明的技术贡献不具有影响性或影响性较小，即该特征峰的选择不仅为其带来新颖性，而且赋予创造性，确属专利性的技术特征，否则，不建议以特征峰的形式进行对权利要求的保护范围进行界定，权利要求的保护范围也理应遵循"一晶型一保护"的解释原则。

4. 多种鉴别手段的法律作用

晶体间的鉴别标准通常涉及各种鉴定手段所反映的物理参数、谱图等，目前 XRD 仍然被认为是固体多晶型化学药物分析中具有指纹性与专属性的分析方法，其他的分析方法，例如 DSC、TGA、IR 等，被认为是 XRD 的辅助方法，例如，无效案例①认为与 XRD 谱相比，IR 仅能作为鉴别晶型的辅助手段，原因在于，IR 表征的是原子之间振动能级的跃迁，分子空间排布方式的变化有些情况下并不能从 IR 谱反映出来。因此，在某些情况下，即使 IR 相同，晶型也可能不相同。在另一些情况下，尽管 IR 不同，但晶型却可能相同，因此，即便二者的 IR 相同，仅根据 IR 相同亦无法确定二者的晶型必然相同。与 IR 谱相同，DSC

---

① 国家知识产权局专利复审委员会. 阿德福韦酯结晶型态及其制备方法无效决定第 13804 号［EB/OL］2009［2015-07-30］http：//app. sipo-reexam. gov. cn/reexam_ out/searchdoc/searchfs. jsp.

亦是鉴别晶型的辅助手段，而且，升温方式和升温速率的不同确实会对测试结果产生一定的影响，在未公开具体升温条件的情况下，其DSC测定结果与本专利权利要求1中的DSC结果不具有可比性，无法基于此而认定二者所表征的晶型相同或不同。

但是，对于选用的其他方法，在专利审查过程中，应当就多种检测手段所反映的晶体间的差异情况进行诉争，而不应当囿于某一鉴别方法，例如复审案例中①，权利要求1所述的晶体A采用XRPD参数进行了定义，而对比文件1所公开的晶体采用IR参数进行定义，二者对晶体分别采取了不同的参数进行定义。但是将本申请说明书公开的IR光谱数据与对比文件1的IR光谱数据相比可以看出，除对比文件1所述晶体的1600cm^{-1}峰在请求人所主张的误差范围（4cm^{-1}）之外，其余峰均在图中有相应峰，可见二者IR光谱有较大相似性；以及根据本申请说明书记载的内容，权利要求1所述晶体A在大约1678cm^{-1}具有可将其与其他多晶型体区分开来的特征吸收，即此处的峰是具有重要鉴别意义的特征峰，而对比文件1所述晶体在1680cm^{-1}具有相应的峰；因此，尽管对比文件1所述晶体的1600cm^{-1}峰在误差范围之外，但依据本申请说明书记载的内容，此处的吸收峰并非上述具有重要鉴别意义的特征峰，由此本领域技术人员据此也不能将对比文件1所述的晶体与本申请请求保护的晶体A二者区分开，由此推定权利要求1不具备新颖性。上述案例，由于复审请求人未主张XRD的指纹性，而我国现行的《民事诉讼法》，包括诉讼主张、证据收集与提交、诉讼理由的抗辩、诉讼权利的处分等一系列制度安排，都体现鲜明的当事人主义色彩②。这就意味着：民事诉讼当事人应该凭借自己的诉讼能力通过法定的诉讼程序，去实现自己的正当诉求，而最终达到最大限度地保护自己合法民事权益的目的。按照当事人主义的民事诉讼主张，主审法官非因法定的特殊事由，不得依职权去帮助诉讼中任何一方当事人行使诉讼权利并履行诉讼义务。因此，上述案件中，对于诉讼经验缺乏的请求人而言，对于类似"法官阐明权行使"的合议组而言，其依职权是受到限制的。既然请求人仅主张IR谱，在无相反证据

---

① 国家知识产权局专利复审委员会.2-（3-氰基-4-异丁氧基苯基）-4-甲基-5-噻唑甲酸的多晶型体及其制备方法复审决定号FS32159（申请号：99801366.8）［EB/OL］2011［2015-07-30］http：//app.sipo-reexam.gov.cn/reexam_out/searchdoc/searchfs.jsp.
② 法官阐明权行使的法律意义［EB/OL］2015［2015-07-30］http：//wiki.mbalib.com/wiki/法官阐明权.

区分多晶体的情形下，推定权利要求 1 不具备新颖性并无不妥。

　　另外，最高院再审北京嘉林公司诉沃尼尔朗伯公司阿托伐他汀 I 型晶体专利一案中①，水含量是其产品组成必不可少的一部分，而专利说明书中用 XRPD 和 ¹³CNMR 数据及谱图中也无法确切地推知其产品中必然含有水，更无法推知其中的水含量是多少，专利权人主张的根据公知常识例如费休氏水测定法能够容易确定其中的水含量，由于该法测得的总含水量包括可能是结晶水和/或多种形式的非结晶水之和，专利说明书一方面未对得到的化学产品的必要组成之一水的含量进行确认，另一方面，也未对水的存在形式（水占位、或不占位的通道水）进行说明，而进入晶格的占位水与通道水直接决定着水分子在晶体中存在的稳定性，也影响到专利所要解决的技术问题能否解决，故该专利的 XRPD 图谱不足证明其完成了所述的发明。

　　综上，未来多种检测手段的联合应用会是一种必然的趋势，对于晶型中采用的检测方法，应明确其在具体专利案中的技术地位，综合确定多种检测鉴定方法在案件中的法律作用，以确保专利利益。

---

　　①　中华人民共和国最高人民法院. 北京嘉林药业股份有限公司、沃尼尔朗伯有限公司与中华人民共和国国家知识产权局专利复审委员会行政裁决审判监督行政判决书（2014）行提字第 8 号［EB/OL］2015［2015-05-05］http：//www.court.gov.cn/wenshu/xiangqing-8271.htm.

第3章　国内晶型专利案例评析

3.1　复审案例

3.1.1　"2-(3-氰基-4-异丁氧基苯基)-4-甲基-5-噻唑甲酸的多晶型体及其制备方法"复审案

1. 案情简介

本案涉及发明名称为"2-(3-氰基-4-异丁氧基苯基)-4-甲基-5-噻唑甲酸的多晶型体及其制备方法"的第99801366.8号发明专利申请，申请人为帝人株式会社。

2-(3-氰基-4-异丁氧基苯基)-4-甲基-5-噻唑甲酸具有在体内调节尿酸生物合成的活性，并可用作血尿酸过多的治疗剂。根据本申请的记载，2-(3-氰基-4-异丁氧基苯基)-4-甲基-5-噻唑甲酸存在至少六种多晶型体，其中包括无定形化合物和溶剂化物，已发现溶剂化物包括两种（甲醇化物和水合物），还发现除了无定形化合物外所有多晶型体都显示特征性的X射线粉末衍射（XRPD）图，每种多晶型体有特定的2θ值，即使同时存在两种或多种多晶型体，也可以通过X射线粉末衍射分析测出约0.5%的含量。本申请所要解决的技术问题即是在确定该化合物的同质多晶是否存在之后，在同质多晶存在的前提下，提供选择性制备该化合物所需各种多晶型物的技术。

经实质审查，国家知识产权局原审查部门于2007年12月7日发出驳回决定，驳回了本发明专利申请，其理由是：权利要求1不符合《专利法》第二十二条第（2）款和第（3）款的规定。

驳回针对的权利要求1如下：

"1. 2-(3-氰基-4-异丁氧基苯基)-4-甲基-5-噻唑甲酸的多晶型体,该晶体的 X 射线粉末衍射图在反射角 2θ 约为 6.62°,7.18°,12.80°,13.26°,16.48°,19.58°,21.92°,22.68°,25.84°,26.70°,29.16°和36.70°处具有特征峰。"

驳回决定认为:①权利要求 1 要求保护的化合物晶体使用了 X 射线粉末衍射图对化合物晶体进行限定,但是对比文件 1(JP6345724A,公开日为 1994 年 12 月 20 日)中,已经明确公开了同一化合物的熔点和红外光谱数据及其制备方法和制备条件,虽然对比文件 1 中没有公开该化合物的 X 射线粉末衍射图,但是根据对比文件 1 所公开的化合物相关内容,本领域技术人员无法区别权利要求 1 的晶体和对比文件 1 所述的晶体。因此,权利要求 1 相对于对比文件 1 不具备《专利法》第二十二条第(2)款规定的新颖性。②同时,本领域技术人员根据对比文件 1 中所述的化合物的制备方法就能够制备得到该化合物的晶体,并测得其 X 射线粉末衍射图数据是显而易见的。因此,权利要求 1 相比于对比文件 1 也不具备《专利法》第二十二条第(3)款规定的创造性。

申请人对上述驳回决定不服,向专利复审委员会提出复审请求,并提交了据称为日本公民 Tomoaki Nogata 所作声明及中文译文。

请求人认为:根据日本公民 Tomoaki Nogata 所作的声明,对比文件 1 中生成的晶体是通过 IR 数据确定的,而本申请的各晶型的 IR 数据中没有与其一致的。因此本申请的各晶型与对比文件 1 记载的晶型不同,具备新颖性和创造性。

专利复审委员会组成合议组,对本复审请求案进行了审理。合议组在《复审通知书》中指出:对比文件 1 公开了在 1678cm⁻¹ 特征吸收的晶体,而本申请权利要求 1 请求保护的晶体也具有 1678cm⁻¹ 特征吸收,且权利要求 1 中所限定的晶体的 X 射线粉末衍射图的特征峰并不能将其与对比文件 1 所公开的上述晶体区分开来,因此权利要求 1 要求保护的晶体(即本申请说明书中所述的晶体 A)不具备《专利法》第二十二条第(2)款规定的新颖性。请求人提供的再现实验表明对比文件 1 的实施方案相同的方法能够产生不同的晶体形式如形式 A、形式 C 和形式 G 等,但是本申请权利要求 1 请求保护的正是形式 A 的晶体,可见权利要求 1 要求保护的晶体 A 已在对比文件 1 中公开;另外,虽然对比文件 1 所得晶体的 IR 数据与本申请请求保护的晶体 A 的红外数据并未完全一致,但是二者的差别仅是细微的,考虑到实验误差,本领域技术人员能够确定二者实质上为相同的晶体。

请求人针对《复审通知书》提交了意见陈述书和对比试验报告及其中文译文。请求人认为①从 IR 数据来看对比文件 1 中记载的结晶与本申请的结晶不同，二者存在有意义的差值（红外吸收测量是用分辨能力 4cm^{-1} 进行的），且在实验误差很大（大于 4cm^{-1}）的情形下讨论峰是否相同是没有意义的。②请求人的再现实验结果是，即使尝试再现对比文件 1 的记载内容，不能掌握特定的结晶形式，由此不能认定对比文件 1 记载的发明。

2. 争议焦点

（1）采用不同参数进行定义的晶型是否能够区分为不同的晶型。

（2）均采用红外光谱进行定义但是图谱存在差异时是否能够区分为不同的晶型。

3. 案例解析

权利要求 1 要求保护一种多晶型体（即晶体 A），对比文件 1 公开了将 2-（3-氰基-4-异丁氧基苯基）-4-甲基-5-噻唑甲酸乙酯水解获得的粗产物即 2-（3-氰基-4-异丁氧基苯基）-4-甲基-5-噻唑甲酸在乙醇/水（9/1）中重结晶，所得结晶的 FT - IR 光谱（cm^{-1}，KBr）为 2960，2880，2230，1680，1600，1520，1430，1280；此外，对比文件 1 还记载所述晶体的熔点为 207~209℃。

将本申请权利要求 1 所要求保护的晶体与对比文件 1 所公开的上述晶体进行对比：首先，本申请权利要求 1 所述的晶体 A 采用 XRPD 参数进行了定义，而对比文件 1 所公开的晶体采用红外光谱参数进行定义，并公开了所述晶体的熔点为 207~209℃，二者对晶体分别采取了不同的参数进行定义，本领域技术人员并不能将二者直接区分开。其次，本申请说明书的 IR 光谱数据明确显示所述晶体 A 在 2231.9cm^{-1}、1678.3cm^{-1}、1605.0cm^{-1}、1518.8cm^{-1}、1425.6cm^{-1} 等处存在吸收峰，此外所述晶体 A 在大约 2960cm^{-1}、2880cm^{-1}、1280cm^{-1} 等处也存在吸收峰，将本申请与对比文件 1 的红外光谱数据相比可以看出，除对比文件 1 所述晶体的 1600cm^{-1} 峰在请求人所主张的误差范围（4cm^{-1}）之外，其余峰均有相应峰，可见二者红外光谱有较大相似性。此外，根据本申请说明书记载的内容，权利要求 1 所述晶体 A 在大约 1678cm^{-1} 具有可将其与其他多晶型体区分开来的特征吸收，即此处的峰是具有重要鉴别意义的特征峰，而对比文件 1 所述晶体在 1680cm^{-1} 具有相应的峰；另一方面，尽管对比文件 1 所述晶体的

$1600cm^{-1}$ 峰在误差范围之外，但依据本申请说明书记载的内容，此处的吸收峰并非上述具有重要鉴别意义的特征峰，由此本领域技术人员据此也不能将对比文件 1 所述的晶体与本申请请求保护的晶体 A 二者区分开。

综上所述，本领域技术人员无法区分权利要求 1 请求保护的晶体 A 与对比文件 1 所公开的晶体，因此推定权利要求 1 不具备《专利法》第二十二条第（2）款规定的新颖性。

针对请求人在提出复审请求时以及答复复审通知书时的意见陈述，合议组认为：首先，请求人采用与对比文件 1 实施方案相同的方法在合理的范围内进行了重复实验，能够产生不同的晶体形式如形式 A、形式 C 和形式 G 等，并给出了这些晶体的红外数据，其中所得晶体 A 的红外数据与对比文件 1 以及本申请所述晶体 A 的红外数据的有较大相似性，并且均在 $1680cm^{-1}$ 具有特征吸收峰，由此并不能证明对比文件 1 公开的晶体与本申请所述晶体 A 不同；其次，虽然对比文件 1 所得晶体的 IR 数据与本申请所述的晶体 A 的红外数据并未完全一致，但是对比文件 1 在 $1680cm^{-1}$ 具有的特征吸收与权利要求 1 所述晶体 A 的 $1678cm^{-1}$ 特征吸收非常接近，二者的差别（$2cm^{-1}$）仅是细微的，况且也是在如请求人所主张的红外吸收测定的分辨能力 $4cm^{-1}$ 之内。综上所述，本领域技术人员有理由相信对比文件 1 所公开的晶体更大可能性即为本申请所述的晶体 A。

根据上述事实和理由，合议组作出维持国家知识产权局于 2007 年 12 月 7 日对本申请作出的驳回的审查决定。

4. 案例启示采用不同参数进行定义的晶型以及均采用红外光谱进行定义但是图谱存在差异的晶型如何区分

（1）用于药物晶型检测和鉴别的技术有 X 射线衍射法、红外光谱法、拉曼光谱法，热重分析法和固态核磁共振法等，这些方法各有其优缺点，能够从不同的角度反映出晶型药物的性质，具有一定的互补性。

红外光谱是分子的振动—转动能级跃迁引起的吸收光谱。晶型药物由于有晶体力场的作用会发生分子振动与晶格振动的偶合，从而出现某些新谱带，使吸收峰数目增多，如果物质能以几种晶型存在，不同的晶型分子因内部结构的差异往往会造成旧峰消失、新峰生成、峰位和峰形的变化等，各种晶型的红外光谱也会有某些差异。多晶型药物分子间力作用方式和作用强度不同，形成的晶格能不同，化学键的键长、键角亦发生变化，从而导致红外吸收光谱中某些特征峰的频率、峰形和强度出现显著差异，可以此区别药物的多晶型。然而，有些药物的不同晶型的 IR 光谱间无明显差异，不能用此法鉴别，如足叶乙苷、茶碱、咖啡因等的同质多晶间 IR 图谱十分相似。另外，样品图谱间差异也可能来自其他方面的原因，如样品纯度不高，晶体大小及晶癖、研磨中的部分转晶等。因此，红外光谱法（IR）通常用于初步判定不同晶型的存在。

X 射线衍射法（XRPD）是研究药物多晶型的主要手段，常用的有 X 射线单晶衍射法和 X 射线粉末衍射法。X 射线单晶衍射法可用于确定药物晶型结构、测定晶胞参数（如原子间的距离、环平面的距离等）、确定晶体的对称性、比较不同晶型，是研究药物多晶型的最常用和有效的方法，国际上公认的确证多晶型的最可靠方法是 X 射线单晶结构测定，它可以直接获得晶体的晶胞参数、空间群等分子的立体结构信息。X 射线粉末衍射法可用于区别药物的晶态和非晶态、鉴别晶体的晶型、区别混合物和化合物，从 X 射线衍射谱可得出晶型变化、结晶度、有无混晶等信息，X 射线粉末衍射分析因其制样方便、鉴定迅速、结果准确已经被许多国家药典列为分析药物多晶型的常用手段之一，在药物的多晶型鉴别中，X 射线粉末衍射法更加常用，它是采用波长与晶体内质点间距离大致相同的单色 X 线为光源对晶体粉末进行照射，依靠晶体中电子对 X 线的散射作用以及次生 X 线相互干涉而形成衍射图谱，这一过程遵循 Bragg 定律：$2d\sin\theta = n\gamma$，只要入射光线照射到样品上时能够满足 Bragg 定律，即可产生衍射峰，同一化合物的不同晶型具有不同的衍射图谱，特征性较强，几乎同人的指纹一样，对晶型的鉴别具有决定意义，可通过衍射图谱的比较，或每个样品 I/I_0 最大的 8~10 个峰的主要参数（2θ、I/I_0、d）的异同来确定是否为同一晶型，X 射线粉末衍射除可以很好地对不同晶型进行鉴别外，还可以通过计算结晶度和观察主要特征峰来判断是否有混晶存在，并可直观地分辨出晶型与非晶型。

（2）对于红外光谱的误差范围，并没有统一的标准，不同的文献有不同的记载，例如有的文献中记载峰的位置有微小误差，尖锐的峰相差 1~2cm^{-1}，宽钝的峰甚至相差可达 2~4cm^{-1} 可以认为是相同的峰，本案申请人即主张红外光谱的误差为 4cm^{-1}，实际上这些说法均不准确，因为红外光谱的误差范围与多种因素有关，首先，其跟测试仪器有直接关系，每台红外光谱仪都有确定的波数误差，如果测量的两个峰的位置误差在该波数误差范围内，则可以认为两者是同一个峰；其次，误差范围还跟选取的吸收峰有关系，不同的吸收峰其误差范围不同，例如上述文献即认为对于宽钝的峰允许的误差范围比尖锐的峰要大。

综上所述，在对药物晶型的鉴定与区别时，红外光谱法和 X 射线衍射法各有特色，红外光谱法较灵敏，但易受杂质的干扰，存在一定误差，通常用于初步判定不同晶型的存在，X 射线粉末衍射法最准确，但由于其在鉴定过程中对于晶型的粒径有一定要求，因而存在试样制备时是否会引发晶型的转变问题。因此，申请人在撰写申请文件时，应当采用数种方法并用的方式，从不同的角度对晶型进行鉴别，而且不要仅使用红外光谱法进行鉴定和区别，应该尽量采用 X 射线衍射法（XRPD）进行晶型的检测和鉴定，同时配合使用其他检测和鉴定方法。

3.1.2　"多晶型药物及其制备方法"复审案

1. 案情简介

本案涉及发明名称为"多晶型药物及其制备方法"的第 200310118172.0 号发明专利申请，申请人为雅培制药有限公司。

本发明涉及 $(2S,3S,5S)-5-(N-(N-((N-$ 甲基 $-N-$ $((2-$ 异丙基 $-4-$ 噻唑基）甲基）氨基）羰基）$-L-$ 缬氨酰）氨基）$-2-(N-((5-$ 噻唑基）甲氧羰基）氨基）$-1,6-$ 二苯基 $-3-$ 羟基己烷，即利托那韦的新多晶型结晶、其制备方法、作为药物的应用及含有该新多晶型结晶的药物组合物。利托那韦已知对 HIV 蛋白酶、HIV 感染、细胞色素 P450 单加氧酶都具有抑制作用，并对通过细胞色素 P450 单加氧酶代谢的化合物的药代动力学具有促进作用。对于抑制 HIV 感染来说，当单独或与一种或多种逆转录酶抑制剂和/或一种或多种其他 HIV 蛋白酶抑制剂联合使用时，利托那韦是特别有效的。本申请所要解决的技术问题是提供新的、基本上纯的利托那韦的多晶型结晶。

经实质审查，国家知识产权局原审查部门于 2009 年 1 月 23 日发出驳回决定，驳回了本发明专利申请，其理由是：本申请权利要求 1~3 不符合《专利法》第二十二条第（2）款和第（3）款的规定。

驳回决定所针对的权利要求 1~3 如下：

"1. 含有不超过 10% 的任何其他形式利托那韦的非晶型利托那韦。

"2. 权利要求 1 的非晶型利托那韦，其特征在于玻璃化转变点为 45℃

至49℃。

"3. 权利要求1的非晶型利托那韦，它具有大于90%的纯度。"

驳回决定认为：①权利要求1请求保护非晶型利托那韦，对比文件1（US5484801A，公开日为1996年1月16日）公开了具有相同功能-HIV感染抑制作用的利托那韦。将非晶体化合物通过结晶和重结晶来制备晶体是本领域公知常识，且对比文件1具体公开了将第一次结晶得到的固体通过再结晶得到相应产物的步骤，因此可能包含了利托那韦为非晶型的形式，而申请人未能提交有利证据将权利要求1请求保护的非晶型利托那韦与对比文件1中的化合物比较区别开来，因此权利要求1不具备新颖性。相应地，权利要求2、3也不具备新颖性。②已知本申请的目的是提供已知药物利托那韦的一种新的物理形态，对比文件1中已经公开了具有相同用途的利托那韦，寻找已知药物的不同形态，并且将其运用于相同的用途，这对本领域技术人员来说是显而易见的。虽然申请人在答复《第一次审查意见通知书》时陈述了非晶型利托那韦具有更好的溶解性，但不同晶形不同形态的化合物具有不同的溶解性，从而用于制成不同的剂型对本领域技术人员来说也是显而易见的，且申请人未能进一步陈述本申请的非晶型利托那韦在制剂、吸收、生物利用度等方面所具有的意料不到的技术效果。对于非晶型利托那韦的制备，根据本申请的描述，显然是本领域常规的技术手段，事实上本领域技术人员根据现有技术，通过有限次的实验即可制备得到本申请的非晶型利托那韦而无需付出创造性的劳动。因此权利要求1~3不具备创造性。

申请人对上述驳回决定不服，向专利复审委员会提出了复审请求，同时提交附件1~4。

请求人认为：①前审部门只是怀疑对比文件1公开的化合物可能包含利托那韦的非晶形式，并没有提供证据加以证明。附件1描述了"利托那韦在1996年投入市场，当时已知仅存在一个药物晶型"，故在本发明以前，只有一个利托那韦的多晶型药物是已知的（即利托那韦晶型Ⅰ）。对比文件1中的利托那韦是晶体，且其熔点（分别为61~63℃、122~123℃）不同于本申请的非晶型的玻璃化转变温度（约45~49℃），故本申请要求保护的非晶型利托那韦与对比文件1公开的利托那韦晶体不同。②附件1和附件2中的描述说明本申请之后才开始实施多晶型物的筛选，因此本领域技术人员去研究包括非晶型在内的其他多晶型物不是显而易见的；且非晶型利托那韦具有更佳的溶解性和出乎意料地稳定等意想不到的技术效果。③附件 3 和 4 表示的本申请的相应美国和欧洲申请都已经得到授权。

专利复审委员会组成合议组，对本复审请求案进行了审理。合议组在《复审通知书》，指出：①对比文件 1 共公开了 6 种产物，依据现有证据以及本领域技术人员的常识，较为合理的判断是，上述 6 种产物中的残留物、沫状物、淤料以及熔点为 61~63℃ 的固体为非晶型，本申请权利要求 1 中"含有不超过 10% 的任何其他形式"的特征无法排除上述产物，从而无法将权利要求 1 的产品与对比文件 1 的上述产物区别开来，因此，可以推定权利要求 1 不具备新颖性，不符合《专利法》第二十二条第（2）款的规定。同理，从属权利要求 2、3 也不符合《专利法》第二十二条第（2）款的规定。②即使请求人通过在权利要求 1 中加入 X 射线衍射图谱或差示扫描量热分析图并提供对比数据以证明本申请的非晶型化合物不同于对比文件 1 公开的非晶型化合物从而克服新颖性缺陷，权利要求 1 仍不具备创造性：权利要求 1 的特定非晶型利托那韦相对于对比文件 1 实际解决的技术问题是提供另一种形态的非晶型利托那韦，而系统研发已知活性化合物的不同固体形态是制药工业常规的技术手段，本领域技术人员不仅能够而且将会研究活性化合物的固体形态，因此本领域技术人员有动机对已知化合物进行处理以获得不同结晶或非结晶的固体形态，此外本申请中并没有记载权利要求 1 的非晶型利托那韦较之对比文件 1 的非晶型利托那韦具有何种积极效果。因此权利要求 1 不具备创造性，不符合《专利法》第二十二条第（3）款的规定。同理，从属权利要求 2、3 也不符合《专利法》第二十二条第（3）款的规定。

针对上述意见，请求人提交了意见陈述书，权利要求书全文替换页和附件 5~8。请求人认为：①合议组没有提供任何证据来证明对比文件 1 中的残留物、泡沫物和淤料是非晶型的，而基于对对比文件 1 中公开内容的推测来假定权利要求 1 没有新颖性是缺乏根据的。②请求人提交的附件 1、2 和附件 5 表明在本申请前没有常规地实施多晶型物筛选。在没有过度实验的情况下，本领域技术人员不能确定地预测到结晶化合物的非晶型是否可以分离出来，也不能预测到化合物晶型的存在必然意味着存在该化合物的稳定非晶型，非晶型利托那韦是非显而易见的。③附件 6 和 7 证实了非晶型利托那韦具有意料不到的稳定性，附件 8 描述了非晶型的优点。

2. 争议焦点

(1) 除化学结构外仅以物质的非晶体形态及其纯度限定的化合物如何区分；

(2) 申请人补充提交的未记载于原申请文件中的效果实验数据能否用于证明本申请产生了预料不到的技术效果。

3. 案例解析

权利要求 1 要求保护含有不超过 10% 的任何其他形式利托那韦的非晶型利托那韦。

对比文件 1 公开了将含有利托那韦的乙酸乙酯溶液真空浓缩得到残留物（下称残留物），然后将残留物溶解于 1∶1 的乙酸乙酯/庚烷混合液中，缓慢冷却、室温搅拌过夜得到厚淤料，经过滤收集产物，用 1∶1 的乙酸乙酯/庚烷洗涤，短时间干燥所得产物（下称淤料），然后进行二次结晶，得到所需产物。对比文件 1 还公开了经硅胶层析、以 95∶5 的二氯甲烷/甲醇洗脱后得到的利托那韦固体，熔点为 61~63℃。对比文件 1 还公开了将利托那韦的乙酸乙酯溶液中的溶剂除去，得到无色沫状物，然后从乙酸乙酯和己烷中结晶得到白色固体，熔点为 122~123℃。

可见，对比文件 1 公开了 6 种产物：残留物、淤料以及目标产物，熔点为 61~63℃ 的固体，沫状物以及熔点为 122~123℃ 的白色固体。

本申请背景技术中记载了 US5541206 以及 US5567832 中制备出 I 型利托那韦结晶，据 US5567823 的描述可知，I 型利托那韦结晶的熔点为 121~123℃。根据 US5567823 中所述的熔点及其制备方法，结合对比文件 1 的内容，可以合理确定对比文件 1 熔点为 122~123℃ 的白色固体为 I 型利托那韦结晶。但是，如上所述，对比文件 1 共公开了 6 种产物，除熔点为 122~123℃ 的白色固体以及二次结晶得到的目标产物外，其余 4 种产物，根据对比文件 1 的内容以及本申请所公开的技术情报，尚无法断定其是晶体。相反，根据本领域技术人员的常识，残留物、沫状物以及淤料等物态形式通常不是晶体，尚无法将其排除在“含有不超过 10% 的任何其他形式利托那韦的非晶型利托那韦”的范围之外。此外，请求人在意见陈述中提出，在 1996 年已知仅存在一个利托那韦药物晶型（即晶型 I），那么，依照请求人陈述可以推断，对比文件 1 公开的熔点为 61~63℃ 的固体并非晶体，此时，也无法将该固体排除在“含有不超过 10% 的任何其他形式利托那韦的非晶型利托那韦"的范围之外。

对于请求人答复复审通知书时的意见陈述，合议组认为：不能将现有技术已经明确公开的内容划入专利保护的范围内，这是专利法的一项重要原则，也是申请人获得专利权必须满足的一项实质条件。申请人如欲获得专利权保护，理应将要求的保护范围与现有技术合理划界，以使得现有技术被排除在保护范围之外。合议组根据现有技术的描述，作出了合乎常理的推定，认为本申请权利要求 1 包含了现有技术的内容，在请求人既无法提供证据证明或充分说明现有技术的内容没有落入本申请保护范围内，又没有调整要求保护的范围从而将现有技术排除的情况下，作出权利要求不具有新颖性的结论是恰当的。

综上，依据现有证据以及本领域技术人员的常识，较为合理的判断是，对比文件 1 中的残留物、沫状物、淤料以及熔点为 61～63℃的固体为非晶型，本申请权利要求 1 中"含有不超过 10%的任何其他形式"的特征亦无法排除上述产物，无法将权利要求 1 的产品与对比文件 1 的上述产物区别开来，因此，可以推定权利要求 1 不具备新颖性，不符合专利法第二十二条第（2）款的规定。

权利要求 2 是权利要求 1 的从属权利要求，使用理化参数对权利要求 1 的非晶型利托那韦进行了限定，其附加技术特征为"玻璃化转变点为 45℃至 49℃"。该附加技术特征可以将对比文件 1 中熔点为 61～63℃的固体排除，但仍无法与比文件 1 中的残留物、沫状物以及淤料区别开来，故权利要求 2 不具备新颖性，不符合《专利法》第二十二条第（2）款的规定。

权利要求 3 是权利要求 1 的从属权利要求，使用纯度特征对权利要求 1 的非晶型利托那韦进行了限定，其附加技术特征为"它具有大于 90%的纯度"。该附加技术特征也无法将比文件 1 中的残留物、沫状物、淤料以及熔点为 61～63℃的固体排除在权利要求 2 的范围内，故权利要求 3 也不具备新颖性，不符合《专利法》第二十二条第（2）款的规定。

根据上述事实和理由，合议组作出维持国家知识产权局于 2009 年 1 月 23 日对本申请作出的驳回决定的审查决定。

4. 案例启示申请人补交的在原始申请文件未记载的效果实验数据能否用于证明本申请产生了预料不到的技术效果

（1）固体药物分为结晶型和无定型两大类。同一种药物具有不同的分子排列形式，呈现不同的晶型，这种现象即为多晶型，通常将这种晶体药物称为多晶型药物。多晶型又可分为稳定性、亚稳定型及不稳定型三种，稳定型的晶体熔点高，溶解度小，溶出速率最低，化学稳定型最好，不易被机体吸收，亚稳定型的晶体介于稳定型和不稳定型之间，有较高的溶解度及溶出速率，稳定性低于稳定型，但在常温下仍比不稳定型稳定，较稳定型易被机体吸收。亚稳定型在放置的过程中可转化为稳定型晶体。无定型，也称非晶体，其没有一定的几何外形，广义的无定型一般是说液体、流体，无定型粉末药物则由于分子呈不规则排列，自由能较高，在溶解时不需破坏晶格，药物分子可直接离开固体表面，所以具有较高的溶解度和溶出速率，易被机体吸收，无定型药物在放置的过程中可能自发地转变为结晶型。无定型熔点低，溶解速度快，溶解度高，药物在配制时，通常选用亚稳定型和无定型药物作为原料较好。由此可知，请求人所认为的非晶型溶解度高的技术效果并非预料不到的技术效果，其属于无定型所固有的效果，并且，根据对比文件1公开的其形态以及熔点等性质，可以较为合理地判断出对比文件1中的残留物、沫状物、淤料以及熔点为61~63℃的固体并不是晶体，而属于非晶体。

（2）《专利法》第三十三条明确规定："申请人可以对其专利申请文件进行修改，但是，对发明和实用新型专利申请文件的修改不得超出原说明书和权利要求书记载的范围"。根据《审查指南》的进一步规定，原说明书和权利要求书记载的范围可以分为两部分：一是权利要求书和说明书文字记载的内容，二是根据权利要求书和说明书文字记载的内容以及说明书附图能够直接地、毫无异议地确定的内容。申请人在意见陈述中补充的实验数据，显然不在原专利申请文件的记载范围内，其是申请人在专利审查程序中提供的新内容，属于申请人事后提供的一种证明性文件，用于证明某种事实的成立与否。虽然补充的实验数据通常都不会被写入到专利申请文件中，仅就形式而言，其不属于《专利法》第三十三条明确规定的对专利申请文件的修改方式。但是，是否被写入专利申请文件中并不重要，事实上，一旦补充的实验数据被采信，那么其对专利审查结果的影响就是跟申请文件的一部分一样，没有任何实质性的区别。因此，从对专利审查结果的影响这一角度来看，可以将补充的实验数据视为一种对原申请文件的特殊修改方式，因此同样有必要通过《专利法》第三十三条的规定对补充实验数据进行审查，进而决定是否予以采信。判断补充实验数据是否可以被采信仍应遵循《专利法》第三十三条的规定，不允许通过补充实验数据来引入新的内容，只是是否为新内容的审查对象不是补充实验数据本身，而是补充实验数据所要证明的对象，即效果或用途，由此可知，如果新补充实验数据使得原申请文件产生了新的效果或用途，则会导致专利所解决的技术问题发生变化，从而使得专利事实上保护了一项新的发明，那么这样的补充实验数据是不能被接受的，申请人在审查过程中提交的补充实验数据应当仅限于提供补强性的证据以进一步佐证原申请文件中已经充分公开过的效果或用途。在本案中，由于原申请文件中并未记载非晶型利托那韦具有稳定性方面的技术效果，因而申请人所提交的证明非晶型利托那韦具有意料不到的稳定性的效果实验数据，在本案中引入了新的内容，不能被接受。

综上所述，可知，申请人在撰写申请文件时，应当在说明书中完整全面地记载晶型所具备的所有技术效果，这样申请人在进行审查意见通知书的答辩时能够掌握主动权，具有更大的空间进行争辩。

3.1.3　"有机化合物"复审案

1. 案情简介

本案涉及发明名称为"有机化合物"的第200580037222.X 号发明专利申请，申请人为诺瓦提斯公司。

本发明涉及 N-苯甲酰基-星形孢菌素新的晶型Ⅱ、N-苯甲酰基-星形孢菌素晶型Ⅱ的制备方法、含有 N-苯甲酰基-星形孢菌素晶型Ⅱ的组合物以及 N-苯甲酰基-星形孢菌素晶型Ⅱ在温血动物特别是人的诊断方法或治疗上的用途。本申请所要解决的技术问题是提供 N-苯甲酰基-星形孢菌素的晶型Ⅱ、其制备方法、含有其的组合物以及其在温血动物特别是人的诊断方法或治疗上的用途。

经实质审查，国家知识产权局原审查部门于 2010 年 10 月 9 日发出驳回决定，驳回了本申请，其理由是：说明书不符合《专利法》第二十六条第（3）款的规定。

驳回决定认为：本申请说明书中虽然记载了表征 N-苯甲酰基-星形孢菌素新的晶型Ⅱ的各种参数，并且描述了该晶体的制备方法，提供了具体的制备实施例，但在这些方法中，都涉及使用晶种来进行结晶的过程，而说明书中却没有记载该晶种的制备，由于本领域技术人员不能根据本领域的一般知识制得该晶种，也无法从现有技术中获知该晶种的制备方法，因此，依据说明书给出的技术信息，本领域技术人员无法获得所述晶种，从而也无法获得所述晶体，实现本申请请求保护的技术方案，因此本申请说明书不符合《专利法》第二十六条第（3）款的规定。

申请人对上述驳回决定不服，向专利复审委员会提出了复审请求。

请求人认为：原始权利要求23~25中公开了不需要加入晶种就可制备 N-苯甲酰基-星形孢菌素晶型 II 的方法步骤和所用溶剂，本领域技术人员在此基础上可以制备 N-苯甲酰基-星形孢菌素晶型 II。

专利复审委员会组成合议组，对本复审请求案进行了审理。合议组在《复审通知书》指出：对于该 II 型结晶 N-苯甲酰基-星形孢菌素的制备而言，说明书公开了其一般性的三种制备方法，首先，方法二和方法三均包含使用 N-苯甲酰基-星形孢菌素晶型 II 作为晶种来进行结晶的过程，N-苯甲酰基-星形孢菌素晶型 II 本身就是该一般方法和具体实施例所要制备的产品，而说明书中却没有记载该晶种的制备，由于本领域技术人员不能根据本领域的一般知识制得该晶种，也无法从现有技术中获知该晶种的制备方法，因此根据说明书给出的技术信息，本领域技术人员在实施所述制备方法时无法获得所述晶种，从而实现本申请请求保护的技术方案。其次，虽然方法一公开了不使用晶种制备 N-苯甲酰基-星形孢菌素晶型 II 的一般方法，但是说明书中并没有给出一个说明该方法具体操作条件的制备实施例。由于化合物晶体的获得具有不可预期性，其形成与制备条件关系特别密切，条件的细微差别有可能导致完全不同的结果，在说明书中没有给出该方法的具体实施例以及该具体实施例所制得产品的确认数据的情况下，本领域技术人员难以确信该方法能够制备得到 N-苯甲酰基-星形孢菌素晶型 II。

请求人提交了意见陈述书，但未修改申请文件。请求人认为：①由于方法一中记载了所用的原料物质和工艺步骤，其已经对本申请所述的制备方法作出了清楚完整的说明，本领域技术人员基于方法一的内容并结合现有技术能够制备得到 N-苯甲酰基-星形孢菌素晶型 II；②《审查指南》第二部分第二章第2.2.6节对具体实施方式作出如下规定："在发明或者实用新型技术方案比较简单的情况下，如果说明书涉及技术方案的部分已经就发明或者实用新型专利申请所要求保护的主题作出了清楚、完整的说明，说明书就不必在涉及具体实施方式部分再做重复说明"，因此本申请虽然没有提供方法一的实施例，但由于其对制备方法已经作出了清楚、完整的描述，说明书不必在涉及具体实施方式部分再做重复说明。

2. 争议焦点

（1）未公开晶种是否公开充分；

（2）仅泛泛记载了制备方法而未记载具体实施方式是否公开充分。

3. 案例解析

本发明对于Ⅱ型结晶 N-苯甲酰基-星形孢菌素的制备而言，说明书公开了其一般性的三种制备方法，方法一为请求人将原权利要求 23~25 补入说明书的内容，其包括：（a）提供 N-苯甲酰基-星形孢菌素在溶剂中的溶液；（b）用第二溶剂接触该溶液以形成沉淀；和（c）分离沉淀，其中该溶剂选自苯甲醇、DMF、DMSO、乙酸或 PEG，且其中的第二溶剂选自乙醇、THF 或乙醇在水中的溶液；方法二包括（a）提供在质子溶剂或非质子溶剂中的 N-苯甲酰基-星形孢菌素溶液；（b）用 N-苯甲酰基-星形孢菌素的晶型Ⅱ作为晶种，用醇溶剂接触反应混合物以形成沉淀；和（c）分离沉淀物，其为 N-苯甲酰基-星形孢菌素的晶型Ⅱ；方法三包括：（a）将星形孢菌素的醇溶液例如乙醇溶液与苯甲酸酐反应；且（b）向反应溶液中加入 N-苯甲酰基-星形孢菌素的晶型Ⅱ作为晶种以制备产物；（c）分离产物 N-苯甲酰基-星形孢菌素的晶型Ⅱ。本申请制备 N-苯甲酰基-星形孢菌素的晶型Ⅱ的具体制备例均包含使用 N-苯甲酰基-星形孢菌素晶型Ⅱ作为晶种来进行结晶的过程。

首先，方法二和方法三均包含使用 N-苯甲酰基-星形孢菌素晶型Ⅱ作为晶种来进行结晶的过程，N-苯甲酰基-星形孢菌素晶型Ⅱ本身就是该一般方法和具体实施例所要制备的产品，而说明书中却没有记载该晶种的制备，由于本领域技术人员不能根据本领域的一般知识制得该晶种，也无法从现有技术中获知该晶种的制备方法，因此根据说明书给出的技术信息，本领域技术人员在实施所述制备方法时无法获得所述晶种，从而实现本申请请求保护的技术方案。其次，虽然方法一公开了不使用晶种制备 N-苯甲酰基-星形孢菌素晶型Ⅱ的一般方法，但是说明书中并没有给出一个说明该方法具体操作条件的制备实施例。由于化合物晶体的获得具有不可预期性，其形成与制备条件关系特别密切，条件的细微差别有可能导致完全不同的结果，在说明书中没有给出该方法的具体实施例以及该具体实施例所制得产品的确认数据的情况下，本领域技术人员难以确信该方法能够制备得到 *N*–苯甲酰基–星形孢菌素晶型 Ⅱ。综上，本领域技术人员无论是根据说明书给出的一般性方法，还是根据具体实施例，均无法确信如何才能制备得到本申请请求保护的 *N*–苯甲酰基–星形孢菌素晶型 Ⅱ，因此说明书公开不充分，不符合《专利法》第二十六条第（3）款的规定。

对于请求人答复《复审通知书》的相关意见，合议组认为：①如前所述，虽然方法一中给出了制备式 Ⅱ 型结晶 *N*–苯甲酰基–星形孢菌素的原料物质和使用的溶剂，但是并没有给出具体实施方案以及通过该方法制得的 Ⅱ 型结晶 *N*–苯甲酰基–星形孢菌素的确认数据，由于化合物晶体的获得具有不可预期性，本领域技术人员难以确信该方法能够制备得到 *N*–苯甲酰基–星形孢菌素晶型 Ⅱ；②化学领域由于可预期性低，因此往往需要具体实施方式来支持，对于晶体化合物而言，由于其被制备得到具有不可预期性，因此提供该方法的具体实施例以及该具体实施例所制得产品的确认数据是该方法被充分公开所必不可少的。

基于上述理由，合议组作出了维持国家知识产权局于 2010 年 10 月 9 日对本申请作出的驳回决定的审查决定。

4. 案例启示未公开晶种以及无具体制备实施例是否公开充分

（1）晶种是在结晶过程中加入的不溶性添加物，通过其形成晶核，加快或促进与之晶型或立体构型相同的对映异构体结晶的生长，可见，晶种是制备晶型化合物的必要条件，对于新晶型的制备而言，在无法获得晶种的前提下则无法制备相应的晶型。欧洲专利局关于化合物多晶型专利的审查认为，如果专利申请中制备多晶型物的实施例都涉及种晶，而所述晶种却既没有在申请中确认出来也没有在申请中描述其制备方法，则有可能适用决定 T 10/86 和 T 219/85 中提到的原则，即在这种情况下，将认为发明没有被充分公开。因此，获得晶种的方法应当在专利申请中或者直接公开，或者通过参考已有的公开出版物而公开，当然，不太推荐后一种公开方式。需要说明的是，如果所述晶种已经被公开，并且具有与所述结晶产品相同的化学组成，则用这种晶种得到的晶体形式的新颖性可能会受到质疑。另外，在药品注册时通常对于原料药有特定要求，而晶型研究是原料药研究中的重点，因而导致对晶种的要求也非常严格，实际操作过程中，通常将加入的晶种当做起始原料来控制，对其制定质量标准，记载来源、晶型纯度、粒度范围等，而且建议将晶种的操作步骤要写入正式文件。由此可知，本申请在未公开晶种的情况下导致了本申请说明书公开不充分。

（2）化学是一门实验性学科，与其他领域相比有许多特殊性。例如，有许多化学发明很难预测它的实施可能性和实施后效果，因而实施例作为说明书的组成部分，在化学专利申请中显得尤为重要。在这种情况下，化学发明说明书都要记载实施例，通过实施例的记载详细具体地表达要求保护的发明的构成和特点。化学物质发明的实施例要记载化学名称或者化学结构式，记载该化学物质的鉴定方面的情报，例如元素分析、熔点、沸点、红外、紫外、核磁等理化数据，同时记载制备方法和用途，其中制备方法包括原料物质、反应条件、反应步骤及其反应生成物等，化学方法发明的实施例应该记载原料物质、工艺步骤和工艺条件等，化学发明实施例的描述方式必须使用具体的数据，而不能是笼统抽象的叙述技术方案，不允许使用含糊不清的语言，其目的是使所属领域的普通技术人员能理解和较容易地重复实施发明。本申请在仅是使用叙述性的语言记载晶种的制备方法的情况下，本领域技术人员无法获得该晶种，因而导致说明书公开不充分。

综上所述，申请人在撰写申请文件时，对于新晶型的制备，如果使用了晶种，一定要在专利申请中公开晶种的制备方法，并提供足够的具体实施例，以使本领域技术人员能够获得该晶种，从而保证说明书的公开充分。

3.1.4 "苯丙氨酸衍生物的结晶及其制造方法"复审案

1. 案情简介

本案涉及发明名称为"苯丙氨酸衍生物的结晶及其制造方法"的第 200480035053.1 号发明专利申请，申请人为味之素株式会社。

发明涉及具有特定结构式的苯丙氨酸衍生物的结晶及其制造方法，特别是涉及其 α 型、γ 型、ε 型、η 型、θ 型结晶。本申请所要解决的技术问题是提供作为化合物（Ⅰ）保存稳定性或耐湿性优异的结晶和作为化合物（Ⅰ）能够耐受工业规模下制造的结晶。

经实质审查，国家知识产权局原审查部门于 2010 年 7 月 12 日发出驳回决定，驳回了本申请，其理由是：权利要求 1 得不到说明书的支持，不符合《专利法》第二十六条第（4）款的规定。

驳回决定所针对的权利要求书如下：

"1. 用式（Ⅰ）表示的化合物的结晶，其中，该结晶是 α 型结晶，

（Ⅰ）

"其中在其粉末 X 射线衍射图中，在示于 6.2°、10.2°、10.7°、10.8°、14.0°、14.4°、16.0°、16.2°、21.7°的衍射角 2θ 处示有峰。

"2. 如权利要求 1 所述的结晶，其特征在于：所述 α 型结晶的主要峰的衍射角 2θ 和强度如表 3-1 所示。"

驳回决定认为：①权利要求 1 请求保护用式Ⅰ表示的化合物的结晶，其中，该结晶是 α 型结晶，在粉末 X 射线衍射图中，在示于 6.2°、10.2°、10.7°、10.8°、14.0°、14.4°、16.0°、16.2°、21.7°的衍射角 2θ 处示有峰。在晶体领域，某种化合物是否存在晶体形式、存在多少种晶体形式以及存在何种晶体形式不具有可预期性，某种新晶型的获得一般需要依赖实验结果加以确定，在权利要求 1 中仅采用其中的几个衍射峰来表征化合物晶体，并不能确定由这些峰表征的晶体就是申请人实际制备得到的结晶，其可能还包括了本申请中没有公开的申请人未制备得到的其他形式的结晶，因此，所属技术领域的技术人员无法将说明书中公开的申请人实际制得的特定晶型概括为权利要求 1 中仅仅用几个 XRPD 峰表征所包括的多种结晶形态，这种概括超出了说明书公开的范围，因此权利要求 1 得不到说明书的支持，不符合专利法第二十六条第（4）款的规定。②从属权利要求 2 进一步限定为所述 α 型结晶的主要峰的衍射角 2θ 和强度如表 3-1 所示，由于化合物的晶体是否存在晶体以及存在何种形式的晶体具有不可预期性，某种新晶型的获得一般需要依赖实验结果加以确定，本申请虽然列出了 17 个衍射峰数据，该数据与其粉末 X 射线衍射图相比，还有几个主要峰未被列出（例如位于 12°和 13°之间的峰、位于 28.5°和 29.5°之间的峰等），因

此所属技术领域的技术人员不能确定由表 1 的特征峰数据表征的晶体就是申请人实际制备得到的结晶，其可能还包括了本申请中没有公开的申请人未制备得到的其他形式的结晶，所以以权利要求 2 得不到说明书的支持，不符合《专利法》第二十六条第（4）款的规定。

表 3-1　α 型结晶的衍射角 2θ 和强度

2θ	强度	2θ	强度
6.2°	强	17.2°	中
10.2°	强	18.4°	中
10.7°	强	18.8°	中
10.8°	强	20.6°	中
14.0°	强	21.7°	强
14.4°	强	23.1°	中
16.0°	强	27.8°	中
16.2°	强	28.1°	中
17.1°	中		

申请人对上述驳回决定不服，向专利复审委员会提出了复审请求。

请求人认为：①在中国目前的审查实践（如审查指南）中，并没有强行规定申请人必须用完整的 X 射线衍射图来表征某一晶体。只有权利要求中仅记载了说明书公开的晶体 XRPD 图谱中的一个或少数几个衍射峰时才认为该权利要求得不到说明书的支持。但是，就目前的权利要求 1 和 2 而言，分别记载了多达 9 和 17 个衍射峰，不能被视为仅记载了少数几个衍射峰。实际上，通过对比这些衍射峰与 XRPD 图谱明确可知，这些衍射峰已经囊括了该图谱中所有主要的峰。因此，这些衍射峰可以认为是从整体上体现了该图谱中各衍射峰的主要分布情况，可以代表该图谱来表征目前的晶型。②驳回决定中仅仅是泛泛地提到了其对这些衍射峰的担忧，而这些担忧又仅仅停留在主观层面，没有能够给出任何有效的实体证据，以证明其他的晶型是否也全部具有目前权利要求 1 或 2 所规定的那些衍射峰。实际上，就化合物（Ⅰ）而言，目前的权利要求 1 或 2 已经用多达 9 个或 17 个衍射峰对其 α 晶型进行了表征。鉴于此时的衍射峰数目如此多，找到具有在数目和位置上与这些衍射峰完全相同的衍射峰的其他晶型的可能性是不存在的。③晶型一般都是用 XRPD 图谱表征的。如果某一晶型是混合物，那么经过多次制备后其 XRPD 图谱（或特征性衍射峰）就不具有可再现性；但如果某一晶型是单一晶型，那么即使经过多次制备，其 XRPD 图谱（或特征性衍射峰）仍具有良好的再现性。本申请说明书中提供的所有实施例都是发明人经过一系列的重复试验反复确定的，具有良好的再现性。因此，目前的晶型只能是单一晶型。

2．争议焦点

对于晶型的表征是否必须采用完整的 X 射线衍射图。

3．案例解析

本申请涉及一种苯丙氨酸衍生物的结晶及其制造方法。根据说明书记载，本申请目的在于提供作为化合物Ⅰ保存稳定性或耐湿性优异、能耐受工业规模下制造的结晶。本申请研究过程中发现，化合物Ⅰ的包括 α 型结晶在内的 5 个新的晶型可解决上述说明书记载了的问题。α 型结晶的粉末 X 射线衍射图，还公开了分别采用不同的溶剂和结晶方法获得了 α 型结晶，表 1 列出了 α 型结晶各主要峰的衍射角（2θ）和强度，其中共有包括 9 个强峰在内的 17 个中强以上的衍射峰 2θ 值。

根据说明书的上述记载可以看出，尽管采用了不同的方法，但其最终制得的都是同一晶型即 α 型结晶。说明书还记载了该 α 型结晶的粉末 X 射线衍射图谱，表 1 对该图中中等强度以上的峰都进行了标注。相应地，权利要求 1 用粉末 X 射线衍射图的峰位置对 α 型结晶进行了限定，其限定在示于 6.2°、10.2°、10.7°、10.8°、14.0°、14.4°、16.0°、16.2°、21.7° 的衍射角 2θ 处示有峰。

尽管在化合物晶体领域，某种化合物是否存在晶体形式、存在多少种晶体形式以及存在何种晶体形式不具有可预期性，某种新晶型的获得一般需要依赖实验结果加以确定，但这并不必然意味着必须用完整的 X 射线衍射图才能表征相应的晶体。如果权利要求中仅记载了说明书公开的具体晶体的 XRPD 图谱中的一个或少数几个衍射峰，仅由这一个或少数几个衍射峰难判断其是否仅代表请求保护的特定晶型时，所属技术领域的技术人员通常不能确定仅由这一个或少数几个衍射峰表征的晶体就是请求人实际制备得到的特定结晶，其可能还包括了本申请中没有公开的请求人未制备得到的其他形式的结晶，则应认为该权利要求得不到说明书的支持。但本申请权利要求 1 和 2 分别记载了 9 个和 17 个该具体 α 晶型的衍射峰，所属技术领域的技术人员通过将这些衍射峰与本申请说明书的 XRPD 图谱进行比对可知，权利要求 1 限定的这 9 个衍射峰为 α 型结晶的全部强峰，权利要求 2 中限定的 17 个衍射峰除包括这 9 个强峰外，还包括 8 个中等强度的衍射峰。可见，这些衍射峰已经囊括了所有主要的峰，可以认为从整体上体现了该图谱中各衍射峰的主要分布情况，可以代表该图谱来表征目前的 α 晶型，本申请权利要求 1 和 2 并不属于仅用一个或少数几个衍射峰来表征特定晶型的情况，即权利要求 1 中记载的晶体 XRPD 图谱数据与说明书中的相应图谱相一致。对于权利要求 1 来说，这 9 个衍射峰足以将其与该化合物的其他形式的结晶区分开，对于权利要求 2 的 17 个衍射峰更是如此。在此基础上，权利要求 1 和 2 的技术方案已经能够明确地指向 α 型结晶，从而使得该晶型与现有技术中可能存在的其他晶型区别开来，权利要求 1 和 2 的技术方案中不会包括本申请中没有公开的请求人未制备得到的其他形式的结晶形态。因此，所属技术领域的技术人员能够从说明书充分公开的内容中得到权利要求 1 的技术方案，该权利要求能够得到说明书的支持，符合《专利法》第二十六条第（4）款的规定。

基于上述事实和理由，本案合议组作出了撤销国家知识产权局于 2010 年 07 月 12 日对本申请作出的驳回决定的审查决定。

4. 案例启示　晶型的表征是否必须采用完整的 X 射线衍射图

X 射线衍射技术是确定化合物晶体结构中最常见的技术，其包括 X 射线单晶衍射技术和 X 射线粉末衍射技术，相应的权利要求中一般也常用晶系、晶体晶胞参数（a，b，c，α，β，γ）和空间群、晶体 XRPD 图（数据）表征晶体结构。晶系、晶体晶胞参数（a，b，c，α，β，γ）和空间群属于晶体学参数的范畴，而 X 粉末衍射图谱则由衍射峰数量、衍射峰位置、衍射峰强度、衍射峰几何拓图特征组成。由于 X 射线单晶衍射技术、X 射线粉末衍射技术的原理不同，因此当采用晶体学参数、晶体 XRPD 图（数据）作为表征参数时，其应用也具有不同的前提条件。

当说明书中记载的是 X 射线单晶衍射技术时，权利要求中采用空间群和晶胞参数相结合表征晶体结构，或者采用空间群、晶胞参数、晶胞内分子数相结合表征晶体结构，是符合《专利法》第二十六条第（4）款相关规定的，因为 X

射线单晶衍射技术是以一颗单晶体作为研究对象，可提供化合物晶体的定量分子立体结构信息和表征不同晶体的物质特征，在单晶X射线衍射结构分析中，首先是对被测样品晶体的晶胞参数进行测定，运用通用的智能化标准软件系统进行数据处理，从而进一步确定其空间群、分子的成分、含量与立体结构，分子的构型构象，分子在晶体中的排列规律，分子内和分子间的氢键联系方式，盐键与配位键情况及结晶溶剂的数量和种类，最终确定样品的不同晶型。空间群反映的是晶体的全部微观结构（即原子或分子的分布）的对称规律，晶胞内分子数Z反映的是晶胞内含有化合物分子的数目。由于空间群隐含公开了晶系、晶胞内分子数的信息，所以在实际过程中，晶胞参数与空间群二者相联用可以表征化合物晶体的明确信息，与化合物特定晶体结构是一一对应的。但如果权利要求中采用晶系或者晶系与晶胞参数相结合表征晶体结构时，应对其保护范围的清楚性提出质疑，因为晶系和晶胞参数的结合可以明确晶胞平行六面体中三个轴、三个夹角之间的关系，但是对于晶胞中化合物分子的数目、分子之间的空间位置、空间对称关系并没有记载，而这正是由空间群所能进行的表征。

当说明书中记载的是X射线粉末衍射技术时，权利要求中采用晶体XRPD图（数据）和靶金属相结合表征晶体结构，是符合《专利法》第二十六条第（4）款相关规定的。但权利要求中仅采用晶体XRPD图（数据）表征晶体结构，并且没有记载相应的靶金属类型，严谨地说，其技术方案得不到说明书的支持，不符合《专利法》第二十六条第（4）款的相关规定，因为根据晶体学的理论和实际测定实验，在X射线粉末衍射分析中，特征谱仅与靶金属种类有关，常用的X射线靶金属为Cu靶或钼靶，两种靶金属所对应的波长、2θ值不同，导致测定晶体结构的图谱中衍射峰的位置也是不同的。例如：Cu靶所对应的Kα（Å）、Kβ（Å）分别为1.5418、1.3922；钼靶所对应的Kα（Å）、Kβ（Å）分别为0.7107、0.6322，也就是说，Cu靶或钼靶所对应的2θ值不同，进而会导致所获得的X射线粉末衍射图谱存在差异。同样，如果权利要求中仅采用晶系和/或晶胞参数表征晶体结构，其保护范围也是不清楚的。即使权利要求中采用晶系、晶胞参数和空间群相结合表征晶体结构，其技术方案也得不到说明书的支持，不符合《专利法》第二十六条第（4）款的相关规定，这是因为，X射线粉末衍射分析技术是对众多微小颗粒样品的共同检测分析，测定的是若干个单颗晶体的整体性质，不能检测单颗晶体的晶体学参数。在实际数据处理中，X

射线粉末衍射分析技术所提供的也是若干种并列的可能的空间群数据；也就是说，一般情况下，X 射线粉末衍射分析技术仅仅罗列出许多理论上可能存在的空间群数据，并不能提供唯一的确定的空间群数据。因此本领域技术人员无法通过 X 射线粉末衍射分析技术明确获得化合物晶体的具体空间群类型，也就无法在此基础上进一步明确该化合物晶体 A 的结构。

因此，申请人在撰写申请文件时，应当根据说明书中所记载的具体检测和鉴定方式，采用正确的参数限定权利要求请求保护的晶体。

3.1.5　"*O*–(5,6,7,8-四氢-2-萘基)–*N*–(6-甲氧基-2-吡啶基)–*N*–甲基硫代氨基甲酸酯及其制法"复审案

1. 案情简介

本案涉及发明名称为 "*O*–(5,6,7,8-四氢-2-萘基)–*N*–(6-甲氧基-2-吡啶基)–*N*–甲基硫代氨基甲酸酯及其制法" 的第 200510070187.3 号发明专利申请，申请人为东曹株式会社。

发明涉及作为白色度高并且没有金属过敏反应危险的医药品原料特别适用的 *O*–(5,6,7,8-四氢-2-萘基)–*N*–(6-甲氧基-2-吡啶基)–*N*–甲基硫代氨基甲酸酯及其制备方法。本申请所要解决的技术问题是提供适合于作为医药品的有效成分使用的着色少、无机盐、重金属的含有量少的硫代氨基甲酸酯及其制备方法。

经实质审查，国家知识产权局原审查部门于 2008 年 8 月 8 日发出驳回决定，驳回了本申请，其理由是：权利要求 1～7 不符合《专利法》第二十二条第（2）款的规定。

驳回决定所针对的权利要求 1～7 如下：

"1. 一种 *O*–(5,6,7,8-四氢-2-萘基)–*N*–(6-甲氧基-2-吡啶基)–*N*–甲基硫代氨基甲酸酯，其白色度（WB 值、JIS 基准）为 90 或 90 以上，且用下述通式（Ⅰ）所示：

（Ⅰ）

"2. 按照权利要求 1 记载的 O-(5,6,7,8-四氢-2-萘基)-N-(6-甲氧基-2-吡啶基)-N-甲基硫代氨基甲酸酯，其纯度为 99.96 重量%或 99.96 重量%以上。

"3. 按照权利要求 1~2 中任一项记载的 O-(5,6,7,8-四氢-2-萘基)-N-(6-甲氧基-2-吡啶基)-N-甲基硫代氨基甲酸酯，其中下述通式（Ⅱ）所示的 O-萘基-N-(6-甲氧基-2-吡啶基)-N-甲基硫代氨基甲酸酯的含有量不足 0.1%（质量分数）。

"4. 按照权利要求 1 或 2 记载的 O-(5,6,7,8-四氢-2-萘基)-N-(6-甲氧基-2-吡啶基)-N-甲基硫代氨基甲酸酯，其中无机盐含有量为 300ppm 或 300ppm 以下。

"5. 按照权利要求 1 或 2 记载的 O-(5,6,7,8-四氢-2-萘基)-N-(6-甲氧基-2-吡啶基)-N-甲基硫代氨基甲酸酯，其中重金属含有量不到 2ppm。

"6. 按照权利要求 1 或 2 记载的 O-(5,6,7,8-四氢-2-萘基)-N-(6-甲氧基-2-吡啶基)-N-甲基硫代氨基甲酸酯，其特征在于，粒径的 90%或 90%以上在 10~150μm 的范围。

"7. 按照权利要求 1 或 2 记载的 O-(5,6,7,8-四氢-2-萘基)-N-(6-甲氧基-2-吡啶基)-N-甲基硫代氨基甲酸酯，其特征在于，具有表 1 所示的 X 射线衍射图。"

驳回决定认为，化合物 O-(5,6,7,8-四氢-2-萘基)-N-(6-甲氧基-2-吡啶基)-N-甲基硫代氨基甲酸酯是已知的，本申请的目的在于提供一种不同于现有技术的提纯方法，使其纯度达到 99.96 或 99.96 重量%以上，在该纯度时其表现为白色度 90 或 90 以上，含有的杂质含量更低，化合物的粒径更小，X 射线衍射峰中杂质峰少、目的化合物峰强度强等。对比文件 1（JP 平 2-15065A，公开日为 1990 年 1 月 18 日）同样是对该已知化合物利拉萘酯进行提纯，并且得到的化合物纯度为 100.0%，落入权利要求 2 所述的 99.96%（质量分数）或 99.96%（质量分数）以上的范围之内，从而破坏了权利要求 2 的新颖性，其表现的白色度、含有的杂质等也落入了权利要求 1、3~7 的保护范围之内，因此，权利要求 1~7 均不具有新颖性。

申请人对上述驳回决定不服，向专利复审委员会提出复审请求，请求人将原权利要求 7 的内容并入到原权利要求 1 中，并将所述的白色度限定为 90～93.7。另外，请求人还提交了一份用于证明本申请与对比文件 1 的化合物不同的实验报告书。

请求人认为：①实验报告显示，对比文件 1 所述的产物与本申请硫代氨基甲酸酯的衍射图案并不相同；②对比文件 1 中没有公开 90～93.7 的白色度，且具有较高的纯度并不等于具有较高的白色度；③由 SEM 观察的结果可知，本申请的结晶为大结晶，而对比文件 1 中除去洗脱液后得到的产物为微细结晶的集合物，二者的结晶形态也不相同。

专利复审委员会组成合议组，对本复审请求案进行了审理。合议组在《复审通知书》，指出：首先，根据本申请说明书的记载，杂质 O-萘基-N-(6-甲氧基-2-吡啶基)-N-甲基硫代氨基甲酸酯是产品着色、经时劣化的原因，可见本申请和对比文件 1 化合物的白色度不同是由杂质导致的，而且，杂质并非化学产品的本身属性，现实实践中化合物在杂质方面也不可能绝对相同，因此，杂质方面的不同通常不能作为二者的区别。其次，由请求人提供的实验报告书可知，本申请化合物与对比文件 1 干燥物的衍射角即所对应的峰位置相同，而某些峰的强度略有差异。在同一化合物晶体的不同次 X 射线衍射实验中，化合物的峰位置通常不易发生改变，而峰强度的变化相对较大，甚至会出现某些峰强度的强、弱互换的情况，鉴于本申请与对比文件 1 化合物的峰位置相同，仅仅是某些峰的强度略有不同不足以说明两者是不同的晶体。另外，结晶条件的不同可以导致晶体的形态、大小的不同，而本申请的权利要求 1 并没有限定晶体的形态、大小。故本领域技术人员可以推定权利要求 1 与对比文件 1 中的化合物实质上是相同的，权利要求 1 相对于对比文件 1 不具备新颖性，不符合《专利法》第二十二条第（2）款的规定。同样，权利要求 2～5 中化合物的纯度、杂质也不能作为与对比文件 1 化合物的区别，因此，权利要求 2～5 也不具备新颖性。

请求人针对上述复审通知书提交了意见陈述书和修改的权利要求书，其中，相对于 2008 年 11 月 24 日提交的权利要求书，请求人将权利要求 6 并入到了权利要求 1 中，修改后的权利要求 1～5（对应于驳回决定所针对的权利要求 1～7）为：

"1. 一种 O-(5,6,7,8-四氢-2-萘基)-N-(6-甲氧基-2-吡啶基)-N-甲基硫代氨基甲酸酯，其 JIS 基准的白色度（即 WB 值）为 90～93.7，且用下述通式

（Ⅰ）所示。

（Ⅰ）

"并具有表1所示的X射线衍射图，粒径的90%或90%以上在10~150μm的范围。

"2. 按照权利要求1记载的 O-（5,6,7,8-四氢-2-萘基）-N-（6-甲氧基-2-吡啶基）-N-甲基硫代氨基甲酸酯，其纯度为99.96%（质量分数）或99.96%（质量分数）以上。

"3. 按照权利要求1~2中任一项记载的 O-（5,6,7,8-四氢-2-萘基）-N-（6-甲氧基-2-吡啶基）-N-甲基硫代氨基甲酸酯，其中下述通式（Ⅱ）所示的 O-萘基-N-（6-甲氧基-2-吡啶基）-N-甲基硫代氨基甲酸酯的含有量不足0.1%（质量分数）。

（Ⅱ）

"4. 按照权利要求1或2记载的 O-（5,6,7,8-四氢-2-萘基）-N-（6-甲氧基-2-吡啶基）-N-甲基硫代氨基甲酸酯，其中无机盐含有量为300ppm或300ppm以下。

"5. 按照权利要求1或2记载的 O-（5,6,7,8-四氢-2-萘基）-N-（6-甲氧基-2-吡啶基）-N-甲基硫代氨基甲酸酯，其中重金属含有量不到2ppm。"

请求人认为，对比文件1没有公开"粒径的90%以上在10~150μm的范围"这一技术特征；本申请的结晶为大结晶，而对比文件1为微细结晶的集合物，实验报告书中的本申请化合物的SEM照片显示，其中大结晶的粒径约100μm，较小的粒径也在30μm左右，对比文件1化合物的SEM照片显示，微细结晶集合物的粒径基本上为10μm左右，单个微细结晶的粒径应低于10μm。因此，二者的粒径及其分布范围是不同的，权利要求1相对于对比文件1具有新颖性，相应地，引用权利要求1的权利要求也具有新颖性。

2. 争议焦点

晶型与现有技术相比在纯度、峰强度和粒径方面存在不同是否具备新颖性。

3. 案例解析

权利要求 1 要求保护一种 O–（5,6,7,8–四氢–2–萘基）–N–（6–甲氧基–2–吡啶基）–N–甲基硫代氨基甲酸酯。

对比文件 1 公开了一种精制的 O–（5,6,7,8–四氢–2–萘基）–N–（6–甲氧基–2–吡啶基）–N–甲基硫代氨基甲酸酯，经液相色谱分析，其纯度为 100%。

将权利要求 1 要求保护的技术方案与对比文件 1 公开的技术方案进行对比，二者均涉及 O–（5,6,7,8–四氢–2–萘基）–N–（6–甲氧基–2–吡啶基）–N–甲基硫代氨基甲酸酯，且纯度相同。但是，权利要求 1 中限定了所述化合物的粒径的 90% 或 90% 以上在 $10\sim150\mu m$ 的范围，而对比文件 1 没有给出化合物的粒径方面的信息。根据请求人的测定，对比文件 1 的结晶粒径基本上为 $10\mu m$ 左右。在没有证据表明请求人的测量结果有误的情况下，可以认定两者在粒径上存在区别。粒径是晶体化合物本身的特征，这一区别导致了权利要求 1 的技术方案与对比文件 1 公开的技术方案实质上是不同的，因此，权利要求 1 相对于对比文件 1 具有新颖性，符合《专利法》第二十二条第（2）款的规定。权利要求 2~5 是权利要求 1 的从属权利要求，在权利要求 1 具有新颖性的情况下，权利要求 2~5 也具有新颖性，符合《专利法》第二十二条第（2）款的规定。

根据上述事实和理由，合议组作出了撤销国家知识产权局于 2008 年 8 月 8 日针对本申请作出的驳回决定的审查决定。

4. 案例启示晶型与现有技术相比在纯度、峰强度和粒径方面存在不同是否具备新颖性

权利要求中用于表征化合物晶型的常用物理参数通常包括以下几类：

首先，最常用的是与 X 射线衍射技术相关的物理参数，包括 X 射线粉末衍射图谱和晶体学参数，晶体学参数包括晶系、空间群、晶胞参数、晶胞内分子数、晶胞堆密度、晶胞体积等，其中常用的参数主要是空间群、晶胞参数、晶胞内分子数。当说明书中记载的是 X 射线单晶衍射技术时，权利要求中通常可采用空间群和晶胞参数相结合或者空间群、晶胞参数、晶胞内分子数相结合表征晶体结构，当说明书中记载的是 X 射线粉末衍射技术时，通常用 X 射线粉末衍射图谱来表征晶体结构，即使用 X 射线粉末衍射图谱来表征晶形，在专利申请实践中也有多种表征方式：①完整的 X 衍射图谱能够定义或表征特定晶型；②峰位置（X 衍射的 2θ 值，θ 为掠射角或反射角），其能否表征化合物晶型，取

决于其取值范围或取值的多少，通常认为，X 衍射数据用于鉴别晶型时，对于大多数有机化合物结晶，对衍射模式合适的记录应包括 2θ 值的可能的范围从 $0°\sim40°$，1~4 个 2θ 值通常不能体现 X-衍射的整体图形，不能完整、清楚地表征要求保护的晶型；③X 衍射的 d 值（晶面间距或称晶格常量），根据 X 射线晶体学的基础布拉格公式：$2d\sin\theta=k\lambda$（$k=1，2，\cdots$），波长 λ 确定时，d 值表示的晶格间距与 $\sin\theta$ 表示的掠射角正弦值互呈反比，因此，X 衍射的 d 值在表征化合物晶型时，与 $\sin\theta$ 表征化合物晶型一样，取决于其取值范围，或取值的多少，同上所述，1~4 个 d 值通常不能体现 X 衍射的整体图形，不能完整、清楚地表征要求保护的晶型；④峰强度，其是对 d 值和/或 θ 值的限定，从属于 d 值或 θ 值，X 衍射图谱是二维图像，单有 d 值和/或 θ 值仅显示出横坐标上的峰值位置，其相对响度值是纵坐标上显示的相对峰的高度（强度），横坐标的峰位置与纵坐标的峰高度组合起来，较形象化描述了特征峰，在 d 值和/或 θ 值的取值范围符合规定的前提下，一系列的特征峰可以较完整显示衍射模式。

其次，红外图谱与差示扫描热分析对于晶型鉴定也很重要，但是其单独用于表征晶型，尚有存在风险；而化合物结晶过程中形成不同的晶型时，由于空间构型等的不同，不同晶型在晶粒形状和粒径方面可能存在不同，熔点也属于晶型的固有属性，对不同晶型进行比较区分时，熔点差别较大的晶型可以初步认定为不同的晶型，因此，申请人在审查过程中将本申请的晶型与对比文件的晶型进行区别时，可以对晶粒形状、粒径或熔点进行限定而加以区分。

3.1.6 "新药物"复审案

1. 案情简介

本案涉及发明名称为"新药物"的第 00801941.X 号发明专利申请，申请人为史密丝克莱恩比彻姆有限公司。

本发明涉及新药物 R-(+)-5-[4-[2-(N-甲基-N-(2-吡啶基)氨基)乙氧基]苄基]噻唑烷-2,4-二酮盐酸盐的水合物，制备所述药物的方法，以及所述药物在医药中的应用。本申请所要解决的技术问题是提供一种可用于治疗和/或预防糖尿病、与糖尿病有关的病症及其一些并发症的新药物。

经实质审查，国家知识产权局原审查部门于 2004 年 8 月 13 日发出驳回决定，驳回了本申请，其理由是：权利要求 1~9 不符合《专利法》第二十二条第（3）款的规定。

驳回决定针对的权利要求 1~9 如下：

"1. 5-[4-[2-(N-甲基-N-(2-吡啶基)氨基)乙氧基]苄基]噻唑烷-2,4-二酮盐酸盐二水合物，其特征在于：（i）其提供了包含位于 3392cm^{-1}、2739cm^{-1}、1751cm^{-1}、1325cm^{-1} 和 713cm^{-1} 的峰的红外光谱；和/或（ii）其提供了包含位于 9.1°、12.0°、15.7°、16.3° 和 19.8° 2θ 的峰的 X 射线粉末衍射（XRPD）图案。

"2. 权利要求 1 的水合物，其提供了包含位于 3392cm^{-1}、3139cm^{-1}、3094cm^{-1}、2739cm^{-1}、1758cm^{-1}、1751cm^{-1}、1706cm^{-1}、1643cm^{-1}、1632cm^{-1}、1610cm^{-1}、1583cm^{-1}、1545cm^{-1}、1513cm^{-1}、1412cm^{-1}、1357cm^{-1}、1325cm^{-1}、1297cm^{-1}、1265cm^{-1}、1251cm^{-1}、1216cm^{-1}、1179cm^{-1}、1152cm^{-1}、1138cm^{-1}、1110cm^{-1}、1080cm^{-1}、1053cm^{-1}、1033cm^{-1}、1010cm^{-1}、985cm^{-1}、953cm^{-1}、931cm^{-1}、909cm^{-1}、827cm^{-1}、822cm^{-1}、812cm^{-1}、769cm^{-1}、739cm^{-1}、724cm^{-1}、713cm^{-1}、660cm^{-1}、620cm^{-1}、604cm^{-1}、593cm^{-1}、562cm^{-1}、539cm^{-1}、529cm^{-1} 和 508cm^{-1} 的峰的红外光谱。

"3. 权利要求 1 或 2 的水合物，其提供了包含位于 9.1°、12.0°、15.7°、16.3°、18.2°、18.6°、19.8°、20.9°、21.6°、22.8°、24.1°、24.7°、25.4°、26.0°、27.5°、27.7°、28.7°、31.4°、31.6°、32.1°、33.1°、33.6° 和 34.6° 2θ 的峰的 X 射线粉末衍射（XRPD）图案。

"4. 权利要求 1~3 任一项的水合物，其为纯的形式或与其他物质混合的形式。

"5. 权利要求 4 的水合物，其为纯的形式。

"6. 权利要求 1~5 任一项的水合物，其为结晶的形式。

"7. 制备权利要求 1 的水合物的方法，其特征在于，使用用于形成盐酸盐水合物的合适盐酸盐反荷离子源和适当量的水处理 5-[4-[2-(N-甲基-N-(2-吡啶基)氨基)乙氧基]苄基]噻唑烷-2,4-二酮（化合物 I）；然后收集所需化合物。

"8. 一种药物组合物，其包含有效无毒量的权利要求 1 的水合物和其可药用载体。

"9. 权利要求 1 的水合物在制备用于治疗和/或预防下列疾病的药物中的应用: 糖尿病、与糖尿病有关的病症及其一些并发症, 这些并发症包括肾病、糖尿病性肾病、肾小球性肾炎、肾小球硬化、肾病性综合症、高血压性肾硬化和晚期肾病。"

驳回决定认为: 对比文件 1 (CN1101911A, 公开日为 1995 年 4 月 26 日) 公开了 5-[4-[2-(N-甲基-N-(2-吡啶基)氨基)乙氧基]苄基]噻唑烷-2,4-二酮的酸加成盐和其溶剂化物, 以及这些化合物在治疗和/或预防糖尿病、与糖尿病相关的病症及其一些并发症方面的用途, 说明书具体公开了其盐酸盐。对比文件 2 (W093/10254A1, 公开日为 1993 年 5 月 27 日) 公开了 5-[4-[2-(N-甲基-N-(2-吡啶基)氨基)乙氧基]苄基]噻唑烷-2,4-二酮的药用盐和其药学上可接受的溶剂化物; 特别适合的溶剂化物包括水合物; 具体公开了 R-(+)-5-[4-[2-(N-甲基-N-(2-吡啶基)氨基)乙氧基]苄基]噻唑烷-2,4-二酮盐酸盐的水合物及其制备方法。由此可见, 本申请的罗格列酮盐酸盐二水合物、制备方法及其药用组合物对于本领域技术人员来说是显而易见的。

对比文件 2 公开了反应产物进一步用盐酸处理, 得到 R-(+)-5-[4-[2-(N-甲基-N-(2-吡啶基)氨基)乙氧基]苄基]噻唑烷-2,4-二酮盐酸盐的水合物 (mp 123.5~124℃, 水), 括号中的 "水" 只能唯一地被理解为晶体在溶化时释放出的结晶水, 即最终产物就是盐酸盐的水合物。申请人声称 "本申请的盐酸盐二水合物结晶形式特别适合进行批量生产和操作", 但并未提供任何证据来加以证明。即使申请人能够证明盐酸盐二水合物结晶形式特别适合进行批量生产和操作, 这些内容也可以由本领域技术人员根据现有技术的启示, 经过常规实验而获得。因此, 权利要求 1~9 不具备《专利法》第二十二条第 (3) 款规定的创造性。

申请人对上述驳回决定不服, 向专利复审委员会提出复审请求, 请求人在提出复审请求时没有对申请文件进行修改, 提交了附件 1~3:

请求人认为: ①附件 1 证实对比文件 2 的盐酸盐水合物为一水合物, 且该一水合物为罗格列酮盐酸盐的单一异构体的一水合物。对比文件 1 提出了包括水合物, 但没有明确地公开水合物。②由附件 2 的溶解性对比实验数据来看, 盐酸盐二水合物相对于马来酸盐具有改进的溶解度, 其优异的溶解度是无法预期的；这种特殊溶剂化形式（二水合物）的盐酸盐使得其特别适于批量制备和加工，并提供了为相应主题的申请在欧亚大陆专利局的授权文本。因此，本申请具备《专利法》第二十二条第（3）款规定的创造性。

专利复审委员会组成合议组，对本复审请求案进行了审理。合议组在《复审通知书》指出：基于本申请说明书中并未提供任何证据证明所述罗格列酮盐酸盐二水合物适于批量制备和加工，因此，相对于对比文件1或2，本申请实际解决的技术问题在于提供现有罗格列酮盐酸盐溶剂化物的替换形式，而对比文件1或2中已存在制备罗格列酮的盐酸盐水合物的技术启示，由此权利要求1~9相对于对比文件1或2不具备《专利法》第二十二条第（3）款规定的创造性。

请求人针对上述《复审通知书》于2007年8月8日提出请求，要求进行口头审理以当面陈述意见。口审中当庭提交了意见陈述书以及证据1~12。口头审理过程中，合议组就《复审通知书》指出的事实及证据逐一进行了调查，请求人充分陈述了意见，请求人认为：①对比文件1公开了通式（1）化合物，其中的抗衡离子M⁻由药学上可接受的酸提供，虽然说明书公开了优选的酸包括氢溴酸、氢氯酸、硫酸等无机酸和甲磺酸、酒石酸、马来酸等有机酸，但在实施例中没有具体公开罗格列酮盐酸盐，更无罗格列酮盐酸盐二水合物，实际上唯一公开的却是罗格列酮马来酸盐，因此对比文件1不存在罗格列酮盐酸盐的启示，而且不能预期本发明的罗格列酮盐酸盐二水合物，因此权利要求1相对于对比文件1是非显而易见的。② (i) 证据12表明本申请的罗格列酮盐酸盐二水合物是由1:1的 R-对映体和 S-对映体构成的外消旋化合物，这与对比文件2中单一的 R-罗格列酮盐酸盐一水合物不同，而且，本申请引证了WO94/05669（对比文件1）和EP0306228（证据3）中罗格列酮的制备方法，特别是根据证据3的方法可见本申请的罗格列酮是外消旋体；(ii) 本申请罗格列酮盐酸盐二水合物的晶体结构与对比文件2的 R-罗格列酮盐酸盐一水合物的晶体结构不同，这一点由证据12得以证明；(iii) 对比文件2中没有任何内容启示本领域技术人员考虑制备盐酸盐。③本申请的罗格列酮二水合物特别适于批量生产和加工，原因在于：(i) 制备外消旋罗格列酮的产率远高于制备 R-罗格列酮的产率（证据4、5证明还原亚苄基从而制备罗格列酮的产率高达70%~88%，证据6表明由外消旋体拆分对映体时不可避免地导致损失至少一半的原料，对比文件2表明在立体选择性条件下还原亚苄基的产率仅为 18%），证据 11 证明制备罗格列酮盐酸盐二水合物的产率可高达 82%；（ii）证据 9 表明罗格列酮对映体在生理条件下易于外消旋化，证据 7 和 8 表明且罗格列酮外消旋体与单一对映体的抗糖尿病活性基本相同；（iii）证据 10 表明良好的溶解度对于药物化合物而言是一种优点。

2. 争议焦点

对比文件是否存在制备罗格列酮的盐酸盐二水合物的技术启示。

3. 案例解析

权利要求 1 要求保护 5-[4-[2-(N-甲基-N-(2-吡啶基)氨基)乙氧基]苄基]噻唑烷-2,4-二酮（罗格列酮）盐酸盐二水合物，其特征在于：（i）其提供了包含位于 $3392cm^{-1}$、$2739cm^{-1}$、$1751cm^{-1}$、$1325cm^{-1}$ 和 $713cm^{-1}$ 的峰的红外光谱；和/或（ii）其提供了包含位于 9.1°、12.0°、15.7°、16.3°和 19.8° 2θ 的峰的 X-射线粉末衍射（XRPD）图案。

对比文件 1 公开了罗格列酮的酸加成盐和其溶剂化物，以及这些化合物在治疗和/或预防糖尿病、与糖尿病相关的病症及其一些并发症方面的用途，在说明书具体公开了酸加成盐可以是盐酸盐，溶剂化物可以是水合物，并公开了其制备方法，实施例中具体制备了罗格列酮马来酸盐。

对比文件 2 公开了罗格列酮的药用盐和其药学上可接受的溶剂化物；特别适合的溶剂化物包括水合物；具体公开了 R-(+)-罗格列酮盐酸盐的水合物（熔点：123.5～124℃，水）及其制备方法，括号中的"水"只能唯一地被理解为晶体在溶化时释放出的结晶水，即最终产物为盐酸盐的水合物。请求人在提交复审请求时提交的附件 1（同口头审理中提交的证据 1）公开了与对比文件 2 等同的制备方法并制得具有相同熔点的(R)-(+)-罗格列酮盐酸盐的水合物，由此可以认定二者的产品相同；即证实了对比文件 2 的盐酸盐水合物为一水合物，且该一水合物为罗格列酮盐酸盐的单一异构体的一水合物。

本申请所要求保护的技术方案与对比文件 1 或 2 的区别在于：本申请提供的是罗格列酮的盐酸盐二水合物；而对比文件 1 公开的是罗格列酮盐酸盐溶剂化物，包括水合物，对比文件 2 公开的是罗格列酮盐酸盐的单一异构体的一水合物。

申请人在说明书中声称本申请在于提供适于批量制备和加工的结晶形式的罗格列酮盐酸盐水合物，然而本申请说明书中并未提供任何证据证明所述罗格列酮盐酸盐二水合物适于批量制备和加工。由此可见，本申请实际解决的技术问题在于提供现有罗格列酮盐酸盐溶剂化物的替换形式。

首先，从结构角度来看，由于对比文件 1 和对比文件 2 已经指出罗格列酮可以生成盐酸盐，而该盐酸盐又可以与水结合形成水合物，因此根据以上启示，本领域技术人员容易想到罗格列酮盐酸盐有可能存在不同的水合形式。由于权利要求 1 中的罗格列酮盐酸盐二水合物与对比文件 1 的罗格列酮盐酸盐水合物或对比文件 2 的罗格列酮盐酸盐一水合物在结构上极为相近，因此在已知罗格列酮盐酸盐水合物具有治疗糖尿病活性的情形下，可以推断出其含水量不同的盐酸盐水合物也将适用于相同的用途，且本申请说明书中未提供任何证据证明罗格列酮盐酸盐二水合物能产生意料不到的技术效果。

其次，从制备方法来看，对比文件 1 已公开了罗格列酮的盐酸盐溶剂化物（包括水合物）及其制备方法，对比文件 2 也已公开了罗格列酮盐酸盐一水合物及其制备方法，其均是将罗格列酮在盐酸水溶液中处理制得结晶形式的罗格列酮盐酸盐水合物。根据以上启示，本领域技术人员容易想到通过类似于对比文件 1 或 2 的常规化学实验，将罗格列酮与盐酸在溶液中反应制得罗格列酮盐酸盐二水合物；并且从本申请记载的内容来看，也没有证据表明上述方法使所获得的罗格列酮盐酸盐二水合物本身具有任何有益的效果。

再次，实施例是对发明技术方案的举例说明，虽然对比文件 1 实施例中具体制备的是罗格列酮马来酸盐，但本领域技术人员从对比文件 1 所获得的信息并不是罗格列酮只能形成马来酸盐，本领域技术人员根据说明书中教导的盐酸盐及水合物，会尝试采用常规的制备水合物的方法进行制备，并可预期所得水合物仍具备与罗格列酮相似的活性，从本申请说明书可见，采用常规的方法即可制备得到本申请的罗格列酮盐酸盐二水合物，且从说明书中无法获知其具有预料不到的技术效果；对比文件 2 说明书记载了优选罗格列酮和/或其药学上可接受的盐和/或其药学上可接受的溶剂化物的内容，并且在全部的 5 个实施例中都只制备了唯一的罗格列酮的盐的溶剂化物——R-罗格列酮盐酸盐一水合物，可见，对比文件 2 明确地给出了制备罗格列酮盐酸盐的教导，并且，对比文件 2 说明书记载了在使用微生物还原酶还原亚苄基过程中需要酸性 pH，实施例通过对比试验表明 pH 值为 3.0、3.5 和 4 时产品中 R-罗格列酮对映体的比率依次提高，但所需的酸性环境仅存在于使用酶还原的过程中。根据实施例可见，通过碱化反应液、有机溶剂萃取实际上已经得到了 *R*-罗格列酮。对比文件 2 在已完成了对映体制备的情况下，继续制备了 *R*-罗格列酮盐酸盐一水合物，可见对比文件 2 中进行的 *R*-罗格列酮盐酸盐一水合物的制备是有意而为，给出了制备罗格列酮盐酸盐的明确教导。

基于以上理由，权利要求 1 要求保护的罗格列酮盐酸盐二水合物不具备突出的实质性特点和显著的进步，不具备《专利法》第二十二条第（3）款规定的创造性。

类似地，其从属权利要求 2~6 从罗格列酮盐酸盐二水合物的物理性能方面对权利要求 1 作出进一步限定，没有证据表明所述进一步限定使罗格列酮盐酸盐二水合物具有任何有益的效果；权利要求 7 要求保护该盐酸盐二水合物的制备方法，其制备方法与对比文件 1 或 2 中的制备方法相似，属于本领域技术人员制备碱性有机物的盐酸盐水合物的常用手段。权利要求 8 要求保护含有该盐酸盐二水合物的药物组合物，权利要求 9 要求保护该盐酸盐二水合物在制备用于治疗和/或预防糖尿病等的药物中的应用。相对于对比文件 1 或 2 所公开的内容，在权利要求 1 不具备创造性的前提下，权利要求 2~9 也不具备《专利法》第二十二条第（3）款规定的创造性。

根据上述事实和理由，合议组作出了维持国家知识产权局于 2004 年 8 月 13 日针对本申请作出的驳回决定的审查决定。

4. 案例启示如何处理结晶水合物这一特殊类型的专利申请

水合物，又称结晶水合物或水化物，是指含有一定数目的水分子的物质，也就是说，水合物是一种晶体，其水分子是砌入到化合物的晶格中，而不是吸附的状态。水合物中的水是以确定的量存在的，可作为配体配位在金属离子上，或以共价键结合在阴离子上。水合物是一种特殊类型的化合物，与化合物的晶体不同的是，水合物不但在物理形态上发生了变化，其分子式也因为加入了水而发生改变，因而也属于一种新化合物。

对于水合物，可以将其作为一个新化合物看待，说明书中应当记载化学产品的确认、化学产品的制备以及化学产品的用途和/或使用效果；由于水合物的特殊性，其确认不仅仅是提供熔点、质谱等常规的化合物确认数据，说明书中还应当提供证据证明和确认该水合物能够稳定存在，即为结晶水，并且其水分子含量能准确表征，即测定出水分子的个数。水合物常用的测试方法有卡尔费休法，热重–差热分析（TG-DTA）和加速稳定性试验，另外还有一些其他的试验，如冷冻干燥也能从一定程度上反映化合物中所含的水是吸附水还是结晶水。在冷冻干燥的高真空情况下，吸附水已被赶走，剩下是结合紧密的水，如果真空干燥后，化合物中的水没有失去，可推测是结晶水。

　　水合物通常可因工艺条件的不同而形成，但由于不同分子量结晶水的各种晶型实际上存在晶胞内分子在空间构型、构象与排列等方面的差异，这些结构方面的差异可能导致不同分子量结晶水的各种晶型在溶解度、稳定性以及在体内代谢等方面的效果差异，因此，对于水合物的申请，除了在说明书中应当记载足以明确其水合物形式的确认数据之外，还应当注意记载相关有益的效果的数据，以突出所述水合物相对于现有技术的技术贡献。

3.2　无效案例

3.2.1　XRPD 是表征药物晶体的指纹图谱：正大天晴诉天津药物研究院阿德福韦酯结晶无效案

1. 案情简介

1）案例索引

专利号：ZL02148744.8

发明名称：阿德福韦酯结晶形态及其制备方法

申请日：2002 年 11 月 19 日

授权公告日：2007 年 3 月 7 日

专利复审委员会合议组成员：任晓兰、李亚林、王静

专利复审委员会无效宣告请求审查决定号：第 13804 号

专利复审委员会无效宣告请求审查决定日：2009 年 8 月 21 日

无效宣告请求人：江苏正大天晴药业股份有限公司

专利权人：天津药物研究院

2）案例背景及审理概要

阿德福韦酯是美国吉尔利德科学股份有限公司原研开发的重磅药物，主要用于慢性乙型肝炎的治疗。全球约 20 亿人感染过乙肝病毒，其中约 3.5 亿人为

慢性乙肝感染者，仅我国就有1.3亿乙肝病毒感染者。由于阿德福韦酯的安全性和有效性均优于之前的抗乙肝病毒一线药物——拉米夫定，因此备受患者亲睐，是目前市场上抗乙肝病毒的一线用药，具有极大的市场价值。阿德福韦酯化合物专利在欧洲于1998年获得授权，美国FDA于2002年批准其上市，但在我国，吉尔利德公司对化合物未申请专利保护，仅对其4种晶型进行专利申请，包括Ⅰ型（无水结晶型）、Ⅱ型（水合型）、Ⅲ型（甲醇溶剂化型）、Ⅳ型（富马酸盐或其他有机无机盐复合物）。

因由阿德福韦酯化合物专利在国内未受保护，该药物在国内的市场竞争异常的白热化。截止到2015年6月，国内涉及阿德福韦酯的中国专利申请多达99件，在这些申请中，最受关注、申请最多的正是阿德福韦酯的晶体化合物。正大药业和天津药物研究院最早开发出阿德福韦酯新晶体并获得专利保护，正大天晴经过8年时间研制开发出不同于上述4种晶型的药物——阿德福韦酯E晶型，其产品"名正"于2006年5月获批上市。与此同时，天津药物研究院开发的阿德福韦酯结晶体（商品名"代丁"）于2005年4月上市销售，"名正"与"代丁"的市场份额分别为18.4%、41.4%。双方自2006年起就一直存在侵权纠纷。

2008年8月，江苏正大天晴药业股份有限公司针对天津药物研究院拥有的第02148744.8号、名称为"阿德福韦酯结晶形态及其制备方法"的发明专利，向专利复审委提出无效宣告请求，无效请求过程中涉及《专利法》第三十三条、《专利法》第二十六条第（3）款和《专利法》第二十二条第（2）款，其中关于本专利是否具备新颖性是双方争辩的重点和焦点。最后专利复审委经审查作出第13804号无效宣告请求审查决定，维持天津药物研究院拥有的第02148744.8号专利权利要求1~7项有效。决定作出后，双方达成和解。

2. 争议焦点

本案的争议焦点在于：

（1）不同表征方式：X粉末衍射、差示扫描量热（DSC）和红外吸收光谱（IR）等技术在药物晶体确认中的地位；

（2）在进行XRD图谱比对时，双方对以下两点存在争议和分歧：①峰强度在晶型判断中的作用；②小角度峰位置的匹配。也就是说：在考量峰的强度、峰的位置、小（低）角度峰时，哪些因素是决定性考量因素，哪些是辅助考量因素？

3. 无效审理过程

授权的权利要求 1~2 保护阿德福韦酯结晶，权利要求 3~4 保护阿德福韦酯结晶的制备方法，权利要求 5~8 保护包含阿德福韦酯结晶的药物组合物。

"权利要求 1：一种阿德福韦酯结晶，其特征在于使用 Cu-Kα 辐射，λ = 1.5405Å，以度 2θ 表示的 X 射线粉末衍射光谱特征如下"（本书此处省略）。

1) 无效宣告过程中当事人诉辩

请求人于 2008 年 8 月 27 日向专利复审委员会提出无效宣告请求，主要以权利要求 1~8 不符合《专利法》第二十二条第（2）款的规定为由，请求宣告本专利权全部无效，并提交了证据 1~12。请求人认为：证据 1（第 02137905.X 号中国发明专利申请公开说明书，申请人为江苏正大天晴药业股份有限公司，申请日为 2002 年 7 月 8 日，公开日为 2003 年 2 月 12 日）为由他人在先申请在后公开的中国专利申请，公开了与本专利化学成分相同的晶体，XRD、DSC 和 IR 表征参数与本专利权利要求 1~2 没有实质性差异，因此构成本专利的抵触申请，本专利权利要求 1~2 相对于证据 1 不具备新颖性。本专利权利要求 3 和 4 保护权利要求 1 所述的结晶的制备方法，证据 1 公开了将阿德福韦酯粗品重新溶于有机溶剂中，减压干燥、冷却，精制得到阿德福韦酯结晶，权利要求 3 和 4 与证据 1 中的制备方法无实质性差异，因此，权利要求 3 和 4 也不具备新颖性。本专利权利要求 5~8 保护包含权利要求 1 所述结晶的组合物。证据 1 公开了含阿德福韦酯 E 晶型的片剂和胶囊剂，由此破坏了本专利权利要求 5~6 的新颖性。本专利权利要求 7 使用了微粉硅胶，而证据 1 使用了滑石粉，微粉硅胶与滑石粉作为助流剂的作用是相同的，但微粉硅胶只是对滑石粉的直接置换，没有实质区别，因此，权利要求 7 不具备新颖性。权利要求 8 进一步限定辅料的用量，这些用量均为辅料的常规用量，因此，权利要求 8 也不具备新颖性。

针对请求人提出的无效宣告请求，2008 年 10 月 6 日专利权人作出答复，并提交反证 1~7：专利权人认为：本专利权利要求 1 与证据 1 相比存在如下区别特征：①权利要求 1 的 XRD 图谱中 3.68（2θ）、强度 100% 的衍射峰在证据 1 中没有公开，各 XRD 峰的强度未被证据 1 公开。由于同一晶体，至少强度位列前八或前十的衍射峰应具有误差范围内的相同的峰位置

和强度，且按照峰强度排列的峰位置顺序亦应匹配，不符合这些条件，不能被认为是同一晶体，因此，权利要求 1 与证据 1 两种晶体的 XRD 存在实质性区别。②权利要求 1 中 IR 图谱中的两个峰（959cm^{-1}、3159cm^{-1}）在证据 1 中并不存在，且与证据 1 中最为接近的峰（953cm^{-1}、3166cm^{-1}）之间的差距超出了本领域公知的误差范围，鉴于 IR 的 1600~650cm^{-1} 区域为物质鉴别的指纹区，故本专利晶体与证据 1 晶体的 IR 存在实质性区别。③权利要求 1 中的吸热转变温度与证据 1 不同，本专利为 95℃，证据 1 为 94℃。由于采用不同的升温方式和升温速度获得的 DSC 曲线（包括吸热转变温度）都会有所差异，而证据 1 未公开其 DSC 曲线测定条件（升温方式及速率）。因此，不能证明本专利权利要求 1 中的吸热转变温度被证据 1 公开。综上，本专利晶体与证据 1 晶体具有不同的 XRD 和 IR 图谱，二者的 DSC 参数亦不能确定是否相同，因此，本专利晶体与证据 1 晶体属于完全不同的晶型，本专利权利要求 1 相对于证据 1 具备新颖性。在权利要求 1 具备新颖性的前提下，权利要求 2~8 也具备新颖性。

2009 年 1 月 13 日进行口头审理。专利权人当庭提交权利要求书的全文修改替换页，删除了权利要求 2。

2）无效宣告决定要点

判定某一个晶体与另一个晶体是否相同的最直接手段是 X 射线衍射法，X 射线衍射图谱对于晶体结构的表征具有指纹性，可以区别不同类型的晶体。通过比对 X 射线衍射图谱确定两晶体是否相同时，应将 X 射线衍射图谱进行整体比对，比较二者的峰位置、峰强度以及峰形是否匹配，其中峰位置尤其是小角度峰和强峰的峰位置匹配相对于峰强度的匹配具有更大的鉴定意义。

专利权利要求 1 保护一种阿德福韦酯结晶，使用了 XRD 峰、IR 峰和 DSC 吸热转变温度进行表征。比较本专利权利要求 1 与证据 1 可见，二者的化学组成相同，区别在于表征晶体结构的参数不完全一致。因此，判断证据 1 能否破坏本专利权利要求 1 新颖性的关键在于，二者所描述的参数的差别是否导致二者晶体结构不同。

对此，合议组认为：

（1）关于 XRD。

首先，双方当事人实际上均认可 XRD 在晶体结构的判断中具有唯一性和专属性，这也是本领域所公认的，合议组支持该观点。基于此，在判断本专利权利要求 1 保护的晶体与证据 1 晶体是否为相同的晶体时，应当主要对其 XRD 进行比对。其次，双方就 XRD 比对时，存在的分歧在于：①峰强度在晶型判断中的作用；②小角度峰位置的匹配。为此，合议组考察了双方所提供的证据后认为：XRD 峰位置和峰强度均是晶型判断的依据，但是，在遵循整体匹配原则的基础上，峰位置的匹配是第一位的（d 值的误差允许为 ±0.02 Å），峰强度易变，只要强度序列差不多就可以了。由现有技术可知，强峰以及 0°～5°（2θ）范围内的小角度峰具有较重要的鉴定价值。

在此基础上，合议组比较了权利要求 1 与证据 1，首先，对于峰位置，权利要求 1 中 2θ 为 3.68° 和 14.80° 处的两个峰在证据 1 中没有文字记载；

对于峰强度，证据 1 中未公开各个 XRD 衍射峰的峰强度值，但由于峰强度相比峰位置而言，容易受到外界条件的影响而发生变化，因此，仅仅因为证据 1 未公开具体强度值并不能成为认定权利要求 1 与证据 1 的晶型必然不同的理由。即，就峰强度而言，合议组不支持专利权人的观点。

对于 2θ 小于 5° 的峰，首先，请求人提供了证据 4，通过对本专利提供的 XRD 图谱的横坐标进行测量并根据坐标比例计算得出该峰的位置为 3.60°，并且提供了证据 5，该证据天津市金士力药物研究开发有限公司也认为该峰在大约 3.60° 处。对此，合议组认为，一方面，请求人未提供证据证明本领域中公认可以采用这种方式来获得衍射峰值；另一方面，根据审查指南的相关规定，通过测量附图而得出的尺寸参数也不属于该文件原始公开的一部分。因此，证据 4 和 5 无法表明证据 1 中 2θ 小于 5° 以下的峰位置就是 3.60°。其次，由于证据 1 与本专利 XRD 图谱的横坐标并不完全一致，因此无法通过直观的对比来确认证据 1 中 5° 以下的峰是否与本专利附图中 3.68°（2θ）处的峰一致。请求人在证据 7 中通过拉伸证据 1 与本专利的附图的横坐标使其对齐而将二者进行对比。一方面，请求人未提供证据证明对两附图进行如此处理的手段是本领域中公认的手段，另一方面，从其处理后的结果中也无法确定证据 1 附图中小角度强峰的峰位置。

由此可见，请求人提供的证据无法确定证据 1 附图中小角度强峰的峰位置，更是无法证明其峰位置与本专利 3.68° 处峰的差别在合理的误差范围之内。同时，鉴于小角度强峰在晶型鉴定中具有重要意义，而请求人又未提供充分的证据证明对于阿德福韦酯晶体来说，小角度强峰不完全匹配将不影响整体比对结果，因此，基于请求人目前提供的证据尚无法认定证据1附图所示的晶体与本专利权利要求1的晶体相同。

（2）关于IR。

请求人认为，证据1记载了28个与本专利权利要求1相匹配的IR峰，其他4个峰在证据1中未出现是由测试条件以及寻峰条件的差异所引起的。

专利权人认为，本专利与证据1的IR相比，本专利IR中959cm^{-1}和3159cm^{-1}两个峰与证据1中最为接近的953cm^{-1}和3166cm^{-1}两个峰之间的差距（分别为6cm^{-1}和7cm^{-1}）超出了本领域公知的误差范围，而这两个峰尤其是959cm^{-1}处的峰对于IR识别具有实质性意义，因而，两晶体晶型不同。

对此，合议组认为，与XRD谱相比，IR仅能作为鉴别晶型的辅助手段，原因在于，IR表征的是原子之间振动能级的跃迁，分子空间排布方式的变化有些情况下并不能从IR谱反映出来。因此，在某些情况下，即使IR相同，晶型也可能不相同。在另一些情况下，尽管IR不同，但晶型却可能相同。基于此，就本案而言，权利要求1的IR参数与证据1之间存在区别，请求人对此解释为是由测试条件以及寻峰条件的差异所引起的。合议组基于证据10认可测量条件与寻峰条件的不同可能会导致对相同样品测量所得到的IR谱出现细微的差异。但尽管如此，由于证据1和本专利中均未明示具体的寻峰条件，因此，二者IR之间的差异是否确由寻峰条件的不同所致无法查证，故无法核实二者IR是否实质相同。而且，即便二者的IR相同，仅根据IR相同亦无法确定二者的晶型必然相同。

（3）关于DSC。

本专利权利要求1中的吸热转变温度为95℃，证据1中记载的E型结晶的吸热转变温度为94℃。

请求人认为，本专利权利要求1与证据1中DSC的差异在误差范围内。

专利权人认为，本专利权利要求1中的吸热转变温度与证据1不同，且证据1未公开其DSC曲线测定条件（升温方式及速率）。

对此，合议组认为，与IR谱相同，DSC亦是鉴别晶型的辅助手段，而且，升温方式和升温速率的不同确实会对测试结果产生一定的影响，因此，在证据1未公开具体升温条件的情况下，其DSC测定结果与本专利权利要求1中的DSC结果不具有可比性，无法基于此而认定二者所表征的晶型相同或不同。

综上所述，基于用于表征本专利权利要求 1 保护的晶体与证据 1 中公开的 E 型结晶的晶体结构的参数存在差别，且请求人未提供充分证据证明二者属于同一晶型，因此，合议组认为，请求人关于本专利权利要求 1 相对于证据 1 不具备新颖性的主张不成立，权利要求 1 符合《专利法》第二十二条第（2）款的规定。权利要求 2 和 3 保护权利要求 1 所述的阿德福韦酯结晶的制备方法。权利要求 4~7 保护含有权利要求 1 所述的阿德福韦酯结晶的药物组合物。在权利要求 1 具备新颖性的情况下，权利要求 2~7 也具备新颖性，符合《专利法》第二十二条第（2）款的规定。

4. 案例解析

1）证据的选取和分析

本案中争议焦点及双方的分歧在于对无效专利和最接近的现有技术之间的晶体表征数据之间的差别如何进行分析解读，即根据何种标准看待这些差异值，从而判断这些差异是否足以使得两者晶体能够区别开。因此，选择怎样的解谱方式和标准就是决定无效结局的关键。无效请求人提交的无效证据中，证据 1、3、4、6、7 是关于事实方面的证据，涉及最接近的现有技术、审查过程文件、最接近现有技术谱图解析、单方委托的分析鉴定报告以及谱图对比结果。而证据 8~10、12 则是关于晶体化合物结构分析、谱图解读和谱线含义及选择标准等方面的公知常识的工具书，作为谱图比较过程中采用的标准的来源。而专利权人为了应对请求人提出的新颖性质疑，挑战请求人提出的谱图分析判断标准，提供的相应反证 1~8 也紧密围绕对晶体表征图谱如何进行解析的方面。其中使用的反证 4、反证 6 和反证 3 与请求人使用的证据 8~10 相同。分别为：反证 4（即证据 8）：《高等结构分析》，马礼敦主编，复旦大学出版社，2002 年 7 月印刷，封面、出版信息页、第 377-378 页，第 384 页；反证 6（即证据 9）：《X 射线衍射分析原理与应用》，刘粤惠等编著，化学工业出版社，2003 年 10 月印刷，封面、出版信息页、第 42-43 页、第 100-103 页、第 114-119 页；反证 3（即证据 10）：《中华人民共和国药典》，2000 年版，第二部，化学工业出版社，2000 年 1 月印刷，封面、出版信息页、附录 27-28 页。上述三个书证篇幅长，技术内容丰富，是本领域对化合物结构确定、X 射线图谱分析的工具书籍。

双方在各自提供上述证据的基础上，基于证据中记载的相应内容，分别陈述了己方的观点。在进行陈述时，双方均引用了证据 8 中相同部分的内容，而对于证据9、10，双方则选取了不同部分的内容来支持己方观点。

复审委针对双方提出的观点，结合提供的证据和反证进行了梳理，发掘证据中的相关技术知识如下：

反证1记载："同一化合物的不同晶型具有不同衍射图谱……对晶型的鉴别具有决定意义。可通过衍射谱图的比较，或每个样品 I/I_0（即相对强度，合议组注）最大的8~10个峰的主要参数（2θ、I/I_0、d）的异同来确定是否为同一晶型"。

反证2记载："每一种结晶物质，都有其特定的结构参数……而这些参数在X射线花样上均有所反映。尽管物质的种类有千千万万，但却难以找到两种衍射花样完全相同的物质。多晶体衍射线条的数目、位置及其强度，就像人的指纹一样，是每种物质的特征，因而可以成为鉴别物相的标志"。

反证3和8记载："粉末衍射是用于结晶物质鉴别和纯度检查的常用技术""结晶物质的鉴别可通过比较供试品与已知物质的衍射图完成"。各衍射线的衍射角（2θ）、相对强度和面间距是进行鉴别的依据。供试品与参照品的衍射角偏差应在衍射仪的允差范围内，衍射线的相对强度偏差有时可达20%"。

反证4和证据8内容相同，记载："物相的周期性受环境条件及测量条件的影响较小，因而 d（即衍射线位置，合议组注）可以匹配得比较好。而衍射线强度受环境及测量条件影响较大，匹配时，不可能对的很准，只要大致能对上，强的还是强，弱的还是弱，强度序列差不多就可以了。因而在作定性分析时，衍射线位置匹配是第一位的，强度匹配是第二位的。要注意，所谓匹配，是指整个谱的对比匹配，并非只是一条或几条衍射线的匹配"，"要强调匹配是整个谱的匹配，但还是允许有少量峰对不上。可是要特别注意小 θ 角的峰及强峰的匹配，因在相鉴定中，它们的作用及地位较大 θ 角的峰及弱峰来得重要"。

反证5记载："……对比时，必须有'整体'观念""对 d 值精确度的要求应该比较严，对于普通物相分析，小数后第二位允许有些误差（±0.02 Å）"。

反证6记载："所谓小角度通常指X射线的入射角约在0°~5°的范围内"（参见第59页最后一段），"应注意保持整体观念，因为并不是一条衍射线代表一个物相，而是一套特定的'd-I/I_0'数据才代表某一物相，因此，一般情况下，若有一条强线完全对不上，则可以否定该物相的存在"。

上述证据明确了晶体鉴定中的一些重要考量因素：① X粉末衍射图谱对于

不同晶型结构的鉴定具有决定性的地位，是化合物晶体的指纹图谱；②晶体物质的鉴别可通过比较供试品与已知物质的衍射图完成（即判断供试品是否具备新颖性）；③各衍射线的衍射角（2θ）、相对强度和面间距是进行鉴别的依据；④衍射线位置匹配是第一位的，强度匹配是第二位的，d 值的误差允许为±0.02 Å；⑤要遵循整体匹配原则。从上述证据中，还知晓了"峰强度是易变的"原因，从而确定"只要强度序列差不多就可以了"。通过上述证据，明确了晶体领域中 XRPD 对于晶体鉴定的重要性，并分析了 XRPD 图谱中峰强度、峰位置的意义，确定了误差范围，对于判断两个晶体之间是否相同有重要参考意义。且上述证据均是相关领域的工具书，这无疑增加了所述新颖性参考标准的权威性。

另外，本案围绕涉案专利与证据 1 中存在的小角度峰差异的问题进行讨论，结合双方提供的书籍证据，得出了 0°~5°（2θ）范围内的小角度峰具有较重要的鉴定价值的判断标准。在该判断标准下，认为请求人并未对其提供的证据 1 中隐含公开了专利中的 3.60°峰进行充分的举证，从而将 3.60°认为是两者的区别。最终，"鉴于小角度强峰在晶型鉴定中具有重要意义，而请求人又未提供充分的证据证明对于阿德福韦酯晶体来说，小角度强峰不完全匹配将不影响整体比对结果"，因此判断权利要求 1 具备新颖性。

2）不同表征方式对于药物晶体化合物确认的效力

本案详细分析阐述了不同表征手段在药物晶体确认过程中的地位，在确定 XRD 图谱权威性地位的同时，分析了 IR、DSC 这两种常用的晶体表征手段的特点和局限性，明确了它们在晶体确认过程中的辅助地位，这不仅适用于无效阶段对于晶体新颖性的判断，也适用于实审和复审阶段。同时，对于无效请求人选择无效理由也具有指导作用，即如果选择仅以 IR、DSC 无法区分从而不具备新颖性为无效理由，其效果不佳。因此若是需要从新颖性的角度来无效一个专利，应选择从 X 粉末衍射图谱的角度进行比较，尤其要注意比较两者的峰位置和低角度值是否在误差范围内。

5. 案例启示：以 XRPD 为主，其他参数表征为辅的晶体产品确认方式

药物晶型专利申请与药物晶型研究的发展和药物晶体在市场中的地位是密切相关的。对药物晶型的研究，已不仅仅是为了修饰与改进药物的某些性质，更重要的是形成无止境的延长市场保护的专利链。在药物专利布局中，从化合

物本身，到多晶型物、化合物制剂、代谢物、用途和超纯物，环环相扣，相互连接，是使得权利人享有超过专利保护期 20 年的市场独占权的重要策略①。而晶型专利申请要获得授权是上述专利策略中的重要一环而不可避免的，在谈及晶型专利的可授权性时，首先要面对的是药物晶体如何确认的问题，选择合适的表征手段进行确认，既是晶体产品具备新颖性的最好体现，也是权利保护范围概括得当、合理的必然要求。

本案围绕不同的晶体表征方式进行了讨论分析，认为 X 粉末衍射在新颖性判断中为主要考虑的表征方式，同时也分析了另两种表征方式的作用。而从本案出发，依据化合物晶型的性质，对目前晶型相关的专利权利要求中表征化合物晶型产品的物理参数类型进行归纳，并参照中美药典对化合物晶型 X 衍射数据记录的规定，对不同表征方式各自的特点以及它们在化合物晶型专利权利要求确定中的作用进行归纳总结，可得出以下供专利权人、申请人在晶型专利申请中借鉴的信息。

（1）晶型产品确认的方式和 X-射线粉末衍射表征的首要地位。

"表征"目的是将此晶型与彼晶型区别开来。从专利审查角度，表征是为了将申请专利的此晶型与现有技术的彼晶型相区别。从专利保护角度，表征是为了将专利中的此晶型与其后他人生产的彼晶型相比较：两晶型相同，他人侵权；反之，不侵权。鉴于化合物晶型的特殊性，即化合物结构相同，微观空间结构不同的特殊性质，适用于使用审查指南中的"允许用物理——化学参数来表征化学产品权利要求的情况。即：仅用化学名称或结构式或组成不能清楚表征的结构不明的化学产品。参数必须是本技术领域常用的、清楚的。在某些情况下必须使用新参数时，所用的新参数应能使用采用该参数定义的产品与现有技术区别开"。对于晶体产品而言，符合上述的仅用结构式不能清楚表征其微观空间排布结构的产品，因此适用于"用物理化学参数来进行表征"的化学产品。而目前常用于表征化合物晶型的物理参数类型有：红外光谱；拉曼光谱；^{13}C 核磁共振波谱；X 射线粉末衍射图谱；热分析，主要是差示扫描热分析（DSC）和熔点。

上述几种表征方式在晶体表征中的地位为：X 射线粉末衍射图谱>其他表征

---

① 摘自："Abuse of Right Holder" Wednesday, June 25, 2003 08：00 IST D G Shah.

方式。X 射线粉末（单晶）衍射谱是最重要、最常用的区别各种晶型的物理参数。张清奎主编《医药及生物领域发明专利申请文件的撰写与审查》（2002 年版）中记载："如果申请化合物是一种化合物特定的晶型，就可以用化合物的名称（或结构式）加上该化合物的 X 衍射数据来表征"。而如本案所述，虽然傅里叶变换红外图谱与差示扫描热分析对于晶型鉴定也很重要，但是除 X 射线粉末（单晶）衍射图谱以外，目前没有其他哪些类型的物理数据确定能够单独用于表征晶形。如在专利申请 CN00819656.7 说明书第 3 页第 3 段中提到："US 专利 5914336 保护新托拉塞米多晶型物的用途，然而，其中仅陈述它的一些物理化学性能如熔点，形成热、溶解度、IR 光谱中的第一谱带，但没有粉末和单晶的 X 射线图样。由于陈述的数据并不与多晶型物的表征相关，不认为 US 专利 5914336 所要求的主题是可靠的"。

因此，对于专利申请人而言，在撰写申请时，可以选择多种表征方式对晶体产品进行确认，但应首选 X 粉末衍射作为表征方式，即申请文件中 X 粉末衍射图谱是必不可少的。而对于无效请求人而言，在提起无效请求时，对于新颖性的无效理由应从 X 粉末衍射图谱着手，从其他表征方式无法区分晶体产品的无效理由会由于表征方式本身不具有指纹地位而不被支持。而对于专利权人而言，也应该立足于从分析 X 射线粉末衍射的图谱与最接近的现有技术有何不同得以区分的角度来捍卫己方的权利。

（2）中美药典对化合物晶型的 X 衍射数据记录的规定。

申请人提交晶型专利申请需要了解专利申请的审查判断标准。而目前专利审查中对于 X 粉末衍射纪录的误差范围、撰写方式、特征线选取等方面是根据个案情况具体情况具体分析。但不可否认的是，由于药典中对晶形制药对象提出了用 X 衍射数据的相关要求，该要求是目前专利审查过程中对于 X 衍射数据表征要求的参考依据。而且，专利申请的审查基准与药典规定都基于这样一个前提：即使用 X 衍射数据需要能够明确区别此晶形与彼晶形。

《中国药典》2000 年版二部附录Ⅳ F X 射线粉末衍射法中规定为："大多数有机结晶物质 2θ 角的记录范围取 0°～40° 即可"。而《美国药典》（USP27）：第 2401-2402 页记载："化合物的每个晶形均产生其特有的 X 衍射模式（pattern）。这些衍射模式能通过测试单晶或粉末样品（含若干种结晶）得到。峰的间距与强度能用于定性和定量。……任何特定的温度和压力情况下，仅有一种多晶型物是热动力学稳定的。因为亚稳态晶形转变成稳态晶形的相转变率可以相当慢，在常规操作条件下，常可发现结晶药物化合物有几种晶形同时存在。许多化合物能以一种以上晶格形式结晶。……对于大多数有机化合物结晶，对衍射模式合适的记录应包括 2θ 值的可能范围从 0°~40°。样品和参考物的衍射角应当在衍射仪校准精度范围内一致（2θ 值应可重现，±0.10°）"。

无疑地，药典只是提供了一个判断的方向，在具体个案的晶体产品确认上，还需要借助大量的其他相关知识进行综合判断。而本案中关于低角度差异峰在区分不同晶体时的重要作用即提供了一个重要的参考信息。这也帮助申请人和专利权人及相关利益方了解目前的审查标准和侵权判断标准，为提请申请和维权、争权做准备。即：在申请专利时，需要将待申请的晶体产品的 X 衍射数据与现有技术中同一化合物不同晶形的 X 衍射数据进行比较。在侵权纠纷中时，需要将权利要求中特定晶形的 X 衍射数据与被控侵权晶型的 X 衍射数据进行比较。

（1）专利权人对于请求人提供的证据的发掘和不同解读是应对无效理由的有效方式。

如上所述，专利权人使用的反证 4、反证 6 和反证 3 分别对应于请求人提供的证据 8~10。双方均引用了证据 8 中相同部分的内容，而对于证据 9~10，专利权人则参考了同一书籍不同部分的内容，来作为驳斥对方论点、树立己方论点的证据。

无论是请求人还是专利权人，引入这三份证据的目的均是为了确认哪些具体的表征参数特征是确定晶体结构时需要考虑的因素。请求人使用证据 8~10 的目的在于：证据 8 和证据 9 证明 XRD 峰的峰位置在晶型定性分析中的重要性；引用证据 10 则是为了证明因寻峰条件的差异而在证据 1 附图中没有标出 $816cm^{-1}$、$1001cm^{-1}$、$2936cm^{-1}$ 三个峰，从而意图证明权利要求 1 中的 IR 峰与证据 1 中的无法区分。

而专利权人非常巧妙地使用了以上三份证据，并结合其他的反证提出了己方的观点，认为：同一晶体，至少强度位列前八或前十的衍射峰应具有误差范围内的相同的峰位置和强度，且按照峰强度排列的峰位置顺序亦应匹配，不符合这些条件，不能被认为是同一晶体，由此提出权利要求 1 与证据 1 两种晶体的 XRD 存在实质性区别的观点。

也就是说，请求人提供证据旨在为了证明在解析 XRD 图谱时，考虑峰的位置相同与否即可判断是否具备新颖性，而专利权人则分析了请求人提供的证据，并摘引了不同部分的内容从而试图证明在解析 XRD 图谱时，不仅要考虑峰的位置，而且还要考虑峰的强度，只有在前八或前十的衍射峰具有相同的峰位置，且按照峰强度排列的峰位置顺序亦应匹配时，才能被认为是同一种晶体。

由此可见专利权人针对相同的书籍证据提出了与专利权人不同的观点，虽然专利权人对于峰强度的重要性的过分强调使得其观点最后未被复审委采纳，但其采用的在寻找反证时，充分发掘对方提供的证据中对己方有利的信息的做法值得推荐，该方式一方面使得从浩如烟海的公知常识书籍中寻找支撑己方观点的难度得以降低，另一方面也能起到"以子之矛攻子之盾"的效果。

（2）如何避免药物晶体因新颖性而触礁。

固体化合物的多晶型现象是普遍存在的，在有机化合物中大约 1/3 的样品存在多晶型现象，如上所述，晶型专利已成制药企业进行"专利圈地"、延长市场独占期的重要手段。晶型专利布局策略的重要性不言而喻，其中如何绕开已有晶型、抢占专利空白是进行晶型专利布局的重中之重，而其中对于新颖性的判断是最关键的一环。以本案中的阿德福韦酯为例，其作为重磅药物之一，目前国内关于阿德福韦酯晶体的专利申请多达 30 件，涉及阿德福韦酯的多种晶体类型，包括水合物，以及新近热点的共晶等。在如此白热化的晶体专利竞争中，如何撰写一个能应对实审、复审、无效、侵权和行政诉讼等各阶段质疑的、具备新颖性的专利申请文件显得尤为重要。而本案的审理过程为相关企业在进行申请时提供的启示有：①在与最接近的现有技术相同的参数测定条件下进行 X 粉末衍射测定，确定特征峰，比较两者的 X 粉末衍射图谱，分析两者是否存在误差范围之外的差别特征峰，尤其是低角度位置的峰，如不存在差别特征峰，则新颖性问题难以克服；②鼓励选择多种表征手段对晶体化合物进行确认，但应以 XRD 为主，其他手段为辅，在进行 XRD 测定时除了对特征峰进行描述外，还应提供清晰的 XRD 原始测定图谱，作为后续为克服新颖性问题或不支持问题修改的基础；③选择特征峰时，应遵循这样的原则：从谱图整体上判断选择，峰位置是首要考虑因素，结合考虑峰的强度，尤其要注重对小角度特征峰的选择。

3.2.2　孟繁新请求宣告上海天伟生物制药有限公司鲁比前列酮晶体无效案

1. 案情简介

1）案例索引

专利号：ZL200810035448.1

发明名称：鲁比前列酮晶体、其制备方法及用途

申请日：2008 年 4 月 1 日

授权公告日：2011 年 4 月 27 日

专利复审委员会合议组成员：李越、周子文、王晓洪

专利复审委员会无效宣告请求审查决定号：第 19104 号

专利复审委员会无效宣告请求审查决定日：2012 年 7 月 9 日

无效宣告请求人：孟繁新

专利权人：上海天伟生物制药有限公司

2）案例背景及审理概要

鲁比前列酮（英文名称 lubiprostone，商品名称 Amitiza）是 Sucampo 制药公司的原研药物，用于治疗便秘。因其可以选择性地活化位于胃肠道上皮尖端管腔细胞膜上的Ⅱ型氯离子通道，与目前临床上治疗各类便秘的药物机制均不相同，能够用于治疗慢性特发性便秘（以下简称"CIC"）、慢性非癌性疼痛成人阿片样物质引起的便秘（以下简称"OIC"）和肠易激综合征（以下简称"IBS-C"）多种类型便秘，是日本获批的首个慢性便秘处方药。2006 年、2008 年、2013 年，鲁比前列酮由美国 FDA 先后批准用于 CIC、IBS-C、OIC。2009 年、2014 年，鲁比前列酮在瑞士先后被批准用于 CIC 和 OIC。2012 年，鲁比前列酮在英国、日本被批准用于 CIC。2015 年初，欧洲相互认证程序（Mutual Recognition Procedure，MRP）完成，推荐协议产品在奥地利、比利时、德国、意大利、爱尔兰、卢森堡、荷兰和西班牙获得上市许可，截至目前，鲁比前列酮已在比利时、爱尔兰、卢森堡、荷兰获得上市许可。鲁比前列酮上市后的累计处方量超过 900 万张，2010 年的市场销售额已经近 2 亿美元，2014 年及 2015 年一季度，在主要市场美国的净销售额分别为 3.32 亿美元和 8,750 万美元，具有巨大的商业前景。2015 年 5 月，Sucampo 制药公司与哈尔滨誉衡药业签订了

《鲁比前列酮中国地区独家许可、开发、商业化及供货协议》，意味着该产品在国内市场的研发、市场竞争日趋加剧，该药物在国内专利领域上的交锋势必更加激烈。

鲁比前列酮是具有两种互变异构体的化合物，该化合物被发现包含一个互变异构体结构式的通式，该化合物被发现具备抗溃疡的活性后，在欧洲、美国，日本等请求了专利保护，其中美国授权专利 US5284858 于 1992 年 8 月 6 日提出申请，1994 年 2 月 8 日获得授权，但该化合物核心专利未在中国请求专利保护，本案涉及的鲁比前列酮晶体及其制备方法的专利是国内首个涉及鲁比前列酮晶体的授权专利，其无疑对专利权人争取鲁比前列酮国内市场具有重要的意义。

请求人于 2012 年 1 月 16 日以本专利权利要求不能得到说明书的支持，不符合《专利法》第二十六条第（4）款为由提出无效宣告请求，其中关于权利要求 1 选取的特征峰是否能够明确表征发明制备的晶体是关注的焦点。最后专利复审委经审查作出第 19104 号无效宣告请求审查决定，维持上海天伟生物制药有限公司拥有的第 200810035448.1 号专利权利要求 1~7 项有效。决定作出后，双方当事人均未提起上诉，决定已生效。

2. 争议焦点

本案的争议焦点在于晶体特征峰选择标准究竟是什么，如何选取特征峰才能明确表征发明制备的晶体，具体争论涉及：①本专利选择 XRPD 图谱中的个别强峰来表征和限定晶体是否具有科学根据；②权利要求 1 中的 9 个峰并不是 38 个峰中强度最大的 9 个峰，如未选择强度较大的第 6、10 和 23 号峰；此外，权利要求 1 也未完整记载对晶体表征非常重要的低角度峰如第 5 和 6 号峰。因此，本专利权利要求 1 中记载的 9 个特征峰的选择标准是否清楚？

3. 无效审理过程

本案涉及一种鲁比前列酮晶体，授权的权利要求 1、2 请求保护鲁比前列酮晶体，权利要求 3、4 请求保护鲁比前列酮晶体的制备方法，权利要求 5~7 请求保护包含鲁比前列酮晶体的药物组合物、药盒，以及鲁比前列酮晶体的用途。

"1. 一种鲁比前列酮晶体，所述晶体在 X 射线粉末衍射图谱中包含以下 2θ 反射角测定的特征峰：（14.6°±0.2°）、（17.0°±0.2°）、（19.6°±0.2°）、（7.6°±0.2°）、（8.5°±0.2°）、（10.6°±0.2°）、（17.7°±0.2°）、（20.1°±0.2°）和（23.4°±0.2°）。

"2. 如权利要求 1 所述的鲁比前列酮晶体，其特征在于，所述晶体在 X-射线粉末衍射图谱中的 2θ 反射角特征峰的半峰宽值不大于 2°。

"3. 一种制备权利要求 1 或 2 所述的鲁比前列酮晶体的方法，所述方法包括以下步骤：

"（a）将鲁比前列酮溶解在中等极性或高极性溶剂（i）中以形成鲁比前列酮溶液；所述溶剂（i）选自：乙酸乙酯、丙酮、二氯甲烷、四氢呋喃、乙腈、甲醇、乙醇、异丙醇或它们的混合物；

"（b）通过降温和/或添加另一种低极性溶剂（ii）或水来获得鲁比前列酮晶体；溶剂（ii）选自：正己烷、正庚烷、环己烷或水或它们的混合物。

"4. 如权利要求 3 所述的方法，其特征在于，所述降温为将步骤（a）所得溶液的温度降低到-100℃~30。

"5. 一种药物组合物，其包含：权利要求 1 或 2 所述的鲁比前列酮晶体和药学上可接受的载体。

"6. 权利要求 1 或 2 所述的鲁比前列酮晶体在制备用于治疗胃肠道疾病的药物中的用途。

"7. 一种用于治疗胃肠道疾病的药盒，所述药盒中包含：

"（i）权利要求 1 或 2 所述的鲁比前列酮晶体；

"（ii）其他治疗胃肠道疾病的活性物质；以及

"（iii）说明书。"

1）无效宣告过程中当事人诉辩

请求人于 2012 年 01 月 16 日向专利复审委员会提出了无效宣告请求，其理由是本专利权利要求第 1~7 项不符合《专利法》第二十六条第（4）款的规定，提交了证据 1~4；请求人认为：①权利要求 1 的晶体用 X 射线粉末衍射（XRPD）图谱中 9 个 2θ 角特征峰，而专利说明书中记载的鲁比前列酮晶体 XRPD 图谱中存在 38 个峰，由于化合物可能存在多晶现象，加之化合物晶型获得的不可预期性和不确定性，本领域技术人员无法将说明书中公开实际制得的特定晶型概括为权利要求 1 中仅用 9 个 XRPD 峰表征所包括的多种结晶形态。这种概括超出了说明书公开的范围，不符合《专利法》第二十六条第（4）款的规定。②权利要求 2 未记载晶胞参数和空间群，而是以晶体 XRPD 图谱中 2θ 反射角特征峰的半峰宽值来进一步限定权利要求 1 所述的晶体，未能克服权利要求 1

"不能得到说明书支持"的缺陷。③本案实质审查过程曾指出原始权利要求 1~3（即对应证据 1 授权文本中的权利要求 1 和 2）不符合《专利法》第二十六条第（4）款的规定；且专利权人承认其原始权利要求 1~3 中可包括其申请中没有公开的其未制得的其他形式的结晶，虽然其强调根据其说明书附图中提供的 XRPD 图谱、示差热扫描分析图谱和红外（IR）图谱可以确定权利要求 1~3 请求保护的鲁比前列酮晶体，然而上述权利要求仍然包括了专利权人没有实际制得的其他不可预期的晶型。④权利要求 3~7 均涉及权利要求 1 和 2 的晶体，由于上述晶体存在得不到说明书支持的缺陷，导致权利要求 3~7 也不符合《专利法》第二十六条第（4）款的规定。

2012 年 3 月 22 日专利权人作出答复，认为：①依据利益信赖原则，审查员在授权前应当指出晶体类型的权利要求的撰写要求，授权文本应当是保护范围恰当的权利公示。②有机化合物晶体的 X 衍射表征存在其特殊性：（i）X 衍射测定时，峰的位置或强度易受空气中的小分子物质影响或干扰，通常不计算晶胞参数和空间群；（ii）有机化合物晶体通常仅测定、表征低角度的衍射峰；（iii）一般的晶体 X 衍射，通常仅需通过三强线或五强线即可确认晶胞参数。③本专利在 2°~45°之间测定了鲁比前列酮晶体的 X 衍射，并依据仪器的计算软件给出了晶体的所有衍射峰的 d 值和相对强度。权利要求 1 中将相对强度大、峰形完整的特征峰作为必要技术特征限定，已满足以说明书为依据，清楚、恰当地概括权利要求的范围的要求。④第 13804 号无效宣告请求审查决定认为，在有机化合物晶体领域中，对于表征产品微观结构的 XRPD、IR 等来说，通常先由实验直接测量得到的数据形成图谱，然后在图谱中出现的一系列特征峰中选取其中有代表性的，通常是强度较大的若干条峰作为该图谱的代表。

请求人于 2012 年 05 月 04 进行答复，认为：①选择 XRPD 图谱中的个别强峰来表征和限定晶体缺乏科学根据。峰强度的影响因素复杂、数据误差比较大，在用 XRPD 数据对晶体进行表征或限定时，峰强度只作为辅助性的参数，峰位置的作用比峰强度重要得多，低角度峰的作用比高角度的峰重要得多。因此，专利权人声称的以 XRPD 图谱中个别相对强度大峰形完整的特征峰来表征并限定要求保护的晶体的观点本身是没有科学根据并且错误的。再者，从本身误差很大的峰强数据中根本不可能正确挑选出所谓相对强度大的特征峰。②本专利权利要求 1 中记载的 9 个特征峰的选择标准不清楚。说明书中没有记载如何从表

1 的 38 个峰中选出上述 9 个峰作为特征峰，虽然专利权人陈述是将相对强度大的峰作为特征峰，而权利要求 1 中的 9 个峰并不是 38 个峰中强度最大的 9 个峰，如未选择强度较大的第 6、10 和 23 号峰，显然不是依据峰强度大的标准选择出来的；此外，权利要求 1 也未完整记载对晶体表征非常重要的低角度峰如第 5 和 6 号峰。由于无法确定权利要求 1 中 9 个特征峰的选择标准，显然无法依据说明书公开的技术信息概括得到权利要求 1 的技术方案，更无法确定由这 9 个峰表征的晶体就是发明人实际制备得到的鲁比前列酮结晶。

2012 年 1 月 13 日进行口头审理。专利权人提出，作为所属领域公知常识的是：①选择特征峰时需要综合考虑四个主要因素：一是 d 值，有时比强度更重要；二是低角度的数据，比高角度的数据更重要；三是强度大小，强线比弱线重要；四是重视特征线。②峰的位置比强度重要。并且强调，在选择特征峰来表征晶体时对于上述选择原则是要综合考察的。

请求人的意见为：①对上述选择特征峰的原则表示认同；②特征峰如同晶体的指纹，是用来甄别晶体的最有代表性的峰；③专利权人实际采用的特征峰选择原则与上述原则不符，如图中 5 号峰和 6 号峰的角度比较低、峰强较强，但未入选；如 22 号和 23 号峰非常接近，强度也很大，但只选了 22 号峰，未选 23 号峰，因而所选择的 9 个峰不能表征制备的晶型。

针对请求人的上述意见，专利权人认为，并不需要限定所有的峰，所选择的峰能清楚地确定实际晶型即可，5 号和 6 号峰的峰形有重叠、不完整，重叠角度在误区范围±0.2°之内，不易区分；22 号峰的强度大、峰形清楚，23 号峰强度相对弱，两者峰角度重叠在±0.2°之外，可以清楚区分。

2）无效宣告要点

《专利法》第二十六条第（4）款规定：权利要求书应当以说明书为依据，说明要求专利保护的范围。判断权利要求的技术方案能否得到说明书的支持，不能脱离所属领域技术人员这一基本主体的视角。如果权利要求的技术方案是所属技术领域的技术人员能够从说明书充分公开的内容中得到或概括得出的技术方案，则该权利要求得到说明书的支持。根据说明书记载，现有的无定形鲁比前列酮存在不易控制药品纯度水平和均一性的问题，并且稳定性不能令人满意，致使本领域需要开发出适用于制药途的鲁比前列酮晶体，因而本专利所要解决的技术问题在于提供一种鲁比前列酮的结晶。对于鲁比前列酮晶体，说明书提供了实施例 1~8，实施例 1~6 为六个制备实施例，实施例 7 通过 X 射线粉末衍射、示差热扫描分析和红外扫描对晶体进行性状测定，其 X 射线粉末衍射图谱标注了 38 个峰，并测定具体数据，列出了 X 射线粉末衍射图谱中 38 个峰的角度、d 值和相对强度；实施例 8 为晶体的稳定性试验。将权利要求 1 的保护范围与说明书记载的内容进行比较，说明书记载了鲁比前列酮晶体的 XRPD 图谱和 38 个峰的具体信息，权利要求 1 则是从中选取了 9 个特征峰对晶体进行表征。由此可见，判断权利要求 1 是否能够得到说明书支持的关键在于，本领域技术人员能否从说明书公开的晶体信息中得出权利要求 1 中使用 9 个特征峰表征的技术方案。

合议组认为，在有机化合物晶体领域，XRPD 图谱分析是对晶体进行定性分析的常用方法。一方面，由于 XRPD 衍射数据具有指纹特性，本领域技术人员可以依据衍射数据来鉴定不同的晶体，然而 XRPD 图谱中提供的信息量大，可能还会包括杂质峰等干扰信息，为了准确鉴别晶体，本领域技术人员通常会在 XRPD 图谱中选取数个具有代表性的峰作为特征峰用以表征该晶体，确如双方当事人认可的，选择特征峰时需要综合考虑 d 值、低角度、强度、特征线及峰形完整等多方面因素。另一方面，XRPD 图谱中的峰值强度会受到样品条件和测试方法等因素的影响，导致数值偏差较大，因而在进行定性分析时，比较特征峰的位置比强度更有意义。进一步考察说明书提供的鲁比前列酮晶体 XRPD 图谱可以看出，权利要求 1 所选取的 9 个峰均为表 1 中相对强度较高的峰，囊括了相对强度较高的前 1~6、8、11 和 13 位的峰；上述衍射峰的角度都在 24° 以下，属于图谱中相对低角度的峰；所选取的峰都具有较为完整的峰形，便于作为特征峰被区分、识别和鉴定；另外，权利要求 1 中还标明了 9 个特征峰的角度，即明确限定了特征峰的位置。由此可见，权利要求 1 中选取的 9 个特征峰至少从强度、低角度、峰形完整等方面进行了综合考虑，符合本领域选择特征峰的公知原则，并且清楚地标明了峰的位置。在无相反证据的前提下，本领域技术人员依据权利要求 1 概括的 9 个特征峰信息能够确认出说明书制得的鲁比前列酮晶体，且足以将本专利所制得的晶体与其他可能存在的鲁比前列酮晶体清楚地区分开来。因此，本领域技术人员依据说明书公开的内容可以得出权利要求 1 的技术方案，即权利要求 1 能够得到说明书的支持，符合《专利法》第二十六条第（4）款的规定。

请求人认为无法在说明书公开内容的基础上概括得到权利要求 1 的晶体，其理由在于：①权利要求 1 中仅用 9 个峰表征可能包括了说明书中未制备的其他结晶，实质审查过程中：①审查员曾指出原始权利要求 1~3（即授权文本权利要求 1 和 2）得不到说明书支持的问题；②专利权人承认原始权利要求 1~3 中可能包括未制得的其他形式的结晶；②权利要求 1 的 9 个峰无法表征说明书所制备的晶型，以 XRPD 图谱中的个别强峰来表征和限定晶体缺乏科学根据，且所述 9 个特征峰的选择标准不清楚，体现在：（i）所选择的 9 个峰并不是 38 个峰中强度最大的 9 个峰，显然不是依据峰强度大的标准选择出来的；（ii）权利要求 1 也未完整记载对晶体表征非常重要的低角度峰如第 5 和 6 号峰；（iii）第 22 号和 23 号峰非常接近，强度也很大，但只选了 22 号峰，未选 23 号峰。

对于请求人的上述理由，合议组认为：

（1）首先，根据上述事实和理由可知，在无相反证据的前提下，本领域技术人员依据权利要求 1 中限定的 9 个特征峰信息能够确认出说明书制得的鲁比前列酮晶体，且足以将本专利所制得的晶体与其他可能存在的鲁比前列酮晶体清楚地区分开来。其次，正如请求人所述，特征峰如同晶体的指纹，是用来甄别晶体的最有代表性的峰，连同请求人对于特征峰选择原则的认可，可见其本身亦不反对用特征峰来表征晶体。再次，由于有机化合物的晶体还具有不可预期性和不确定性，本领域技术人员依据说明书的内容无法获知除了所制备的鲁比前列酮结晶以外是否还存在其他形式的结晶，以及存在何种形式的结晶，而请求人也没有提供证据证明鲁比前列酮还存在其他晶体，更没有证据表明其他晶体也具有与上述相同的九个特征峰或者出现难以与权利要求 1 的晶体区分开来的情形；最后，请求人提供的本专利进行实质审查中的过程文件，虽可表明本专利在审批过程中曾被质疑过权利要求是否得到说明书的支持，但专利权的授予已经足以表明该实审部门并未坚持该观点，且实审部门是否曾提出过质疑对本无效宣告请求的审理没有约束作用。另外，专利权人虽在审查过程中表达过如果存在概括了其他晶体的可能还可以结合说明书中其他图谱信息对所制备的晶体进行确认的观点，但在如上所述基于公知常识已经确认了权利要求 1 限定方式的合理性的前提下，不能单凭这句假设就认定权利要求 1 中还包括了其他晶体。总之，合议组认为请求人提出的权利要求 1 还包括鲁比前列酮未制备的其他晶体的主张不能成立。

（2）基于前述理由和事实可知，权利要求 1 中选取的 9 个特征峰至少从强度、低角度、峰形完整等方面进行了综合考虑。对于请求人提出的所述 9 个特征峰选择标准不清楚的质疑，合议组认为，：①这 9 个峰都是强度较高的峰，分别为强度前 1~6、8、11 和 13 位的峰，由于选择特征峰时需要综合考虑多个因素，峰强并非唯一的考虑因素，也就是说，不是单纯依据强度从大到小的顺序来选择，在不符合其他条件时，强度较强的峰也会被舍弃，所以，即便某个强峰未能被选入这 9 个峰，也是合理的；②本专利公开的第 5 号峰和 6 号峰，尽管它们的角度比较低、峰强较强，但是二者峰形重叠，不好区分，所以也未入选；③22 号和 23 号峰，二者强度分别为 47.9 和 31.5，角度分别为 22.37° 和 23.63°，尽管两个峰非常接近，但角度差值大于 0.2° 的误差范围，能够清楚地区分，且 22 号峰的峰强明显大于 23 号峰，故选取 22 号峰作为特征峰也是符合选择原则的。可见，权利要求 1 对特征峰的选择并未违背本领域公知的选择原则，因而所选择的 9 个特征峰能够表征说明书所制备的晶型。

综上所述，权利要求 1 和 2 的晶体并不存在得不到说明书支持的缺陷，在此基础上，权利要求 3~7 不符合《专利法》第二十六条第（4）款规定的无效宣告理由也不能成立。

4. 案例解析

1）用 XRPD 表征的方式和特征峰选择的考虑因素

《审查指南》对化合物权利要求表征的规定为："化合物权利要求应当用化合物的名称或化合物的结构式或分子式来表征。化合物应当按通用的命名法来命名，不允许用商品名或代号；化合物的结构应当是明确的，不能用含糊不清的措词"。"仅用结构或组成特征不能清楚限定的化学产品包括化合物和组合物。允许用物理——化学参数来表征化学产品权利要求的情况是：仅用化学名称或结构式或组成不能清楚表征的结构不明的化学产品。参数必须是本技术领域常用的、清楚的。在某些情况下必须使用新参数时，所用的新参数应能使用采用该参数定义的产品与现有技术区别开"。对于晶体产品而言，分子结构相同但晶形不同时，有可能具有不同的生物利用度、溶解度、溶解速率、化学物理稳定性、熔点、颜色、可滤性、密度和流动性。有些多晶型物由于形状或吸湿性而难于制成制剂。例如：针状结晶因带很多静电，从而显得非常粘。因此，鉴于多晶型物或晶形的特定性质，即虽然化合物结构相同，但微观空间结构有差异，从而使得其生物活性功能差别明显，因此要清楚地表征一个晶体荼品，只能用化合物的名称（或结构式）加上物理化学参数进行表征。

通常情况下，晶体结构主要是用单晶衍射结构分析的方法来确定，然而单晶衍射对于晶体的要求较高，由于晶体中孪生等缺陷的存在，使得获得合乎单晶分析要求的晶体的制备变得较困难，因此虽然单晶衍射对于晶体结构分析的结果更准确，但在目前的药物晶体鉴定和确认中，远没有 XRPD 应用广泛。

然而 XPRD 虽然作为晶体指纹图谱的地位与该技术自身的优势有关，但其同时也是不完美的。与单晶衍射相比，XPRD 的缺陷在于：XRPD 将单晶体的三维衍射重叠为一维衍射图谱，使得一些结构信息丢失。特别是用于检测对称性低，晶胞体积大的晶体时，XPRD 获得的谱图存在大量晶面间距相近的衍射线的重叠，这些衍射峰线的重叠，特别是高角度衍射线的重叠，加上衍射强度随衍射角的增加而迅速衰减，使得特征峰与非特征峰的识别变得困难。因此，XPRD 谱图获得后，如何正确分离衍射峰，获得准确且数量足够的特征峰，成为清楚表征所述晶体结构的关键。本案中，低角度且峰强较大的第 5 号峰和 6 号峰没有被作为特征峰入选，即考虑了虽然它们的角度比较低、峰强较强，但是二者峰形重叠，不好区分，所以最终未入选。

而 X 射线粉末（单晶）衍射谱作为最重要、最常用的区别各种晶形的物理参数，在专利申请实践中也有多种表征方式。

①完整的 X 衍射谱图表征方式。这种方式能够最准确的定义或表征特定晶形。例如："基本如同图 II 提出的 X 射线粉末衍射图案"。其缺点是保护范围窄。②X 衍射的 2θ 值。X 衍射的 2θ 值能否表征化合物晶型，与取值范围、特征峰的选择、特征峰多少有关。在专利申请实践中，为获得最大范围的保护，有的权利要求中表征化合物晶形的 X 衍射的 2θ 值仅 1 个。例如："一种结晶加巴喷丁脱水形式 A，其 X 射线粉末衍射含有使用 CuKα 射线测定的下列 2θ 值中的至少一个：18.8°或 25.1°。"然而，目前认为："X 射线粉末衍射中，在数据的性质上和结晶的同一性认定方面，晶格间隔和整体图形是非常重要的，相对强度因为结晶成长的方向、颗粒的大小和测定条件可多少有所变化，不能严密地解释。"所以目前普遍认为，一二个或三四个 2θ 值不能体现 X 衍射的整体图形，不能完整、清楚地表征要求保护的晶型。这种表征方式的优点是根据本领域技术知识进行合理选择，一定程度上进行了概括，能够争取较大的保护范围。而

对于特征峰的选择（包括取值范围、选择标准、选取个数等）则是此表征方式的难点。③采用 X 衍射的 d 值（晶面间距，或称晶格常量）来进行表征。根据 X 射线晶体学的基础布拉格公式：$2d\sin\theta = k\lambda$（$k=1$，2，$\cdots$）。波长 λ 确定时，d 值表示的晶格间距与 $\sin\theta$ 表示的掠射角正弦值互呈反比。因此，X 衍射的 d 值在表征化合物晶形时，与 $\sin\theta$ 表征化合物晶形一样，取决于其取值范围，或取值的多少。专利申请实践中，为获得最大范围的保护，有的权利要求中表征化合物晶形的 X 衍射的 d 值仅 1 个。同上所述，一、二个或三、四个 d 值不能体现 X 衍射的整体图形，不能完整、清楚地表征要求保护的晶形。④X 衍射峰强度（相对强度%）X 衍射峰相对强度值是对 d 值和/或 θ 值的限定，从属于 d 值或 θ 值。X 衍射谱图是二维图像，单有 d 值和/或 θ 值仅显示出横坐标上的峰值位置，其相对强度值是纵坐标上显示的相对峰的高度（强度）。横坐标的峰位置与纵坐标的峰高度组合起来，较形象化描述了特征峰。在 d 值和/或 θ 值的取值范围符合药典规定前提下，一系列的特征峰可以较完整显示衍射模式。X 衍射峰相对强度值一般用百分比值，即设定最高峰为 100%，其余峰高与其的比值为相应峰的强度。X 衍射峰相对强度亦有用"中、宽"，"强、中、弱、扩散"等进行文字描述，而不列出具体比值。用 X 衍射峰的 d 值和/或 θ 值限定相同化合物的不同晶型的权利要求中，X 衍射峰相对强度值是否为必不可少的区别技术特征，尚存不同见解。⑤X 衍射的 2θ 值的误差仪器测定总有误差。有的专利申请权利要求中，除了列出一定数量的 X 衍射的 2θ 值，还标示出 2θ 值的误差。有用数值表示误差，如"2θ 值±0.02°""2θ 值±0.2°"或"2θ 值±0.1°"，亦有用文字描述"大约在 2θ 值……"。也有许多专利申请在权利要求书中并不列出 X 衍射的 2θ 值的误差范围，而将其写在说明书中。

　　而本案中使用的即为最后一种表征形式，是目前比较严谨、被普遍接受的表征形式。

　　2）为药物晶型特征线的选择提供了良好的指导原则

　　目前晶体领域的现状是对于特征线选择的认识不够统一，本决定充分考虑了双方的观点陈述，结合晶体领域 X 射线粉末衍射的现有技术知识，确认了双方当事人共同认定的标准，做到了尽可能回归到本领域技术人员这一基本主体的视角，得出了能够被双方都认可的，在进行 X 射线粉末衍射特征线选择时的共识：①本领域公知选择特征峰时需要综合考虑 d 值、低角度、强度、特征线及峰形完整等多方面因素。②XRPD 图谱中的峰值强度会受到样品条件和测试方法等因素的影响，导致数值偏差较大，因而在进行定性分析时，比较特征峰的位置比强度更有意义。第一条标准包含了两方面的信息：一是强调了整体把握、综合判断的基本原则，这与上一案例中提到的整体上判断选择的原则相符。二是说明了选择时需要考虑的因素有哪些方面，即 d 值、低角度、强度、特征线和峰形完整性 5 个方面。第二条标准则尤其强调了峰位置的作用比峰强度重要，并明确给出了造成该结果的原因，这与上一个案例中谈到的峰位置更重要的结论也是一致的。

本案中确立上述被双方都认可的特征线选取标准是十分重要的，依据上述选择标准，将本专利权利要求中选取的 9 个特征峰与说明书中记载的 X 射线粉末衍射图谱所记载的峰的信息进行比较、分析，对双方争论焦点积极、有针对性地答复，在技术上经得住推敲，最终使得做出的决定公正、客观，被双方认可和接受，有效地解决了争议问题。这种在审查过程中确立双方均认可的对于技术问题的共识标准的做法对于争论问题的解决十分有效，值得推荐。

3）存在多种晶型的可能性导致的不支持问题的举证责任

本案中请求人认为采用 9 个特征峰限定的权利要求不能得到说明书支持的另外一个原因是基于化合物具有多晶型的可能性，即这 9 个特征峰可能还不足以将本申请中的晶体与鲁比前列酮的其他晶型相区分，即权利要求 1 中可能涉及与说明书中所述的晶体不同的晶体。该争论问题实质上是 X 粉末衍射图谱特征峰选取的另一个问题：即选择多少数量的特征峰才能足以将本申请的晶体与现有技术中已经存在的，以及与"未来"可能被制备出来的新晶型清楚地区分开来。该问题同样也是采用 X 射线粉末衍射对化合物晶体进行确认时的难点和争议热点。若对特征峰的限定数目要求过低，无疑也会加大权利要求无法确认本专利晶型产品的风险，从而导致公众利益受损。在选取特征峰时"适度、规范"，才能达到客观、科学、准确地对晶体产品进行"准确"确认。而目前要达到这一要求比较困难，这既归因于具体的化合物个案的复杂程度，即不同的化合物结构、晶体制备方式、表征参数测定具体方式等方面的影响，也与 X 射线粉末衍射技术发展本身的程度未达到能完美解决该问题的先进阶段有关。因此在现行技术发展水平和认知阶段的基础上，在审理过程中，采用"谁主张，谁举证"的原则，即提出观点的一方需要为己方的论断提供足够的证据支持。对于本案而言，首先，"多晶型现象"并不普遍且必然地存在于所有化合物中，因此需要请求人证明鲁比前列酮的确存在多晶型现象。第二，即便证明了鲁比前列酮存在多晶型现象，也不意味着权利要求 1 选取的 9 个特征峰一定无法将本专利的晶体与其他晶体相区分，因此还需要请求人完成所述 9 个特征峰无法区分本专利的晶体与另一种鲁比前列酮晶体的举证责任。这两个举证层次的要求是递进的，而第二个举证责任的完成难度无疑是很大的，除非已经制备获得了包括上述 9 个特征峰且晶型与本专利不同的确切的新晶型，否则该论点不具备说服力。因此，在缺乏确切证据的情况下，采用该理由作为宣告无效的理由的成功可能性不高。

4）抓住法律问题背后存在的实质性技术问题，从根本上解决争议

X 射线粉末衍射图谱在诸多药物晶体的表征方式中最具专属性和指纹性，而采用 X 射线粉末衍射图谱中的特征峰来对请求保护的药物晶体进行确认也已经被普遍认可。然而，在如何选取 X 射线粉末衍射图谱中特征峰，以准确表征晶体的微观结构的问题上仍然存在争议。目前统一的、通行的选取标准并没有达成，如上所述，这不仅与 X 射线粉末衍射技术发展水平有关，也与解谱分析方法需要不断修正、完善有关。如何选择才能确定选取的为特征线，以及采用多少数量的特征线才能对目的晶体进行清楚确认，这不仅是解谱技术上的难点，也是晶体发明申请撰写、审查中的疑难问题，以及复审、无效审理过程中的争论焦点。

本决定审理过程中从技术问题进行切入分析，对于请求人提出的某些特征线的质疑进行了客观、科学的正面回答，详尽地分析了专利权人选择特征线的理由，有理有据，科学翔实、令人信服。该无效决定很好地把握了对于谱图特征线选择问题的争议实际是技术问题争议的本质，反应了所有法律问题背后都需要技术解释进行支撑的原则，是技术问题解决之后，相关法律争论迎刃而解的一个典型范例。

5. 案例启示：药物晶体 XRPD 特征峰的选择

1）药物晶体特征峰选取标准的参考标准对申请人的指导意义

本案对于审查人员而言，提供了在药物晶型的实审、复审、无效审理过程中确定权利要求是否概括合理得当的参考标准，而对于涉及晶体研发相关的申请人则具有更实在的启示和价值：①在使用 XRPD 图谱进行晶体表征时，并不是限定的峰越多越好，而应选择具有特征意义的峰值进行有效概括，请求保护

一个由恰当数目的特征峰限定的技术方案，以尽可能获得一个较大的且合理的保护范围。②如与本申请最接近的现有技术也提供了 X 射线衍射图谱，在选取特征峰时，在整体把握的基础上，应密切关注选择那些与最接近现有技术在峰位置上有区别的特征峰，尤其需要关注低角度的特征峰，这既是对晶体新颖性的要求，也是确保晶体得到说明书支持的要求，因为将差异的特征峰限定到权利要求中能够避免本申请落入最接近的现有技术晶体请求保护的范围内，从而使得本申请的权利要求限定出一个合理的、与现有技术不同的、同时也是能得到说明书支持的保护范围。

2）药物晶体特征峰选取的参考标准对申请人在应对不支持质疑时（实审阶段和无效阶段）的借鉴意义

本案中专利权人在对无效请求人提出的无效理由进行答复时，对于图谱分析和特征峰选择的分析专业水准较高。针对无效请求人提出的四点无效理由逐一进行正面答复，包括：①为何有机化合物不使用晶胞参数和空间群，而是使用 X 粉末衍射来进行有机物晶体结构的表征；②详细解释了选择 9 个特征峰的考量因素和选择标准，以及在口审过程中提出了特征峰选择的两个标准，这两个标准最后也成为复审委和请求人均认可的选择标准。

3.2.3 技术效果是药物晶体发明具备创造性的核心：江苏正大天晴请求宣告贝林格尔英格海姆法玛两合公司噻托溴铵单水合物无效案

1. 案情简介

1）案例索引

专利号：ZL01823200.0

发明名称：β-内酰胺化合物的无水结晶及其制备方法

申请日：2001 年 7 月 23 日

授权公告日：2003 年 3 月 29 日

专利复审委员会合议组成员：李越、侯曜、赵步真

专利复审委员会无效宣告请求审查决定号：第 20290 号

专利复审委员会无效宣告请求审查决定日：2013 年 3 月 20 日

无效宣告请求人：杜学秀

专利权人：大塚化学株式会社、大鹏药品工业株式会社

2）案例背景及审理概要

β- 内酰胺类抗生素是指化学结构中具有 β- 内酰胺环的一类抗生素，是目前临床广泛应用的抗生素，本专利涉及的 β-内酰胺类青霉素是其中的最典型代表之一。世界范围内抗生素市场的平均年增长率为 8% 左右，市场份额为 250~260 亿美元，国内抗生素药物已经连续多年位居销售额第一位，年销售额高达 200 亿人民币，占全国药品销售额的 30%。其中 β-内酰胺类抗生素在占据重要的地位。在巨大的商业价值驱动下，相关开发研究和临床应用非常活跃，与之相关的专利数量也在逐年增加，β-内酰胺类抗生素一直是其原研药企和仿制药企专利战的重要战场。从 1992 年至 2011 年 10 年间，β-内酰胺类抗生素在国内的专利申请量共计 1200 件左右，其中国内申请占 82%，而国外的申请人主要来自美国、日本和北欧国家。

到 2011 年，29 种主要抗生素中的 12 种专利到期。而申请化合物的制剂、晶体专利以延长化合物的保护期是原研药企应对专利悬崖的有效手段。大塚化学株式会社于 1998 年申请了 β-内酰胺衍生物的制备方法专利并获得授权（ZL98805555.4），申请年份在 1998 年，而本案中的涉案专利则为 β-内酰胺化合物的晶体发明，申请年份在 2001 年。晶体专利是大塚化学株式会社在 β-内酰胺领域进行专利布局的其中一环。

请求人于 2012 年 5 月 31 日提出无效宣告请求，无效理由涉及《专利法》第二十六条第（3）款和第（4）款规定，《专利法实施细则》第二十条第（2）款规定，以及《专利法》第二十二条第（2）款和第（3）款规定，请求宣告本专利权利要求全部无效。专利复审委经审查作出第 20290 号无效宣告请求审查决定，宣告大塚化学株式会社拥有的第 01823200.0 号专利权利要求 1~3 不符合《专利法》第二十二条第（3）款有关创造性的规定，专利权全部无效。这是应对国外药企抗生素专利壁垒的成功案例，专利权人未提起行政诉讼，目前无效决定已生效。

2. 争议焦点

专利权人声称本申请通过所述制备方法获得的他唑巴坦晶体是与已知的他唑巴坦结晶不同的无水结晶，该无水结晶化合物的保存稳定性优良，即使在环境温度下长期保存也实质上不发生分解，具有避免冷冻保存等浓度降低的技术

效果。本案的争议焦点在于晶体产品的创造性，而创造性的争议焦点又在于，本专利声称的上述技术效果是否存在，或者说，是否通过权利要求 1 的上述区别技术特征的引入产生了上述技术效果。

3. 无效审理过程

本案涉及一种 β-内酰胺化合物的无水结晶，授权的权利要求 1~2 请求保护 β-内酰胺化合物的无水结晶，权利要求 3 请求保护 β-内酰胺化合物的无水结晶的制备方法，权利要求一种由下式表示的 β-内酰胺化合物的无水结晶，其在由通过了单色仪的 $\lambda=1.5418\text{Å}$ 的铜放射线得到的 X 射线衍射光谱中在下面的晶面间距处具有峰（略）。

1）无效宣告过程中当事人诉辩

请求人于 2012 年 5 月 31 日向专利复审委员会提出了无效宣告请求，涉及专利法及实施细则多个条款，提交了证据 1~8。其中涉及第二十二条第（3）款的无效理由是：权利要求 1、2 相对于证据 1 要解决的技术问题是他唑巴坦长时间保存后由于分解造成稳定性降低的问题，但如前所述，本专利没有证据表明所述晶型是否发生分解，且较证据 1 的他唑巴坦结晶稳定性更好，且二者制备方法非常接近，本专利权利要求 1、2 相对于证据 1 没有产生预料不到的技术效果，相对于证据 1 和公知常识的结合不具备创造性。

他唑巴坦酸属于 β-内酰胺类青霉素，遇水易分解，为了其保存稳定性，现有技术有将此类药物制成无水结晶的技术启示（请求人提供证据 7、证据 8），在证据 1 已经公开他唑巴坦结晶，或者在证据 2 已经公开的他唑巴坦无水结晶的基础上，结合证据 7、证据 8 给出的"β-内酰胺酶抑制剂储存过程中容易分解，这种分解是由于在高温或室温长期保存过程中，药物与其晶格中结合的水发生反应，导致 β 内酰胺环加水分解引起的"启示，本领域技术人员有动机制备他唑巴坦无水结晶以达到稳定保存的的目的，且本专利也没有带来任何积极效果。本专利权利要求 1、2 相对于证据 1 或证据 2 结合证据 7、8 和公知常识不具备创造性。

权利要求 1、2 的产品与证据 3 都涉及他唑巴坦，为结构相近的化合物，权利要求 1、2 的产品与证据 3 相比，没有带来预料不到的效果或用途，因此，相对于证据 3 结合公知常识不具备创造性。

与证据 1 或证据 3 相比，本专利权利要求 3 可能具有的唯一区别技术特征为其将他唑巴坦盐的水溶液进行了加热处理，而证据 1 或 3 未明确温度。而"加热"可能包含一个相当广泛的温度范围，证据 1 或 3 中未提及温度，也隐含在较宽的温度范围内可以实施。在证据 1 或 3 公开的基础上，本领域技术人员经过常规选择即可得到权利要求 3 的技术方案。权利要求 3 相对于证据 1 或 3 与公知常识的结合不具备创造性。

专利权人于 2012 年 8 月 20 日作出答复，提交反证 1、2。认为：证据 1、2、3、7 和 8 没有教导或暗示其得到的他唑巴坦结晶为无水结晶，也没有教导或暗示本专利权利要求 1 的 X 射线衍射光谱数据，而且也没有记载与本专利实施例类似的结晶方法，这表明本专利权利要求 1 的他唑巴坦无水结晶具有区别于证据 1、2、3、7 和 8 的特定晶型。该区别特征对本领域技术人员来说事先不可能容易想到，具有非显而易见性。如本专利说明书中教导和实施例的验证，具有这种特定晶型的他唑巴坦无水结晶与现有技术中的他唑巴坦结晶相比具有优良的保存稳定性。反证 2 表明，他唑巴坦只有在杂质含量 1.3%以下的情形下才允许用作药品制剂，如本专利试验例中保存期间纯度显著降至 95%的他唑巴坦含水结晶是不能用作药品制剂的，因此，上述有益的技术效果对本领域技术人员而言是不可能容易预见到的，本专利权利要求 1、2 相对于证据 1 与公知常识、证据 1 与证据 7、证据 8 及公知常识、证据 2 与证据 7、证据 8 及公知常识、证据 3 与公知常识的结合具有创造性。

本专利权利要求 3 是专用于制备根据权利要求 1 的无水结晶的方法，如前所述，本专利权利要求 1 相对于证据 1 或 3 与公知常识的结合具有创造性，并且权利要求 3 中限定的特定处理在证据 1 或 3 中也没有任何教导或暗示，因此，权利要求 3 相对于证据 1 或 3 与公知常识的结合具有创造性。

2）无效宣告决定要点

（1）关于产品。

权利要求 1 的技术方案与证据 1 公开的内容相比，其区别技术特征仅在于权利要求 1 中他唑巴坦为无水结晶，其具有特定的 X 射线衍射光谱；而证据 1 没有明确说明所得到的他唑巴坦晶体是否含水，也没有公开上述 X 射线衍射图。

根据本专利说明书的描述，本专利声称所解决的技术问题是通过形成具有特定 X 射线衍射图的他唑巴坦无水结晶，提高他唑巴坦结晶的储存稳定性。在本案的审理过程中，专利权人也坚持了该观点，并认为本专利说明书能够证明本专利产品的上述有益效果。

确定发明所解决的技术问题应当以发明相对于现有技术所产生的技术效果为基础，因此，本案有关创造性的争议焦点在于，本专利声称的上述技术效果是否存在，或者说，是否通过权利要求 1 的上述区别技术特征的引入产生了上述技术效果。

为此，合议组进一步考察了本专利说明书最佳实施方式部分，其提供了三个具体实施方式，分别为用于代表本专利背景技术所述结晶产品的参考例 1、用于代表本专利结晶产品的实施例 1，以及对比二者保存效果的试验例 1；在参考例 1 中，根据日本专利 2648750 实施例 1 制备了他唑巴坦白色结晶，根据差示扫描量热分析的结果，确认其含有结晶水，并具有特定的 X 射线衍射光谱；在实施例 1 中，按照本专利的制备方法进一步处理参考例 1 得到的白色结晶，包括，在水中形成钠盐而将其溶解、水溶液经通过离子交换柱后合并级份、加热、调整 pH、过滤并干燥以得到本专利的他唑巴坦白色结晶，差示扫描量热分析的结果确认其不含结晶水，且 X 射线衍射光谱中，光谱峰数目和晶面间距均明显不同于前者；进而，在试验例 1 中，将参考例 1 和实施例 1 得到的他唑巴坦结晶各 10 克放置在试管中。将这些试管密封并在室温下保存 1 年。在 1 年之中，温度在 10~34℃之间波动。随后，测定了参考例 1 和实施例 1 的他唑巴坦结晶的纯度。实施例 1 的结晶的纯度为 100%，而参考例 1 的结晶的纯度为 95%。这些事实明显说明本发明的他唑巴坦无水结晶在保存稳定性方面优于已知的他唑巴坦。

合议组认为，在试验例 1 中，本专利只测定了保存 1 年后参考例 1 和实施例 1 的他唑巴坦结晶纯度，其分别为 100% 和 95%，并未测定保存前两种结晶的纯度，在无法得知保存前参考例 1 的结晶是否已经存在杂质的情况下，本领域技术人员难以确认参考例 1 晶体在保存过程中纯度是否降低以及降低的确切程度。

此外，实施例 1 中记载了本专利结晶产品的结晶原料为参考例 1 的结晶，即，本专利的结晶产品是在与之对比的参照物（参考例 1 中的白色结晶）的基础上二次结晶的产物。本领域技术人员都知道，实施例 1 中进行的溶解、过离子交换柱、重结晶等步骤，实际上都是对溶液的纯化过程，能够降低杂质含量，从而进一步提升结晶产品的纯度。而是否含有杂质、以及杂质含量的多少显然也是影响产品稳定性的重要因素（制备方式带来的结果的必然性）。

基于上述事实和理由，在本领域技术人员根据本专利说明书的描述无法确认，试验例 1 中两种晶体保存 1 年后的纯度差异以及该差异（如果存在的话）是否为晶型不同而导致的结果。在此前提之下，合议组认为，本专利权利要求 1 相对于证据 1 实际解决的技术问题仅为提供了一种具有特定 X 射线衍射图谱的他唑巴坦无水结晶。而本领域中，采用使用重结晶等方式进行结晶是常规手段，由于已知他唑巴坦是一种能够形成晶体的化合物，本领域技术人员有动机改变结晶条件以获得其另一种晶型，并随即测定其具体技术参数，例如 X 射线颜色图谱及其是否含有结晶水等。因此，权利要求 1 的技术方案相对于证据 1 和公知常识的结合是显而易见的，不具备《专利法》第二十二条第（3）款规定的创造性。

基于上述相同理由，权利要求 2 也不符合专利法第二十二条第（3）款的规定。

专利权人认为，本专利中参考例 1 和实施例 1 虽然没有记载保存前纯度，但默认其为同一前提，即保存前的纯度是相同的，并采用了相同的 HPLC 测定方法；实施例 1 的晶体保存后纯度为 100%，可以推定其保存前也为 100%，因此，参考例 1 的晶体在保存前也是 100%；反证 2 证明，他唑巴坦只有在杂质含量 1.3% 以下的情形下才允许用作药品制剂，如本专利参考例 1 中保存期间纯度显著降至 95% 的他唑巴坦含水结晶不能使用，因此，本专利在保存稳定性方面的有益效果是本领域技术人员难以预见的，具有创造性。

对此，合议组认为，专利权人所称参考例 1 和实施例 1 默认其为同一前提的主张在说明书中并无记载，即便由实施例 1 的晶体"保存后纯度为 100%"可以推测出其"保存前纯度也应当是 100%"，也不能由此进一步推知参考例 1 的晶体在保存前的纯度也是 100%。在保存稳定性效果是否成立构成本专利创造性关键点所在的情况下，本领域技术人员有理由对参考例 1 的晶体在保存前的纯度产生合理质疑。如前所述，反证 2 因无法证实其属于公开出版物以及公开日期在本专利申请日之后的原因而不能被接纳作为现有技术，即使考虑反证 2 的内容，其也仅仅是公开了药物制剂标准领域对他唑巴坦纯度的严格限制，但并不能证明本专利确实取得了这样的技术效果。因此，专利权人的主张不具有说服力。

（2）关于制备方法。

本专利权利要求 3 的技术方案保护权利要求 1 的无水结晶的制备方法，与证据 1 公开的内容相比，二者的区别技术特征在于：权利要求 3 明确限定了调整 pH 之前，还存在加热他唑巴坦水溶液的步骤，用以获得具有权利要求 1 中特定的 X 射线衍射图谱的无水结晶，而证据 1 的方法未包含该步骤，获得了白色结晶。

除认为权利要求 3 制得的产品具备预料不到的技术效果外，专利权人还指出，权利要求 3 中限定的特定处理在证据 3 中没有任何教导或暗示，该特定处理是获得本发明特定晶型的关键点。

合议组认为，本领域技术人员均知晓，化合物晶体的形成与结晶条件的关系特别密切，例如温度、pH、溶剂的种类等条件的细微差别即可能获得不同的晶体，就方法本身而言，改变制备条件，例如增加额外的加热步骤来提高结晶温度以获得不同晶型，对本领域技术人员来说是显而易见的，不存在技术上的困难，在已知他唑巴坦是一种能够形成晶体的化合物前提下，本领域技术人员有动机通过改变结晶条件以获得其另一种晶型，因此，权利要求 3 保护的制备方法相对于证据 1 是否具备创造性实际上仍然依赖于该方法获得的产品本身。在此基础上，本领域技术人员通过常规技术手段的选择即可获得权利要求 3 的技术方案，无需付出创造性劳动，权利要求 3 不具备《专利法》第二十二条第（3）款规定的创造性。

4. 案例解析

1）产品权利要求的稳定性是晶型专利稳定的关键

目前涉及晶体的申请文件中，权利要求除了请求保护晶体产品和晶体的制备方法，有的还包括晶体的用途。而在这三类保护主题中，晶型产品的新颖性和创造性是审查的重点和关键。若制备晶体采用的均为常规手段，如采用的是溶剂结晶法，并调节不同的温度、pH、溶剂的种类等条件，则晶体制备方法是否具备创造性依赖于该方法获得的产品本身。而晶体用途是否具备创造性同样依赖于晶体产品，产品结构决定了其客观上具备怎样的技术效果。本案中，与最接近的现有技术对比而言，本专利请求保护的晶体的制备步骤虽然与最接近的现有技术有所区别，但其采用的二次重结晶法是本领域常规的结晶方法，因此合议组在新颖性和创造性判断的过程中先评述了晶体产品的创造性，以晶体产品是否具备创造性为基础判定晶体制备方法是否满足创造性的要求。

因此，对于已知化合物的晶体发明而言，晶体产品权利要求的创造性是保证晶体发明稳定的灵魂，对于实审审查员和复审、无效审查员而言，把握发明的技术贡献是判断发明是否具备授权前景的关键，而对于药物晶体发明而言，晶体产品是否对现有技术有贡献就是发明点所在，是审查的重点。而对于专利申请人而言，如何撰写一份具有授权前景的申请文件的关键也在于对于晶体产品技术贡献的重视和了解。一份晶体产品的技术贡献被充分地体现的发明，其在后续程序中被无效的可能性更小，权利更稳定。

2）对于创造性技术效果要求的重视

目前，无论是从专利实质审查阶段、还是后续的复审阶段，对于药物晶体发明创造性的审查逐渐重视，而由于晶型的制备已经被认为具有普遍的技术启示，因此在晶型创造性的评价中，晶体的技术效果成为审查的重点，同时也常常是双方争议的焦点和难点。本案对于保存稳定性技术效果的争议就是一个典型案例。对于药物晶体发明而言，技术效果的争论常常围绕稳定性、纯度、保存期、生物利用度等方面。而上述指征需要改善到何种程度能够达到创造性的要求需要结合具体的案情分析，并没有统一的共识。实践中，根据药物的化学结构组成，药物晶体的各种表征参数，药物的生物活性特点，以及现有技术中对该药物的用药要求等多方面，站在"本领域技术人员"的角度进行具体判断。本案中，专利权人为了证实本专利的晶体的稳定性效果，使用了反证2，认为他唑巴坦只有在杂质含量1.3%以下的情形下才允许用作药品制剂，从而试图说明本专利获得的晶体产品能够长期保持达到制备药品制剂的纯度要求，从而具备了预料不到的技术效果。该证据若被接受，其作为现有技术中对该药物的用药要求的参考资料，对药物是否具有商品化价值有直接的影响，因此在判断晶体产品的技术效果是否达到预料不到的程度时是需要被考虑的。当然，该技术效果是否达到预料不到的程度首先需要建立在说明书是否充分证实了该技术效果的存在。在本案中，根据说明书的记载不能确定本申请保护的晶体确实产生了稳定性高的技术效果，因此反证2是否属实不能佐证本申请的技术效果是否达到预料不到的程度，因为首先这种技术效果是否存在没有得以证实。

3）技术效果对比时对照实验设计的严谨性要求

本案专利被宣告无效的理由是产品不具备创造性，而合议组认为所述晶体产品不具备创造性的最关键因素是关于保存稳定性的效果数据中，没有关于保存前对照例和实验例纯度的记载，因此无法确切量化保存一年后的晶体纯度的变化趋势，因此对专利权人提出的具有更好的保存稳定性的技术效果提出疑问，最终认定专利中未切实证实该技术效果，从而得出晶体产品不具备创造性的结论。

回顾申请说明书中关于保存稳定性的相关记载："将参考例 1 和实施例 1 得到的他唑巴坦结晶各 10 克放置在试管中。将这些试管密封并在室温下保存 1 年。在 1 年之中，温度在 10～34 ℃之间波动。随后，测定了参考例 1 和实施例 1 的他唑巴坦结晶的纯度。实施例 1 的结晶的纯度为 100%，而参考例 1 的结晶的纯度为 95%"。

从上述记载可知，实施例 1 的结晶纯度在保存一年后仍旧具有 100% 的纯度。由于保存前的纯度只能等于或要高于保存后，且纯度不可能高于 100%，因此本领域技术人员可确定：实施例 1 制备的晶体在保存前的纯度应为 100%。但对于参考例 1 而言，其作为对照组样本在证实本专利的技术效果上有重要的作用，但专利权人并未在说明书中记载其保存前的纯度。更重要的是，实施例 1 中的晶体本身就是在参考例 1 的基础上重结晶获得的，因此本领域技术人员根据重结晶中除杂、提纯的技术效果，可以确定参考例 1 的晶体在保存前纯度要低于实施例 1 中保存前的晶体，因此基本可以确定参考例 1 的晶体在保存前不会达到 100% 的纯度，即两者在保存前的纯度是不一致的，对于一个纯度稳定性比较实验而言，比较结论令人信服的一个关键就是两者在所有条件下保持一致，这种一致包括初始纯度一致，保存时间、温度、湿度等条件一致，纯度测定系统一致等。而本专利中由于初始纯度不一致，直接使得纯度稳定性比较实验的设计不够严谨，从而导致比较的结果存在多种可能性解读，最终使得比较的结果缺乏说服力。

5. 案例启示：未具备相应的技术效果使得发明不具备创造性

如上所述，本案由于参考例 1 保存前的纯度不明使得比较实验的结果缺乏说服力，无法支撑本专利成功进行创造性抗辩，成为专利被无效的关键。

在获得专利的授权时，专利权人对于可能造成后续权利不稳定的某些问题具有预期，但显然不可能完全预期所有的无效理由。对于本案而言，其反映的是专利申请中非常容易被申请人和专利权人忽略的问题：即采用比较实验的方式说明晶体的技术效果时，对比实验设计的合理性、科学性和严谨性问题。鉴于目前对药物晶体专利技术效果的要求渐高，而稳定性增加、保存期延长、纯度提高、生物利用度改善等晶体的常见技术效果是评价其是否具备创造性的重要参考。而无疑地，上述这些晶体的常见技术效果指征均属于"比较指标"，即与最接近的现有技术作为比较对象进行直接效果比对。因此本案提示了在设计比较实验方案时，需要具有严谨、客观、慎密的科学态度，要选择合适的比较对象，即设置适宜的对照组。对于待比较的指标，要记录好比较前后的状态，并保持比较过程中各个条件的一致性，排除不确定因素，避免比较实验设计存在大的漏洞，以达到客观、确定、科学的要求。这是对申请人在撰写时提出的较高要求，也是专利权人在维权过程中提交补充实验数据或分析本专利的技术效果时需要注意的地方。

3.2.4　江苏豪森药业股份有限公司诉伊莱利利公司 *N*-(4-[2-(2-氨基-4,7-二氢-4-氧代-1*H*-吡咯并[2,3-d]嘧啶-5-基)乙基]苯甲酰基)-L-谷氨酸二钠盐七水合物晶型无效案

1. 案情简介

1) 案例索引

专利号：ZL01805627. X

发明名称：一种基于吡咯并[2,3-d]嘧啶的抗叶酸剂的七水合物晶型及其制备方法

申请日：2001 年 02 月 12 日

授权公告日：2005 年 01 月 05 日

专利复审委员会合议组成员：李越、侯曜、汪送来

专利复审委员会无效宣告请求审查决定号：第 12146 号

专利复审委员会无效宣告请求审查决定日：2008 年 06 月 25 日

无效宣告请求人：江苏豪森药业股份有限公司

专利权人：伊莱利利公司

2）案例背景及审理概要

N-[4-[2-(2-氨基-4,7-二氢-4-氧代-3*H*-吡咯并[2,3-d]嘧啶-5-基)乙基]苯甲酰基]-L-谷氨酸属于抗叶酸化合物，也称为多目标的抗叶酸剂、哌美特斯、培美曲赛，是多种需要叶酸的酶（包括胸腺嘧啶核苷合成酶、二氢叶酸还原酶和甘氨酰胺核糖核苷酸甲酰基转移酶）的强有力的抑制剂，属于新一代抗代谢药，由礼来公司（即"伊莱利利公司"）研发。2004年2月，培美曲赛被美国FDA批准联合顺铂一线治疗不能手术切除的恶性胸膜间皮瘤，同年8月，FAD又批准培美曲赛作为局部晚期或转移性非小细胞肺癌的二线治疗药物，其临床应用受到了广泛关注。2014年，培美曲赛在全球销售额达到27.9亿美元，是礼来公司最畅销的产品。在我国，除申请了化合物基础专利之外，礼来公司还申请了制备方法、中间体、晶型等多种专利，进行了严密的专利布局。

2007年09月，江苏豪森药业股份有限公司针对伊莱利利公司拥有的第01805627.X号、名称为"一种基于吡咯并[2,3-d]嘧啶的抗叶酸剂的七水合物晶型及其制备方法"的发明专利，向专利复审委提出无效宣告请求，无效请求过程中涉及《专利法》第二十二条第（3）款和《专利法实施细则》第二十一条第（2）款，其中关于本专利是否具备创造性是双方争辩的焦点。最后专利复审委经审查作出第12146号无效宣告请求审查决定，维持伊莱利利公司拥有的第01805627.X号专利权利要求1~7项有效。

2. 争议焦点

本案的争议焦点在于：现有技术中是否存在技术启示，促使本领域技术人员通过已知的化合物盐，制备具有特定X射线衍射图谱的该化合物盐的水合物，从而达到提高晶体稳定性的目的。

3. 无效审理过程

本案涉及一种 *N*-[4-[2-(2-氨基-4,7-二氢-4-氧代-3*H*-吡咯并[2,3-d]嘧啶-5-基)乙基]苯甲酰基]-L-谷氨酸二钠盐（下称MTA二钠盐）的七水合物晶型。授权的权利要求1请求保护MTA二钠盐七水合物晶型，权利要求2请求保护制备MTA二钠盐药物制剂的方法，权利要求3~4请求保护含有MTA二钠盐七水合物晶型的制品，权利要求5~6请求保护MTA二钠盐七水合物晶型的制药用途，权利要求7请求保护MTA二钠盐七水合物晶型的制备方法：

权利要求：

"1. 一种具有一定的 X 射线衍射图谱的 *N*-[4-[2-(2-氨基-4,7-二氢-4-氧代-3*H*-吡咯并[2,3-d]嘧啶-5-基)乙基]苯甲酰基]-L-谷氨酸二钠盐的七水合物晶型，该图谱具有下列对应于 *d* 间距的峰：(7.78±0.04) Å，在 (22±2)℃ 和环境%相对湿度下，使用铜射线源进行测定。

"2. 一种制备 *N*-[4-[2-(2-氨基-4,7-二氢-4-氧代-3*H*-吡咯并[2,3-d]嘧啶-5-基)乙基]苯甲酰基]-L-谷氨酸二钠盐的药物制剂的方法，包括使权利要求 1 的 *N*-[4-[2-(2-氨基-4,7-二氢-4-氧代-3*H*-吡咯并[2,3-d]嘧啶-5-基)乙基]苯甲酰基]-L-谷氨酸二钠盐的七水合物晶形与一种药用载体混合。

"3. 一种包含包装材料和包含权利要求 1 所说的七水合物晶型的组合物的制品，七水合物晶型包在所说的包装材料中，其中所说的七水合物晶型能有效地治疗癌症，其中所说的包装材料包含一种标签，该标签显示所说的七水合物晶型可用于治疗癌症。

"4. 权利要求 3 中所说的制品，其中癌症是间皮瘤。

"5. 权利要求 1 中所说的 *N*-[4-[2-(2-氨基-4,7-二氢-4-氧代-3*H*-吡咯并[2,3-d]嘧啶-5-基)乙基]苯甲酰基]-L-谷氨酸二钠盐的七水合物晶型在生产用于治疗癌症的药物中的用途。

"6. 权利要求 5 中所说的用途，其中癌症是间皮瘤。

"7. 一种制备权利要求 1 的 *N*-[4-[2-(2-氨基-4,7-二氢-4-氧代-3*H*-吡咯并[2,3-d]嘧啶-5-基)乙基]苯甲酰基]-L-谷氨酸二钠盐的七水合物晶型的方法，包括使 *N*-[4-[2-(2-氨基-4,7-二氢-4-氧代-3*H*-吡咯并[2,3-d]嘧啶-5-基)乙基]苯甲酰基]-L-谷氨酸二钠盐从包含 *N*-[4-[2-(2-氨基-4,7-二氢-4-氧代-3*H*-吡咯并[2,3-d]嘧啶-5-基)乙基]苯甲酰基]-L-谷氨酸二钠盐、水和丙酮的溶液中结晶出来；然后用湿的氮气干燥 *N*-[4-[2-(2-氨基-4,7-二氢-4-氧代-3*H*-吡咯并[2,3-d]嘧啶-5-基)乙基]苯甲酰基]-L-谷氨酸二钠盐结晶。"

1）无效宣告过程中当事人诉辩

请求人于 2007 年 09 月 29 日向专利复审委员会提出无效宣告请求，以本专利权利要求 1~6 不符合《专利法》第二十二条第（3）款的规定、权利要求 7

不符合《专利法实施细则》第二十一条第（2）款的规定为由，请求宣告本专利权全部无效，并提交了证据1、2。关于《专利法》第二十二条第（3）款的无效理由，请求人认为：①证据1的说明书公开了MTA二钠盐，其可用于治疗肿瘤、癌症如间皮瘤（请求人提供了证据2）。权利要求1保护的技术方案与证据1公开的内容相比，区别在于权利要求1中为MTA二钠盐的七水合物晶型，并具有d间距的峰，而证据1为MTA二钠盐。对本领域技术人员而言，对已知的固体物质通过结晶进一步纯化是有机化学领域的常用技术手段。药物的水合物晶型在药物领域中非常常见，相对容易制备，因此本领域技术人员为了制备稳定性更高的药物，通过有限次试验，对反应条件进行选择从而获得权利要求1的技术方案是显而易见的；而且本专利说明书中仅证明MAA二钠盐七水合物相对于2.5水合物具有更好的稳定性，而没有证据证明MTA七水合物的稳定性增加相对于MTA二钠盐产生任何意想不到的效果；另外，通过证据3（请求人实际上没有提及证据3），请求人验证了七水合物相对于2.5水合物的技术效果，得出二者的稳定性并没有太大差别的结论，因此，权利要求1的技术方案不具备创造性。②在意见①的基础上，权利要求2~6也不具备创造性。

针对请求人提出的无效宣告请求，2007年12月28日专利权人作出答复，关于本申请不具备创造性的无效理由，专利权人认为：①请求人在判断本专利权利要求1的技术方案的创造性过程中存在以下不正确之处：（i）证据2实际涉及的是MTA，并非如请求人所称的公开了MTA二钠盐可用于治疗诸如间皮瘤的肿瘤、癌症；且请求人在无效理由中没有说明证据2公开的上述事实与权利要求1的创造性之间的关系，因此，所述事实与本案没有关联性；（ii）请求人所称的"对已知固体物质通过结晶进一步纯化是有机化学领域常用的技术手段"这一观点不能成立，并且本申请权利要求1涉及的不是"对已知固体的进一步纯化"，因此也不能用"有限次试验"／"选择反应条件"的思路评价其创造性；（iii）请求人主张的"药物的水合物晶形在药物领域非常常见，相对容易制备，例如通过吸湿性试验测定稳定的水合物形式"这一观点没有证据支持且存在逻辑错误，因此不能成立；（iv）请求人认为"本专利说明书中仅证明七水合物相对于2.5水合物具有更好的稳定性，而没有证据证明MTA二钠盐七水合物的稳定性增加相对于MTA产生任何意想不到的效果"这一观点不正确，因为实际上2.5水合物本身即为MTA二钠盐；因此，请求人认为权利要求1不具备创造性的观点错误。②一种未测定的化合物可能有几种水合物形式，各种水合物的物理性能及其差异是不可预测的，因此可以使一种晶型相对于另一种晶型具有非显而易见性和显著进步；相对于 2.5 水合物，本专利的七水合物具有更高的稳定性，有利于最终制剂的配制，因此本专利的权利要求 1 具备创造性。基于无效权利要求 1 的理由不能成立，并且请求人也未提供 MTA 二钠盐和用于治疗间皮瘤和已经在临床中应用的证据，权利要求 2~6 不具备创造性的无效理由也不能成立。

2008 年 03 月 26 日进行口头审理。请求人当庭确定其关于创造性的无效宣告理由为：权利要求 1~6 相对于证据 1 和证据 2 的结合不符合《专利法》第二十二条第（3）款的规定，其中证据 1 是最接近的现有技术。

2）无效宣告决定要点

证据 1 的实施例 8 公开了 MTA 二钠盐，并具体公开了由实施例 7 的产物（即 MTA）制备实施例 8 的产物（即其二钠盐）的具体步骤。权利要求 1 保护的技术方案与证据 1 公开的内容相比，区别在于本专利权利要求 1 中为 MTA 二钠盐的七水合物晶形，并且其在（22±2）℃和环境相对湿度下，使用铜射线源进行测定的 X 射线衍射图谱具有对应于 d 间距的峰：（7.78±0.04）Å，而证据 1 仅公开了 MTA 二钠盐。

根据本专利说明书的描述，哌美特斯能以一种七水合物的形式存在，这种水合物比目前已知的 2.5 水合物的稳定性高得多。七水合物晶形优于 2.5 水合物晶形的主要优点在于其针对溶剂含量的稳定性。七水合物晶形就相关物质的生长而言也更为稳定。这些增强的稳定性使得配制药理活性组份（API）的最终制剂更容易，并且将会使 API 的存储期延长。并且，本专利验证了七水合物的稳定性，包括测定在 5℃、25℃/60%相对湿度以及室温/不加控制的湿度条件下储藏的七水合物批次中溶剂（水）和总的相关物质，结果证明，较之 2.5 水合物，七水合物形式的物质的水含量在 5℃，甚至在加速条件都下是稳定的，并且没有明显降解。由此可见，本专利权利要求 1 的技术方案相对于证据 1 实际解决的技术问题是提供 MTA 二钠盐的一种更稳定形式，即具有上述特定 X 射线衍射图谱的七水合物晶型。判断权利要求 1 是否具备创造性，关键在于判断现有技术中是否存在技术启示，促使本领域技术人员通过已知的 MTA 二钠盐，制备具有上述特定 X 射线衍射图谱的七水合物，从而实现晶体稳定性更高、配制 API 的最终制剂更容易、API 的存储期更长的目的。

证据 2 主要涉及的是多靶点抗叶酸剂（MTA 或 LY231514）在抗肿瘤方面的活性研究，并没有公开任何有关 MTA 二钠盐或者 MTA 二钠盐水合物的信息，没有任何涉及其制备方法或以其作为活性成分的药物组合物的相关信息，更没有涉及将 MTA 制备成某种晶形以提高其稳定性和有利于制成制剂的技术启示。

通过上述对证据 1 和 2 的分析可见，当本领域技术人员面对上述本专利实际解决的技术问题时，不会有动机将证据 1 和证据 2 结合，从而获得本专利权利要求 1 的技术方案，并且权利要求 1 保护的发明获得了有益的技术效果。因此，权利要求 1 具有突出的实质性特点和显著的进步，符合《专利法》第二十二条第（3）款关于创造性的规定。权利要求 2~6 包含了权利要求 1 的全部技术特征，因此，在权利要求 1 相对于证据 1 和 2 的结合具备创造性的情况下，权利要求 2~6 的技术方案也具备突出的实质性特点和显著的进步，符合《专利法》第二十二条第（3）款的规定。

4. 案例解析

1）获得更稳定形式 MTA 二钠盐技术启示的认定

本案中，无效宣告请求人试图通过三步法的判断方式得出 MTA 二钠盐七水合物晶型不具备创造的结论，并且在提出无效宣告请求时主张：对已知的固体物质通过结晶进一步纯化是有机化学领域的常用技术手段，药物的水合物晶型在药物领域中非常常见，相对容易制备。因此本领域技术人员为了制备稳定性更高的药物，通过有限次试验，对反应条件进行选择从而获得权利要求 1 的技术方案是显而易见的。可见，此时无效宣告请求人是主张 MTA 二钠盐七水合物晶型相对于证据 1 和公知常识的结合不具备创造性。然而，无效宣告请求人并没有确定本专利相对于证据 1 实际解决的技术问题是什么，没有对公知常识进行举证，推理过程中也存在着明显的逻辑错误或缺少逻辑关系，后两点问题也在受到了专利权人的质疑。这使得无效宣告请求人不得不在口审过程中当庭放弃了初始主张，进而确定其无效宣告理由为：权利要求 1~6 相对于证据 1 和证据 2 的结合不具备创造性。在无效审理过程中，合议组首先通过专利说明书中记载的技术效果确定了专利实际解决的技术问题（提供 MTA 二钠盐的一种更稳定形式），进而基于当事人处置原则，重点分析了证据 2 实际公开的技术内容，据此判断证据 2 是否给出了解决上述技术问题的技术启示，进而得出了 MTA 二钠盐七水合物晶型具备创造性的结论。

在以不具备创造性为由提出无效宣告请求的过程中，最接近的现有技术的寻找无疑是首要环节，然而之后的实际解决的技术问题的确定、技术启示的寻找也不容忽视。本案中，请求人没有确定实际解决的技术问题，在一定程度上影响了技术启示的寻找，并使得后续使用公知常识时出现了逻辑上的缺陷：例如结晶纯化已知的固体物质与获得本申请七水合物之间的关联性、采用"相对容易"的方法制备水合物晶体与制备稳定性更高的药物之间的关联性没有阐述清楚。这导致请求人面对专利权人的质疑时处于非常被动的局面，不得不调整无效理由，而请求人对证据2公开的技术事实的认定也存在偏差：证据2涉及MTA，而非MTA二钠盐或其水合物，并且证据2也没有涉及将MTA制备成某种晶形以提高其稳定性和有利于制成制剂的技术启示，最终导致无效宣告请求失败。

2）说明书中对晶体产品技术效果的记载

本案中专利说明书中不仅记载了七水合物晶型的稳定性数据，还将其与2.5水合物的稳定性进行比较，一方面凸显了本专利保护的特定的七水合物晶型较其他水合物晶型在稳定性方面取得的有益效果，另一方面也为创造性判断时确定发明实际解决的技术问题提供了基础，对于专利权的获得以及专利权的稳定维持都起到了重要作用。

此外，本专利保护的MTA二钠盐七水合物晶形和证据1中的MTA二钠盐都具有相同的化合物主体结构，本质上属于《专利审查指南》中规定的"结构接近的化合物"。对于"结构接近的化合物"而言，只有具有预料不到的用途或者效果才具备创造性。结晶过程中，水合物中水分子的数目难以预先确定，受多种因素的影响含有不同水分子数目的水合物在稳定性上的差异也具有不可预期性，而本专利原始说明书中记载的对比实验数据证明了含有7个结晶水的晶形稳定性优于含有2.5个结晶水的晶型，表明含特定水分子数目的水合物的选择产生了预料不到的技术效果，具备创造性，与三步法的判断方式殊途同归。

5．案例启示

如上所述，无效宣告请求人在关于创造性的无效理由中，如将区别技术特征，特别是专利文件中明确记载的发明点认定为公知常识，需要寻找有力的证据支持，进行合理的、必要的举证，并应仔细梳理公知常识中各个细节与待证事实、结论之间的逻辑关系，否则容易受到质疑，难以无效成功。

对于专利权人而言，在撰写申请文件之前就明晰发明的技术贡献所在并将其详尽记载在说明书中对于维持专利权的稳定具有至关重要的作用。本案中，无效宣告请求人在无效宣告请求书中提及了证据3，意欲证明七水合物相对于2.5水合物的稳定性并没有太大差别，本专利没有取得预料不到的技术效果，但请求人实际上没有提交该证据，并在口审时当庭放弃了该证据，因此没有影响审查结论。假设请求人确实提交了该证据，且其满足证据真实性、合法性、关联性等要求，也证明了相关事实，那么该事实（两者稳定性没有太大差别）与涉案专利的发现（七水合物稳定性优于2.5水合物）相矛盾。在原始申请文件中有相关对比实验数据记载的前提下，显然该原始证据的证明力度要大于请求人在后提交的、单方面作出的对对方不利的证据。如果原始申请文件中没有记载对比实验数据，无疑专利权人将处于劣势，即使专利权人在无效阶段补充对自己有利的对比实验数据，其与请求人提交的证据的力度也是相同的，但待证事实相反，此时合议组需结合其他因素权衡才能作出合理的判断，案件也可能会有完全不同的走向。

总之，晶体药物的创造性很大程度上依赖于技术效果的判断，因此，无论是对于申请人/专利权人、还是无效宣告请求人而言，都应重视技术效果的挖掘，特别是与其他相近晶型的比较，可以为申请新晶型专利、维持自身专利权稳定、攻破他人专利布局寻找到突破口。

3.3　诉讼案例

3.3.1　贝林格尔英格海姆法玛与正大天晴关于溴化替托品的结晶性单水合物专利权无效行政纠纷案

1. 案情简介

1）案例索引

专利号：ZL01817143.5

发明名称：结晶单水合物、其制备方法及其在制备药物组合中的用途

申请日：2001年9月28日

授权公告日：2005 年 10 月 5 日

专利复审委员会合议组成员：李越、汪送来、李亚林

专利复审委员会无效宣告请求审查决定号：第 12206 号

专利复审委员会无效宣告请求审查决定日：2008 年 8 月 27 日

无效宣告请求人：江苏正大天晴药业股份有限公司

专利权人：贝林格尔英格海姆法玛两合公司

一审行政判决号：（2009）一中行初字第 83 号

二审行政判决号：（2010）高行终字第 751 号

再审行政裁定书：（2011）知行字第 86 号

2）案例背景及审理概要

溴化替托品（tiotropium，英文 Spiriva，又称噻托溴铵）为高度有效的抗胆碱能作用剂，可以治疗支气管哮喘或慢性阻塞性肺病（COPD）。该药物由勃林格殷格翰将和辉瑞公司共同上市，2008 年，用于呼吸系统的药物销售额为 240 亿美元，而溴化替托品占据其中 30.48 亿美元的份额。2010 年溴化替托品在全球销售额排名第 14 位。2013—2014 年溴化替托品位居全球医药市场销售额的第 13 位，高达 31.4 亿美元，是高市场价值的重磅药物。目前国内生产溴化替托品的主要企业是江苏正大天晴药业股份有限公司和浙江仙琚制药股份有限公司。该无效案件的无效请求人正是国内涉及生产相关产品的江苏正大天晴药业股份有限公司。

正大天晴公司于 2007 年 10 月 29 日向专利复审委员会提出了无效宣告请求，提出的无效理由有：权利要求 4 不符合《专利法实施细则》第二十一条第（2）款的规定；权利要求 1~8 不符合《专利法》第二十六条第（4）款的规定和《专利法》第二十二条第（3）款的规定，说明书不符合《专利法》第二十六条第（3）款的规定。2008 年 9 月 10 日，专利复审委员会作出第 12206 号无效宣告请求审查决定，宣告本专利的权利要求 1~8 不符合专利法第二十二条第（3）款的规定而全部无效。贝林格尔英格海姆法玛两合公司不服该决定，向北京市第一中级人民法院提起行政诉讼。经过审理，北京市一中院做出了行政判决书（2009）一中行初字第 83 号，维持复审委的无效决定。而后贝林格尔英格海姆法玛两合公司上诉至北京市高级人民法院，二审法院支持了一审法院和复审委的观点，维持专利权无效。专利权人向最高人民法院提起再审请求，最高院确

认了权利要求 1 要求保护的溴化替托品单水合物晶体与最接近现有技术相比为"结构接近的化合物"，本专利的晶体相对于现有技术化学产品不具有预料不到的技术效果，不具有创造性，最终做出了驳回了专利权人的再审请求的裁定书（2011）知行字第 86 号。

2013 年 4 月，本案被最高人民法院从 2012 年审结的知识产权和竞争案件中精选了出来作为典型案件，与其他 33 件案例一起，归纳出 37 个具有普遍指导意义的法律适用问题，发布了《最高人民法院知识产权案件年度报告》。

2. 争议焦点

本案的争议焦点在于：①本专利单水合物晶体与证据 1 公开的无水晶体、证据 5a 公开的 x 水合物是否属于《专利审查指南》规定的"结构接近的化合物"；②本专利的单水合物晶体相对于现有技术而言是否产生了预料不到的技术效果。

3. 无效、诉讼过程

1）无效审理过程

本专利涉及一种溴化替托品的结晶性单水合物，授权的权利要求 1~3 涉及结晶性单水合物产品，权利要求 4、5 涉及结晶性单水合物的制备方法，权利要求 6、7 涉及包含结晶性单水合物的药物制剂，权利要求 8 涉及结晶性单水合物的用途。

"1. 式（Ⅰ）化合物溴化替托品的结晶性单水合物，其特征为单一的单斜晶体，它具有的量度如下：$a = 18.0774Å$、$b = 11.9711Å$、$c = 9.9321Å$、$\beta = 102.691°$、$V = 2096.96Å^3$。

（Ⅰ）

"2. 权利要求 1 的溴化替托品的结晶性单水合物，其特征为，在使用 DSC 进行热分析时在 10 开/分钟的加热速度下，在（230±5）℃出现吸热峰。

"3. 如权利要求 1 的结晶性溴化替托品单水合物，其特征为，IR 光谱表明在波数 3570cm^{-1}，3410cm^{-1}，3105cm^{-1}，1730cm^{-1}，1260cm^{-1}，1035cm^{-1} 及 720cm^{-1} 处有吸收带。

"4. 如权利要求 1、2 或 3 中任一项的结晶性溴化替托品单水合物的制备方法，其特征在于：

"a) 溴化替托品置于水中，

"b) 加热所得混合物，

"c) 加入活性碳，以及

"d) 去除活性碳后，溴化替托品单水合物随着水溶液的缓慢冷却而缓慢结晶。

"5. 如权利要求 4 的方法，其特征在于，

"a) 对每摩尔溴化替托品使用 0.4~1.5 千克水，

"b) 所得混合物加热至高于 50℃，

"c) 对每摩尔溴化替托品使用 10~50 克活性碳，并且在加入活性碳后连续搅拌 5~60 分钟，

"d) 过滤所得混合物，所得滤液以每 10~30 分钟中 1~10℃ 的冷却速率冷却至 20~25℃，并由此结晶溴化替托品单水合物。

"6. 一种用于治疗气喘或慢性阻塞性肺疾的药物制剂，其特征在于，其含有如权利要求 1~3 中任一项的结晶性溴化替托品单水合物。

"7. 如权利要求 6 的药物制剂，其特征在于，其为吸入用粉剂。

"8. 如权利要求 1~3 中任一项的结晶性溴化替托品单水合物在制备用于治疗气喘或慢性阻塞性肺疾的药物组合物中的用途。"

（1）无效宣告过程中当事人诉辩。

请求人于 2007 年 10 月 29 日向专利复审委员会提出无效宣告请求，并提交证据 1~4，提出的无效理由包括说明书不符合《专利法》第二十六条第（3）款，权利要求 1~8 不符合《专利法》第二十六条第（4）款，权利要求 4 不符合《专利法实施细则》第二十一条第（2）款的规定，以及权利要求 1~8 不符合《专利法》第二十二条第（3）款规定的创造性。其中关于不具备创造性的主要理由为：①证据 1 公开了治疗气喘或 COPD 的系列化合物，其中公开了溴化替托品晶体及其制备方法，以及溴化替托品类似物的甲醇结晶（化合物 38 和化合物 2），说明书没有给出本专利晶体与现有技术的溴化替托品晶体相比产生的

积极技术效果的证据，权利要求 1~3、6~8 对于证据 1 结合公知常识不具备创造性。②由证据 3、4 可知，权利要求 4 中的四个步骤是重结晶领域的公知常识，权利要求 5 的附件技术特征也是常规技术，权利要求 4、5 相对于证据 1 结合公知常识也不具备创造性。

专利权人于 2008 年 1 月 18 日提交了意见陈述书，并提供了反证 1~5。专利权人认为：本领域技术人员无法预期晶体溴化替托品单水合物，因此晶体溴化替托品单水合物、其制备方法、其组合物及其用途是非显而易见的。本发明得到稳定的结晶性溴化替托品单水合物，其能形成单晶，表明其比无定形热力学上更稳定，反证 1 表明本发明的结晶性溴化替托品单水合物微粉化后比 EP0418716A 的无水溴化替托品更稳定，可以保证溴化替托品单水合物的粉末制剂将活性成分带入到肺部。因此，本专利具备创造性。

2008 年 3 月 17 日，专利权人提交了意见陈述书和修改的权利要求书替换页，针对授权公告后经更正的权利要求书，删除了其中的权利要求 1，并将权利要求 2、3 合并。

2008 年 3 月 17 日，请求人提交了意见陈述书，认为：本领域技术人员根据证据 1 可知溴化替托品的各溶剂化物晶体的存在，结合公知常识可以预知溴化替托品倾向于形成含水结晶，权利要求 1 不具备突出的实质性特点。显著的进步比较的对象应当是溴化替托品类似物的甲醇结晶，即使与溴化替托品粉末相比，本专利单水结晶在加热至 50℃ 以上时就开始失水，晶型发生转变，其稳定性不如证据的晶体。因此，权利要求 1 不具备创造性，其他的权利要求同样不具备创造性。

2008 年 7 月 8 日，专利权人提交了意见陈述书和反证 8~13；专利权人认为：①权利要求 1 相对于证据 1 具备创造性，符合《专利法》第二十二条第（3）款的规定。证据 1 涉及溴化替托品无水晶体，权利要求 1 涉及溴化替托品单水合物，二者晶体结构不同。证据 1 中仅公开了这两种甲醇化物，本领域技术人员会认为大多数化合物包括溴化替托品不能形成任何溶剂化物或水合物，由证据 1 中的化合物 38 和化合物 2 不能预测权利要求 1 的溴化替托品单水合物晶体，证据 1 没有给出溴化替托品单水合物能够形成晶体以及制备该晶体的启示。相对于证据 1 的溴化替托品无水晶体，权利要求 1 的单水合物晶体还能够形成单晶、高度有序、具有高纯度、高化学稳定性、晶体结构稳定性、粒径稳定性。②权利要求 1 相对于证据 1 和证据 5a 的结合具备创造性，符合《专利法》第二十二条第（3）款的规定。证据 5a 是最接近的现有技术，证据 5a 仅提及了物质名称，没有公开具体物质的信息，例如水合物的制备方法、其相应的表征参数，其中的含水量不确定。反证 10、12、13 表明水合物也可以是无定形，反证 11 表明水含量不确定是不可能形成晶体的，因此证据 5a 的水合物未必是晶体。证据 5a 与权利要求 1 的区别在于证据 5a 仅提及了具有不确定水含量的溴化替托品，本专利权利要求 1 涉及溴化替托品单水合物晶体。本专利单水合物晶体能形成单晶、具有储存稳定性、晶体结构稳定、微粉化以后稳定、适合用于可吸入粉末。本领域技术人员基于证据 1 和证据 5a 的信息不能预测上述信息，因此权利要求 1 相对于证据 1 和 5a 的结合具备创造性。③权利要求 2、3 具备创造性，符合专利法第二十二条第（3）款的规定。证据 3 和证据 4 涉及重结晶步骤，是一种提纯步骤，加入的原料和得到的产物相同，而权利要求 2 和 3 是一种制备方法，得到的产物与原料不同。现有技术中没有公开权利要求 2 和 3 涉及的单元反应的特定组合。反证 4 得到的是 A 型法莫替丁，而不是溶剂合物。因此，权利要求 2 和 3 具备创造性。④由于溴化替托品单水合物晶体具备创造性，因此权利要求 4 和 6 也具备创造性，符合专利法第二十二条第（3）款的规定。

针对专利权人于 2008 年 7 月 8 日提交的意见陈述书和反证 8~13，请求人于 2008 年 7 月 15 日提交了意见陈述书，请求人认为：①虽然证据 1 没有给出更多溶剂化物的信息，但是本领域技术人员可以想到如果在合适的溶剂中进行，这些同类化合物都可能获得溶剂化合物。②溴化替托品单水合物晶体在 50~120℃间已经完全失水，（230±5）℃的峰是物质熔化伴以分解的吸热峰，与单水晶体特性无关，50℃失水说明单水结晶不稳定。证据 1 的晶体已经满足了制药过程中对活性物质的苛刻要求，反证 1 证明的效果实际上是不需要解决的技术问题，本专利和反证 1 不能证明权利要求 1 的创造性。③证据 5a 中带 x 个水的溴化替托品具有特定的 CAS 号，即 139404-48-1，说明其是一个特定的新物质，x 并不代表不确定，而是某个未知的固定值。证据 1 已经公开了溴化替托品晶体以及同类物的晶体和溶剂化物，本领域技术人员有理由相信证据 5a 中公开的溴化替托品 x 水晶体是可获得和存在的。④无定形物质含一定量的水并非与请求人的主张矛盾，反证 10 没有证明专利权人的观点。反证 11 中的 $Al_2O_3 \cdot nH_2O$ 中，n

并非固定值，与结晶水合物并非同一概念。反证 12 公开的两种无定形 α 环糊精 D 和 F 分别由含水晶体 A 和 C 研磨而得，反证 12 中没有说明研磨成无定形后含水情况，也没有用 α-Cd·xH$_2$O 表示。反证 13 是本申请日之后公开的专利申请文件，对其不予认可，并且申请人可以自由定义涉及的技术术语，其并不能代表本领域技术人员的认知标准，并且反证 13 中没有得到纯的产品和对其进行确证，因此反证 13 不能证明专利权人的观点。⑤溴化替托品分子中不存在可以容纳水分子的空腔，其含有结构水的可能性为零，证据 5a 中公开的溴化替托品单水合物中的水只能是结晶水。因此，证据 1 公开了溴化替托品晶体以及同类化合物的溶剂化物晶体，证据 5a 公开了溴化替托品的含 x 水晶体，两者结合很容易得到权利要求 1 的溴化替托品单水合物晶体，并且专利权人未能证明权利要求 1 与证据 1 相比具有的技术效果，因此权利要求 1 不具备创造性。在权利要求 1 不具备创造性的情况下，权利要求 4~6 也不具备创造性。

（2）无效宣告决定要点。

证据 5a 中公开了 3-氧杂-9-氮鎓三环[3.3.1.02,4]壬烷,7-[（羟基二-2-噻吩基乙酰基）氧]-9,9-二甲基-,溴化物,水合物,(1α,2β,4β,5α,7β)，其分子式为 C$_{19}$H$_{22}$NO$_4$S$_2$Br·xH$_2$O。

证据 1 公开了溴化替托品结晶及其具体制备实施例，并且公开了该溴化替托品晶体适用于治疗 COPD 和气喘。

本专利权利要求 1 保护的化学产品与证据 5a 中公开的化学产品的区别在于，权利要求 1 保护的是溴化替托品单水合物晶体，而证据 5a 公开的是溴化替托品的 x 水合物；本专利权利要求 1 保护的化学产品与证据 1 中公开的化学产品的区别在于，权利要求 1 保护的是溴化替托品单水合物晶体，而证据 1 公开的是溴化替托品晶体。

合议组认为，本专利权利要求 1 的化学产品、证据 5a 及证据 1 中公开的化学产品其主体结构都是溴化替托品，溴化替托品的结构是权利要求 1、证据 5a 以及证据 1 的化学产品的基本核心部分，本专利权利要求 1 的产品与证据 5a 和证据 1 的产品均属于结构上非常接近的化学产品。因此，权利要求 1 的化学产品只有在其具有预料不到的用途或效果的情况下才具备创造性。

对于权利要求 1 保护的化学产品的用途和所产生的技术效果，本专利说明书记载的包括：①溴化替托品单水合物用于制备治疗气喘和 COPD 的药物组合物；②权利要求 1 的溴化替托品结晶性单水合物可满足对药物活性物质的苛刻要求，包括起始物料在多种环境条件作用下的活性稳定性、药物制剂制造过程的稳定性以及最终药物组合物的稳定性，所用药物活性物质应尽可能提纯，并保证其在多种不同环境条件下长期储存的稳定性，活性物质的粒径必须可以通过研磨而缩小至适当程度，要尽可能避免药物活性物质的分解，使活性物质在整个研磨过程中高度稳定，研磨过程中结晶性活性物质的稳定性及性质满足苛刻要求，在不同储存条件下上述药物组合物中的药物的高度稳定，可改良药物组合物的物理及化学稳定性的任何药物组合物的固态变化。

对于上述①的用途和效果，本专利基于其背景技术即证据 1 的同族专利 EP418716A1 中公开的内容确定权利要求 1 的结晶性单水合物具有治疗气喘和 COPD 的活性，专利权人没有主张并且也没有证据表明权利要求 1 的结晶性单水合物在治疗气喘和 COPD 的活性方面相对于证据 5a 或证据 1 的现有技术化学产品具有预料不到的技术效果。对于上述②的药物活性物质满足诸多苛刻要求的效果，说明书中仅笼统地提及了上述技术效果，但没有任何证据表明上述技术效果的存在，因此，不能认定在药物活性物质满足上述苛刻要求方面相对于证据 5a 或证据 1 的现有技术化学产品具有预料不到的技术效果。

专利权人还主张，①本专利单水合物能够形成单晶，高度有序且具有高纯度、质量优良，更适合药用；②在 50℃ 以前，单水合物晶体甚至不开始脱水，在室温下以及更苛刻的条件下可长期储存。③单水合物晶体具有高度化学稳定性，晶体结构稳定，DSC 数据表明单水合物只在（230±5）℃才有尖锐的吸热峰，即该晶体只在该温度处才发生熔化分解，高于证据 1 中的分解温度 217~218℃；④反证 1 表明，微粉化以后，本发明结晶性单水合物细分颗粒级分在压力条件下基本保持不变，证据 1 中的溴化替托品细分颗粒级分显著下降，而反证 7 表明药物颗粒大小只有保持在一定程度才能达到病灶部位。

合议组认为，对于上述意见①，本专利权利要求 1 保护的并不是单晶，并且没有证据表明单水合物能否被制成单晶与该单水合物是否适合药用存在必然联系，也没有任何依据说明其具有高纯度、质量优良。对于上述意见②，证据 1 中的无水晶体根本不存在失水的问题，而权利要求 1 的单水合物在 50℃ 以上会失水，即相对于证据 1，本专利的结晶水反而成为导致不稳定的不利因素。对于上述意见③，由本专利说明书可知，在 DSC 图谱中，在 50~120℃ 间的吸热信号是由于溴化替托品单水合物脱水成无水形式。也就是说，当温度高于120℃时，已经不再是原来的单水合物晶体了，可见，在稳定性方面，结晶性单水合物与无水晶体相比反而不利。而且，就熔化、分解而言，如本专利说明书所述，物质熔化伴以分解，观察所得的熔点极大程度取决于加热速度，在加热速率为3开/分钟时，在（220±5）℃观察到熔化/分解过程，可见与证据1中的217~218℃相当，并没有任何优越性。对于上述意见④，根据说明书描述，可以理解本专利结晶性单水合物要满足的苛刻要求是：活性物质必须能够通过研磨而缩小至适当的程度，为了可被吸入到肺部，应当被研磨至粒径处于次微米范围，在研磨中应当避免药物活性物质分解，以及晶格、晶型的改变。但是，说明书中没有公开任何有关"微粉化以后结晶性单水合物的细分颗粒级分在压力条件下基本上不变"的技术效果，也没有提供任何微粉化以后颗粒粒径稳定性方面的实验数据，本领域技术人员根据本专利公开的信息以及现有技术，得不到任何有关溴化替托品结晶性单水合物微粉化以后粒径稳定的教导，因此，这一效果不能作为认定本专利的溴化替托品结晶性单水合物具备创造性的依据，在这种情况下，由于专利权人提交的反证1为其在申请日之后即答复国家知识产权局的第一次审查意见通知书时提交的实验数据，该数据给出的是本专利的结晶性单水合物微粉化以后粒径稳定的教导，由于其所教导的技术效果在本专利申请文件中没有依据，并且在现有技术中也没有教导，故在本案的创造性评价中，合议组对该数据不予考虑。

综上所述，本专利权利要求1的化学产品与证据5a和证据1的化学产品均属于结构上非常接近的化学产品，并且本专利权利要求1保护的化学产品相对于证据5a和证据1中公开的现有技术化学产品也不具备预料不到的用途和效果，因此，权利要求1的化学产品相对于证据1或者证据5a与证据1的结合均不具备创造性，不符合专利法第22条第3款的规定。相应地，权利要求2~6也不具备创造性，不符合《专利法》第二十二条第（3）款的规定。

2）一审审理概要

北京市第一中级人民法院认为：证据5a公开了溴化替托品 x 水合物，结合证据1公开的溴化替托品晶体的制备方法及其具有治疗 COPD 和气喘的活性，本领域的技术人员根据其掌握的常规实验手段，通过有限次的试验能够获得该溴化替托品 x 水合物及其表征参数，并能够确定其也具有治疗 COPD 和气喘的活性。权利要求 1 保护的溴化替托品结晶性单水合物与证据 1 公开的溴化替托品晶体属于结构上接近的化合物。本专利说明书实际上仅断言了本专利的溴化替托品结晶性单水合物满足所述的诸多苛刻要求，但并未给出相应证据。依据本专利说明书的记载可知，与反证 1 所证明的 "微粉化以后结晶性单水合物的细分颗粒级分在压力条件下基本上不变" 的技术效果并未记载在本专利说明书中，且本领域技术人员根据本专利公开的信息以及现有技术，也得不到任何有关溴化替托品结晶性单水合物具有上述技术效果的教导，因此，这一效果不能作为认定本专利的溴化替托品结晶性单水合物具备创造性的依据，故专利复审委员会对反证 1 不予考虑并无不当。因此，本专利权利要求 1 不具备创造性。在权利要求 1 不具备创造性的基础上，其从属权利要求 2~6 也不具有创造性。

3）二审审理概要

《专利审查指南》第二部分第十章 6.1 节对化合物的创造性审查规定，结构上与已知化合物接近的化合物，必须要有预料不到的用途或者效果。此预料不到的用途或者效果可以是与该已知化合物的已知用途不同的用途；或者是对已知化合物的某一已知效果有实质性的改进或提高；或者是在公知常识中没有明确的或不能由常识推论得到的用途或效果。

虽然某种化合物是否存在晶体形式、存在多少种晶体形式以及存在何种晶体形式是不可预期的，但却是客观的，且晶体一般是对已知化合物采用公知结晶方法后得到的必然产物，即只要某种化合物确实存在采用公知结晶方法就能够获得的晶体，本领域的技术人员如果想要获得该化合物的晶体，并不需要付出创造性的劳动就可以获得，除非该化合物晶体存在意想不到的技术效果。

本案中，证据 5a 尽管未公开溴化替托品 x 水合物的制备方法，也未公开其表征参数、物理形态，但是证据 5a 作为客观存在的对比文件，在没有反证的情况下，对于本领域的技术人员来说，其客观上公开了溴化替托品 x 水合物，结合证据 1 公开的溴化替托品晶体的制备方法及其具有治疗 COPD 和气喘的活性，本领域的技术人员根据其掌握的常规实验手段，通过有限次的试验能够获得该溴化替托品 x 水合物及其表征参数，并能够确定其也具有治疗 COPD 和气喘的活性。由于证据 5a 公开的溴化替托品 x 水合物与本专利权利要求 1 保护的溴化替托品结晶性单水合物都是以溴化替托品为基本核心部分，而该基本核心部分使二者具有了相同的活性，因此无论 x 值是多少，对于本领域的技术人员来说，二者的结构都是接近的，虽然二者的晶体形态有所区别，但是该区别并不足以使二者在结构上不接近。基于类似的理由，权利要求 1 保护的溴化替托品结晶性单水合物与证据 1 公开的溴化替托品晶体也属于结构上接近的化合物。因此，专利复审委员会关于本专利权利要求 1 保护的溴化替托品结晶性单水合物、证据 5a 公开的溴化替托品 x 水合物和证据 1 公开的溴化替托品晶体属于结构接近的化合物，故权利要求 1 的溴化替托品结晶性单水合物只有在其具有预料不到的用途或效果的情况下才具备创造性的认定并无不当。贝林格尔公司关于本专利权利要求 1 保护的溴化替托品结晶性单水合物相对于证据 5a 或者证据 1 是非显而易见的的上诉主张不能成立，本院不予支持。

由于本专利权利要求 1 保护的并不是单晶，因此单晶纯度高、稳定并不必然能够表明本专利权利要求 1 保护的溴化替托品结晶性单水合物具有纯度高、稳定的技术效果；本专利附图显示本专利的溴化替托品结晶性单水合物在 50℃ 开始失水，120℃ 以上脱水成为无水形式，显然相对于证据 1 的无水晶体并非更稳定；尽管附图显示在加热速率 10 开/分钟时在（230±5）℃ 观察到熔化/分解过程，但是鉴于本专利说明书记载了物质熔化/分解的熔点极大程度取决于加热速度，加之本专利说明书还记载了在加热速率为 3 开/分钟时，本专利的溴化替托品结晶性单水合物在（220±5）℃ 观察到熔化/分解过程，说明附图并不能够表明本专利的溴化替托品结晶性单水合物相对于证据 1 性质更稳定。因此本专利说明书实际上仅断言了本专利的溴化替托品结晶性单水合物满足所述的诸多苛刻要求，但并未给出相应证据。同时贝林格尔公司也认可关于纯度和稳定性等技术效果是本领域的技术人员所无法预期的，故贝林格尔公司关于本专利具有预料不到的技术效果的上诉主张缺乏事实依据，本院不予支持。

依据本专利说明书的记载可知，本专利的溴化替托品结晶性单水合物要满足的与研磨有关的稳定性要求是在研磨过程中活性物质的化学结构、晶格、晶形稳定，并不涉及活性物质在研磨后颗粒的粒径稳定，因此与反证 1 所证"微粉化以后结晶性单水合物的细分颗粒级分在压力条件下基本上不变"的技术效果并未记载在本专利说明书中，且本领域技术人员根据本专利公开的信息以及现有技术，也得不到任何有关溴化替托品结晶性单水合物具有上述技术效果的教导，因此，这一效果不能作为认定本专利的溴化替托品结晶性单水合物具备创造性的依据,故原审判决及第 12206 号决定对反证 1 不予考虑并无不当。贝林格尔公司关于原审判决及第 12206 号决定对反证 1 不予考虑不当的上诉主张于法无据,本院不予支持。

4) 最高院再审裁定概要

最高院认为:本案的争议焦点在于权利要求 1 是否具有创造性。具体包括:①本专利单水合物晶体与证据 1 公开的无水晶体、证据 5a 公开的 x 水合物是否属于《审查指南》规定的"结构接近的化合物";②反证 1 所述"粒径稳定"的技术效果是否已被说明书所记载。

关于第一个问题,虽然晶体化合物基于不同的分子排列,其物理化学参数可能存在差异,但其仍属化合物范畴,故《专利审查指南》关于化合物创造性的规定可以适用于新晶型化合物的创造性判断。贝林格尔公司申请再审时主张,《专利审查指南》所称"结构上接近"不仅包括化学结构相同,还应包括微观晶体结构的接近。若微观晶体结构不接近,即使化学结构相同,也应认定属于结构上不接近。对此,本院认为,晶体化合物的微观晶体结构变化多样,某一化合物在固体状态下可能基于两种或者两种以上不同的分子排列而产生不同的固体结晶形态,但并非所有的微观晶体结构变化均必然导致突出的实质性特点和显著的进步,故不能单单依据微观晶体结构的不接近而认定其结构上不接近。亦即,《审查指南》所称"结构接近的化合物",仅特指该化合物必须具有相同的核心部分或者基本的环,而不涉及微观晶体结构本身的比较。在晶体的创造性判断中,微观晶体结构本身必须结合其是否带来预料不到的技术效果一并考虑。本案中,权利要求 1 所保护的是溴化替托品单水合物晶体,证据 5a 公开的是溴化替托品 x 水合物,证据 1 公开的是溴化替托品晶体,上述三种物质的微观晶体结构可能存在差别,但因基本核心部分均为溴化替托品,该基本核心部分使三者具有相同的活性,对于本领域的技术人员而言,三者的结构都是接近的,故其属于《审查指南》所称的"结构接近的化合物"。贝林格尔公司关于因微观晶体结构不同而构成结构上不接近的申请再审理由不能成立。

关于第二个问题,贝林格尔公司在本院询问中认可,反证 1 所述"粒径稳定"是指粒径的物理稳定性。然而,本专利说明书仅笼统地提及"起始物料在多种环境条件作用下的活性稳定性、药物制剂制造过程的稳定性以及最终药物组合物的稳定性",则对前述的"药物制剂制造过程的稳定性"进一步描述为,

"另一项制造所需药物制剂的研磨过程可能发生的问题为这种过程造成的能量输入以及对晶体表面产生应力。这种情况可以导致多晶形变化，导致非晶型形成的改变或导致结晶晶格的变化。"可见，说明书关于物理稳定性的表述部分仅提及晶形、晶格，并未涉及反证1所述"粒径"，亦未给出相关的技术教导和启示。而且，根据2000年版《中国药典》的规定，"加速试验"期间，需按稳定性重点考察项目检测，而该药典附表列明的"吸入气（粉）雾剂"考察项目并未包括反证1述及的"粒径"或粒度。可见，2000年版《中国药典》的有关规定也不足以确定反证1所述"粒径稳定"的技术效果。因此，本领域技术人员通过阅读说明书及2000年版《中国药典》关于"加速试验"的规定，无法得出反证1所述"粒径稳定"的技术效果已被说明书记载的结论，反证1所述的技术效果在评价权利要求1创造性时亦因此不应被考虑。贝林格尔公司关于原二审判决未采信反证1属适用法律错误的申请再审理由不能成立。

4. 案例解析

1）"结构接近的化合物"的判断

本案进行创造性判断时，最关键的基础是基于对"结构接近的化合物"的判断，在将本专利化合物与最接近现有技术认定为"结构接近的化合物"的基础上，做出了需要具备预料不到的技术效果才能具备创造性的判断，而无需按照三步法进行结合启示和显而易见性的判断。在前文提到的《最高人民法院知识产权案件年度报告（2012）》中，以本案为例证，最高院对"结构接近的化合物"进行了明确解释：《专利审查指南》所称"结构接近的化合物"仅特指化合物具有相同的核心部分或者基本的环，而不涉及化合物微观晶体本身的比较。虽然晶体化合物基于不同的分子排列可能在物理化学参数上存在差异，但其仍属化合物范畴，故《专利审查指南》关于化合物的规定可以适用于新晶型化合物的创造性判断。

对本案而言，复审委、北京一中院、北京高院和最高院均达成共识：溴化替托品结晶性单水合物（本专利）、溴化替托品晶体（证据1）、溴化替托品水合物（证据5a）被认为属于《审查指南》所称的"结构接近的化合物"。推衍而言，只要活性中心为相同结构的化合物，具有相同的核心或者基本的环，即被认为符合"结构接近的化合物"的标准。因此，化合物与该化合物的不同类型的盐、酯等衍生物，以及与该化合物的不同含量的溶剂化物、水合物，以及与该化合物的晶体及其该化合物的衍生物的晶体之间均属于"结构接近的化合物"。

2）晶体专利中"预料不到的技术效果"的判断

由本案审理过程及结果可知，在药物晶体领域，对于"结构接近的化合物"而言，晶体所实现的技术效果是决定其是否具有创造性的最重要因素。而且，所实现的技术效果要求需要达到"预料不到"的程度。对于活性化合物的晶体而言，同一化合物可能具有多种晶型，其中必然有一种或多种在某些技术效果上是优于其他的，那究竟怎样的技术效果才能称之为"预料不到的技术效果"？

《专利审查指南》第二部分第四章规定：发明同现有技术相比，其技术效果产生"质"的变化，具有新的性能；或者产生"量"的变化，超出人们预期的想象。这种"质"的或者"量"的变化，对所属技术领域的技术人员来说，事先无法预测或者推理出来。由此可知，与现有技术不同的"新性能"或与现有技术中公开的已知效果相比，优越到本领域技术人员无法预期性和无法合理推出是具备"预料不到技术效果"的决定性标准。

对本案而言，专利权人在无效和诉讼阶段争辩本专利具备的技术效果主要有两点：①在多种环境条件下、生产制备过程中和终产物存储、研磨过程中的良好稳定性；②药物颗粒大小只有保持在一定程度才能达到病灶部位，而微粉化以后，本专利结晶性单水合物细分颗粒级分在压力条件下基本保持不变，证据 1 中的溴化替托品细分颗粒级分显著下降。

而对于稳定性的技术效果，专利权人陈述其稳定性优越的理由主要有两条："一是在 50℃以前，单水合物晶体甚至不开始脱水，在室温下以及更苛刻的条件下可长期储存；二是单水合物晶体具有高度化学稳定性，晶体结构稳定，DSC 数据表明单水合物只在（230±5）℃才有尖锐的吸热峰，即该晶体只在该温度处才发生熔化分解，高于证据 1 中的分解温度 217~218℃。

而复审委结合晶体技术效果的现有技术状况以及本专利的具体情况，对上述关于"稳定性"的技术效果进行了全面分析。首先从实验数据不足的角度，认为申请文件中没有提供事实证据来支撑所述晶体具备多方面良好稳定性的论点，再针对专利权人提出的 50℃晶体的脱水问题及 DSC 的吸收峰这两个技术问题进行了正面回应，认为专利中关于稳定性的技术效果的记载未得到充分证明，该技术效果无法达到"预料不到"的要求。

而对于"压力条件下保持粒径稳定"的技术效果，复审委认为：由于专利说明书中没有公开任何有关"微粉化以后结晶性单水合物的细分颗粒级分在压力条件下基本上不变"的技术效果，也没有提供任何微粉化以后颗粒粒径稳定性方面的实验数据，本领域技术人员根据本专利公开的信息以及现有技术，得不到任何有关溴化替托品结晶性单水合物微粉化以后粒径稳定的教导，因此，该技术效果不能作为认定本专利的溴化替托品结晶性单水合物具备创造性的依据，因此该效果即便存在，即便属于"预料不到的技术效果"，也不能被考虑。

化合物晶体的特定有序微观结构带来的稳定性，纯度、良好的生物利用度、溶解性、耐存储等技术效果是本领域已知的晶体化合物具备的技术效果。因此在判断晶体产品相关的技术效果是否达到"预料不到"的程度时，若所述的技术效果属于上述晶体常有的良好效果之一，则应充分检索现有技术，分析该技术效果相较于结构接近的化合物而言是否达到了使得本领域技术人员无法预期和合理推出的显著"量变"的程度。若所述晶体物质具备常规晶体共有特性之外的其他性质，则可直接判断该化合物晶体产生了"质变"，具备了预料不到的技术效果，从而具备创造性。

3）申请文件中对于技术效果记载内容的要求

本案中，专利权人争辩的两个技术效果最后均未被认可，其中关于"稳定性"的技术效果虽然有文字记载，但未得到实验数据支持，而关于"压力条件下粒径稳定"的技术效果则相反，虽然通过补充实验数据得到支持，却因为在原申请文件中没有任何记载，也无法由申请记载的内容直接推出，或由现有技术教导得到，因此不能被接受。

晶体发明属于化合物发明的一类，基于化学领域的可预见性程度较低的考虑，对于申请文件中实验证据的要求显然要高于其他领域。但本案又有其自身的特殊性所在。对于一般的化学发明申请而言，虽然对实验数据的要求与其他领域相比较高，但若本领域技术人员基于本领域的技术知识能够得出所述的技术效果，现有技术中也不存在反证，则一般情况下实验数据不是必要的，而由已知的化合物"结构接近的化合物"制备获得的晶体产品，由于其创造性考虑的充要条件为"预料不到的技术效果"，而所述技术效果的判断是否达到预料不到的程度在很大程度上是要依赖实验数据的，比如稳定性增长了具体多长时间，纯度提高到什么程度等，因此，对该类申请实验数据的要求要高于一般的化合物申请。

由此可见，对于晶体专利申请而言，出于权利稳定性的考量，对于晶体技术效果的最基本要求是需要有相应的技术效果的文字记载，且文字记载若过于泛泛（如稳定性增加），则后提交的对比实验数据被接受的可能性降低，尽可能在申请文件中记载提供证实所述技术效果的实验证据，以应对各阶段对其创造性的质疑。

5. 案例启示：结构类似物的判断以及预料不到的技术效果的抗辩

（1）药企在进行化合物晶型专利申请时，需要按照前述的标准预判请求保护的晶体是否属于现有技术中已知化合物的"结构接近的化合物"。若属于新化合物，则需要重视晶体产品的确认和制备，对于技术效果的要求则相对较低。反之，若属于与现有技术已知化合物"结构接近的化合物"，则需要重视对晶体技术效果的描述。

（2）撰写"结构类似的化合物"类的晶体专利申请文件时，应重视对最接近现有技术的检索，充分比较本申请与现有技术所述晶体技术效果的不同，并在申请文件中着重对差异的技术效果的描述，提供相应的实验证据，以应对创造性的审查，维持专利权的稳定性。

（3）注意挖掘申请中晶体的"新性能"，即稳定性、纯度、生物利用度、耐保存等常见晶体效果之外的其他技术效果，这可以增加专利申请的可授权性和权利稳定性。因为对于"量变"的技术效果是否能够达到"预料不到的程度"是具有个案色彩的，难以有确切的判断标准，而"质变"的新性能则可以清楚地确定为预料不到的技术效果，无论是在授权阶段，还是无效阶段，一个具有"质变"新性能的晶体专利（申请）被以创造性驳回或无效的风险是比较小的。

（4）专利权人在无效阶段对申请的创造性进行争辩时，可以提供专利申请人在申请日后补充对比实验数据，但应注意提交的实验证据所证明的技术效果需要记载在原申请文件中，或是由原申请文件或现有技术能够直接推出的技术效果。

3.3.2 无锡药兴医药科技有限公司与北京天衡药物研究院关于四苄基伏格列波糖专利权无效的行政纠纷案

1. 案情简介

1）案例索引

专利号：ZL200610061713.4

发明名称：四苄基伏格列波糖结晶及制备方法

申请日：2006 年 7 月 17 日

授权公告日：2008 年 6 月 11 日

专利复审委员会合议组成员：孙越飞、李亚林、蔡雷

专利复审委员会无效宣告请求审查决定号：第 13740 号

专利复审委员会无效宣告请求审查决定日：2009 年 7 月 22 日

无效宣告请求人：北京天衡药物研究院

专利权人：无锡药兴医药科技有限公司

一审行政判决号：（2009）一中知行初字第 2760 号

二审行政判决号：（2010）高行终字第 510 号

2）案例背景及审理概要

伏格列波糖（Voglibose）是一种 α-葡萄糖苷酶抑制剂，具有降低血糖，尤其是对餐后高血糖的控制作用。本品的作用与阿卡波糖相似，是 α-葡萄糖苷酶抑制剂，抑制双糖的水解和延迟对糖的吸收。伏格列波糖最早由日本 Takeda 公司开发，1994 年首次以商品名 Basen 在日本上市，1998 年在韩国上市。伏格列波糖在阿卡波糖、米格列醇等主导的十大抗糖尿病药物品牌中位列第四，占整个糖尿病市场的 4%左右。伏格列波糖化合物在 2007 年保护期满后，国内多家企业开始仿制并投入生产，国内生产商主要是天津武田。除武田外，还有 16 家企业均涉及伏格列波糖相关产品，而国内产品的市场份额占据 41.5%左右。

本案中的四苄基伏格列波糖是制备伏格列波糖的重要中间化合物，专利权人无锡药兴公司通过申请获得了该重要中间化合物晶体的专利授权。而无效请求人天衡研究院下属药厂生产伏格列波糖相关的原料药，于 2009 年 3 月 31 日向专利复审委员会提出无效宣告请求，认为本专利权利要求 1 不符合《专利法》第二十二条第（2）款的规定，权利要求 1~9 不符合《专利法》第二十二条第

（3）款的规定。

2009 年 7 月 22 日，国家知识产权局专利复审委员会作出第 13470 号无效宣告审查决定，宣告本专利权 1~9 符合《专利法》第二十二条第（2）款有关新颖性的规定，但不符合《专利法》第二十二条第（3）款的规定，专利权全部无效。无锡药兴公司不服该决定，向北京市第一中级人民法院提起行政诉讼。经过审理，北京市一中院做出行政判决书（2009）一中知行初字第 2760 号，维持复审委的无效决定。而后无锡药兴公司上诉至北京市高级人民法院，二审法院最终支持了一审法院和复审委的观点，判定专利权全部无效，作出行政判决（2010）高行终字第 510 号。

2. 争议焦点

本案的争议焦点主要在于：①关于新颖性争议。证据 1 公开了将四苄基伏格列波糖的白色粉末，未公开该白色粉末的具体表征数据。根据该证据 1，是否可以推定本专利权利要求 1 的结晶形式的四苄基伏格列波糖不具备新颖性？②创造性争议：（i）现有技术中是否存在制备结晶形式的四苄基伏格列波糖的技术启示；（ii）本专利的晶体解决了何种技术问题，达到了何种技术效果，所述技术效果是否达到预料不到的程度？

3. 无效、诉讼审理过程

1）无效审理过程

该专利涉及一种结晶形式的四苄基伏格列波糖，授权的权利要求书共包括 9 项权利要求，其中权利要求 1 请求保护结晶形式的四苄基伏格列波糖产品，权利要求 2~8 请求保护结晶形式的四苄基伏格列波糖的制备方法，权利要求 9 为用途权利要求，授权的独立权利要求 1、2 和 9 如下：

"1. 一种结晶形式的四苄基伏格列波糖，其化学名为(1S)-(1(羟基),2,4,5/1,3)-2,3,4-三-氧-苄基-5-[(2-羟基-1-(羟甲基)乙基)氨基]-1-碳-苄氧基甲基-1,2,3,4-环己烷四醇（结构式略），其特征为：具有图 5 所示的四苄基伏格列波糖结晶粉末的 X 射线衍射图；具有说明书附图 6 所示的差示扫描量热分析图；具有说明书附图 7 所示的红外光谱图特征。

"2. 根据权利要求 1 所述的结晶形式的四苄基伏格列波糖的制备方法，其主要步骤是：将 1 份油状的四苄基伏格列波糖溶解于 0.5~5 倍体积比的极性非质子性溶剂中；然后加入 2~20 倍体积比的另外一种非极性溶剂，在室温搅拌下析出结晶，然后放置 1~5 小时，再在 0~5℃放置 1~5 小时，过滤出的结晶真空干燥 10~12 小时。

"9. 根据权利要求 1 所述的结晶形式的四苄基伏格列波糖在制备伏格列波糖的应用。"

（1）无效宣告过程中当事人诉辩。

请求人于 2009 年 3 月 31 日向专利复审委员会提出无效宣告请求，提交证据 1、2。请求人认为本专利不具备新颖性和创造性的主要理由为：①证据 1 公开了四苄基伏格列波糖的白色粉末，难以将本专利权利要求 1 的结晶形式的四苄基伏格列波糖与证据 1 区别开，可以推定二者相同。另外，请求人根据证据 1 公开的内容制备得到白色结晶性粉末，检测结果证明其 X 射线衍射（XRD）、差示扫描量热分析（DSC）和红外（IR）光谱与本专利一致。②鉴于证据 1 公开了将四苄基伏格列波糖制备出白色固体粉末，本专利所述的结晶四苄基伏格列波糖相对于油状产物的积极效果，例如更容易保存和运输、使用时取用和称量方便等优点，相对于证据 1 的白色粉末均不成立，因而，权利要求 1 不具备创造性。③权利要求 2~8 涉及制备方法，其中将可结晶的物质溶于极性溶剂中，然后加入大量非极性溶剂，搅拌析出结晶的方法，是本领域的公知常识；尽管限定了溶剂种类和比例，但所用溶剂都是常用溶剂和比例，故权利要求 2~8 不具备创造性。④权利要求 9 涉及结晶态的四苄基伏格列波糖的应用被证据 1 公开，因此权利要求 9 不具备创造性。

2009 年 4 月 30 日，请求人补充提交了意见陈述书和证据 3~6。请求人认为：①补充证据 3~6 进一步说明权利要求 1 不具备新颖性。证据 3 和 4 使用与证据 1 实施例 6 相同的原料，重复证据 1 实施例 6 的实验，得到证据 1 实施例 6 的产物。证据 3 和 4 中的 XRD、DSC 和 IR 图谱与本专利图谱一致，因此，证据 3 和 4 实验所得产物与本专利权利要求 1 相同。证据 6 用于印证证据 3 和 4 中原料与证据 1 实施例 6 原料相同。证据 5 用于印证证据 3 和 4 中所得产物与证据 1 实施例 6 相同，原因在于证据 5 和 6 的作者是证据 1 的发明人。②证据 1 实施例 7 公开了实施例 6 的四苄基伏格列波糖在制备伏格列波糖中的应用，在本专利权利要求 1 相对于证据 1 实施例 6 不具备新颖性的情况下，本专利权利要求 9 也不具备新颖性。

2009 年 7 月 13 日口头审理中，①请求人放弃证据 2，出示证据 3、4 原件，提交盖有"国家图书馆科技查新中心"骑缝红章的证据 5、6 的证明文件。②专利权人认可证据 1 的真实性和公开性以及中文译文的准确性，认可证据 3、4 与原件一致，认可证据 5、6 的真实性。专利权人不认可证据 3、4 的真实性，理由为，(i) 证据 3、4 是请求人单方委托他人进行的实验，无法确定其中所附图谱就是实验所得产品的图谱；(ii) 证据 3、4 的实验步骤与证据 1 在反应物和相关试剂的用量、若干反应条件和操作等方面存在区别，且证据 3、4 没有提供所得白色粉末的重量和产率。专利权人认为证据 3、4 没有依据证据 1 的方法进行严格重复，故无法证明证据 1 的方法制得的产品与本专利是相同的。专利权人认为请求人未提供证据 5、6 的中文译文，证据 5、6 应视为未提交。

(2) 无效宣告决定要点。

(A) 关于证据。

专利权人和合议组对证据 1 的真实性、公开性和译文准确性没有异议。

对于证据 3，合议组认为，首先，证据 3 是请求人单方委托他人进行的实验，在专利权人质疑该证据的真实性且请求人没有其他证据佐证的情况下，该证据的真实性存疑。其次，在证据 3 中，除被委托实验人（陈景）声称外，没有证据表明获得的四苄基伏格列波糖的图谱来源于证据 3 制备所得的产品，证据 3 中包括陈景的书面证言，而陈景没有正当理由未出席口头审理作证，在此情况下，陈景关于证据 3 中图谱来源于证据 3 制备所得产品的证言的真实性存疑且证明力不足，无法证明其制备所得产品与提供的图谱之间具有对应关系，更无法证明证据 1 实施例 6 所得产物的 XRD、DSC 和 IR 与本专利权利要求 1 化合物相同。综上，合议组对于证据 3 不予采信。

对于证据 4，合议组认为，首先，证据 4 是请求人单方委托他人进行的实验，在专利权人质疑该证据的真实性且请求人没有其他证据佐证的情况下，该证据的真实性存疑。其次，在有签名和签章的证据 4 中，无法看出其给出的 XRD 图谱的四苄基伏格列波糖的来源，无法得出该 XRD 图谱来自其合成方法所得产品的结论。此外，证据 4 的 XRD 图谱中也没有记载其所测试化合物的来源。可见，证据 4 的真实性存疑且证明力不足，无法证明其合成过程所得产品与提供的 XRD 图谱之间具有对应关系，更无法证明证据 1 实施例 6 所得产物的 XRD、DSC 和 IR 与本专利权利要求 1 化合物相同。综上，合议组对于证据 4 不予采信。

请求人提交证据 5~6 的目的在于通过比较 ^{1}HNMR 数据从而验证证据 3、4 中所用原料以及所得产物的结构。但是，由于证据 3、4 不为合议组采信，使得用于印证证据 3、4 中化合物结构的证据 5、6 与本案失去了关联性，因此，在无效宣告理由的评述中不再予以考虑。

（B）《专利法》第二十二条第（2）款。

鉴于证据 2 被请求人放弃，证据 3、4 不被合议组采信，证据 5、6 不为合议组考虑，故请求人关于权利要求 1 不具备新颖性的证据仅余证据 1。证据 1 公开了四苄基伏格列波糖的制备方法，并制备得到白色粉末状的四苄基伏格列波糖。

证据 1 中的"白色粉末"是对四苄基伏格列波糖物理形态的描述，由该描述，无法看出其是无定形还是晶体，更无从知晓四苄基伏格列波糖分子的空间堆积情况。而本专利权利要求 1 保护的是具有具体的分子堆积模式的四苄基伏格列波糖晶体，权利要求 1 中的 XRD 图谱限定了其结晶形式的四苄基伏格列波糖为正交晶系，P2（1）2（1）2（1）空间群，晶胞参数为：$a = 7.8487$（16）Å、$b = 20.746$（4）Å、$c = 20.988$（4）Å。仅依据证据 1 尚无法确定其实施例 6 所得产品与本专利权利要求 1 的晶体相同，在此情况下，请求人认为权利要求 1 不符合《专利法》第二十二条第（2）款有关新颖性规定的理由不成立。在此基础上，请求人认为权利要求 9 不符合《专利法》第二十二条第（2）款有关新颖性规定的理由也不成立。

（C）《专利法》第二十二条第（3）款。

权利要求 1 与证据 1 的区别在于，权利要求 1 保护的是具有某种具体结晶形式的四苄基伏格列波糖，而证据 1 没有公开其白色粉末状四苄基伏格列波糖的堆积形态。本专利中并未提及现有技术存在固体形态的四苄基伏格列波糖，更未提及权利要求 1 所述的结晶形式的四苄基伏格列波糖相对于证据 1 中固体形态的四苄基伏格列波糖具有何种积极效果，无法对二者的效果进行直接比较。

从本专利说明书的内容可知本专利针对现有的油状四苄基伏格列波糖存在的不足，提供了一种如权利要求 1 所述的结晶形式的四苄基伏格列波糖，并相对于油状的四苄基伏格列波糖而言获得了积极效果。而证据 1 公开的白色粉末状四苄基伏格列波糖为固体形态，其与油状相比，当然具有更容易保存和运输、使用时取用和称量更方便、便于投料和生产操作的积极效果。至于本专利中所述的结晶状态比油状具有更高纯度的优点，虽然证据 1 没有公开其白色粉末中四苄基伏格列波糖的含量，但本领域技术人员可以确信证据 1 的白色粉末较本专利实施例 1 的油状将具有更高含量的四苄基伏格列波糖，而且，无论是证据 1 还是本专利实施例 1 的制备方法，均使用柱层析对反应产物进行分离纯化，为了实现提高产品纯度的目的，只要牺牲产率仅收集产品纯度较高的洗脱液即可实现，本领域技术人员在重复证据 1 的方法时，即可获得四苄基伏格列波糖纯度较高的白色粉末。通过如上的间接比较可见，证据 1 的白色粉末状四苄基伏格列波糖也能够解决本专利所要解决的技术问题、实现本专利所具有的积极效果。

由此可以确定本专利权利要求 1 相对于证据 1 实际解决的技术问题是，提供另一种固体形态的四苄基伏格列波糖，其具有确定的晶型。由此，本案的焦点在于：现有技术中是否存在制备结晶形式的四苄基伏格列波糖的技术启示。

在证据 1 的方法中，实施例 7 获得了目标产物伏格列波糖，该目标产物经乙醇处理析出无色结晶，而实施例 6 获得的四苄基伏格列波糖则是中间体，该中间体未经处理用于下一反应步骤中。证据 1 的上述操作符合有机合成实践的常规，因为，在有机合成过程中，对于具有多个反应步骤的合成方法而言，关注的重点通常在于目标产物，比如，目标产物是否具有预期结构，其纯度、产率是否符合要求，等等，而对于其中间体，如果中间体所含杂质不至于对后续反应产生不良影响、不至于难以与目标产物分离，则通常不进行额外处理以避免增加操作步骤、影响收率。

由于证据 1 的关注点在于获得伏格列波糖，因而未对其中的中间体——四苄基伏格列波糖进行处理，但这不表明本领域技术人员不知晓处理四苄基伏格列波糖从而提高其品质的方法。当以四苄基伏格列波糖为目标产物，本领域技术人员面对白色粉末状尤其是油状的产物时，显然有动机对该产物进行处理以期获得固体甚至结晶状的产品，本领域最常见的处理方法就是进行结晶操作。证据 1 公开了四苄基伏格列波糖可以溶解于乙酸乙酯中，并且在真空浓缩条件下会得到四苄基伏格列波糖白色粉末。本领域技术人员据此信息，自然可以想到的常规的结晶手段有二：一是单纯利用乙酸乙酯进行结晶操作，二是利用乙酸乙酯与非极性溶剂进行结晶操作。本专利权利要求 1 的结晶即是通过第二种结晶手段获得的。由此可见，本领域技术人员在以四苄基伏格列波糖为目标产物时，有动机对四苄基伏格列波糖进行结晶操作，并且依据常规的结晶手段即可获得本专利权利要求 1 的结晶形式的四苄基伏格列波糖，权利要求 1 是显而易见的。

此外，从效果角度看，本专利中并没有记载权利要求 1 结晶形式的四苄基伏格列波糖较证据 1 具有何种积极效果。专利权人在口头审理时强调，本领域技术人员公知结晶形态较粉末具有更高的稳定性和纯度。可见，即使本专利权利要求 1 的结晶较证据 1 的粉末具有某种积极效果，该效果也是本领域技术人员可以预期的，而且，在合成实践中，如果对证据 1 白色粉末的稳定性和纯度提出更高要求，则本领域技术人员显然会设法获得四苄基伏格列波糖的结晶从而满足上述要求，这也为本领域技术人员提供了制备结晶形式的四苄基伏格列波糖的动机。

权利要求 2 保护根据权利要求 1 所述的结晶形式的四苄基伏格列波糖的制备方法，合议组认为：通过溶剂法获得结晶是本领域技术人员的常规技术手段，而且，在已知四苄基伏格列波糖溶解于乙酸乙酯的情况下，采用乙酸乙酯或者乙酸乙酯与非极性溶剂从而获得结晶或者固体是本领域技术人员的常规实验手段，虽然，权利要求 2 对于试剂用量、操作时间进行了限定，但这些限定均是本领域技术人员在实验操作中根据具体情况所能够作出的具体选择，且根据本专利的内容无法得出这样的选择具有积极效果的结论。因此，权利要求 2 不具备突出的实质性特点和显著的进步，不符合《专利法》第二十二条第（3）款的规定。

权利要求 9 保护根据权利要求 1 所述的结晶形式的四苄基伏格列波糖在制备伏格列波糖的应用。证据 1 实施例 7 公开了实施例 6 的四苄基伏格列波糖在制备伏格列波糖的应用，在本专利权利要求 1 的结晶形式的四苄基伏格列波糖相对于证据 1 实施例 6 的四苄基伏格列波糖不具备创造性的情况下，权利要求 9 相对于证据 1 也不具备创造性，不符合《专利法》第二十二条第（3）款的规定。

2）一审审理概要

北京市第一中级人民法院同意复审委的观点。专利权人强调权利要求 1 保护的是具有特定晶形的晶体，即使本领域技术人员想到制备四苄基伏格列波糖的晶体并且通过常规的技术手段进行结晶实验，其结果并不一定就能制备得到与权利要求 1 所保护的晶体晶型相同的晶体。对此，法院认为，某种化合物是否存在晶体形式、存在多少种晶体形式以及存在何种晶体形式是客观的，且晶体一般是对已知化合物采用常规结晶方法后得到的必然产物，因此，只要某种化合物确实存在采用常规结晶方法就能够获得的晶体，本领域的技术人员如果想要获得该化合物的晶体，并不需要创造性的劳动就可以获得。

3）二审审理概要

北京市高院与复审委和一审的观点一致。关于即使本领域技术人员想到制备四苄基伏格列波糖的晶体并且通过常规的技术手段进行结晶实验，其结果是否能制备得到与权利要求 1 所保护的晶体晶型相同的晶体。北京高院认为：在证据 1 的方法中，实施例 7 获得了目标产物伏格列波糖，该目标产物经乙醇处理析出无色结晶，而实施例 6 获得的四苄基伏格列波糖则是中间体，该中间体未经处理用于下一反应步骤中。由于证据 1 的关注点在于获得伏格列波糖，因而未对其中的中间体——四苄基伏格列波糖进行处理，但这不表明本领域技术人员不知晓处理四苄基伏格列波糖从而提高其品质的方法。当以四苄基伏格列波糖为目标产物，本领域技术人员面对白色粉末状尤其是油状的产物时，显然有动机对该产物进行处理以期获得固体甚至结晶状的产品，本领域最常见的处理方法就是进行结晶操作。证据 1 公开了四苄基伏格列波糖可以溶解于乙酸乙酯中，并且在真空浓缩条件下会得到四苄基伏格列波糖白色粉末。本领域技术人员据此信息，自然可以想到的常规的结晶手段有二：一是单纯利用乙酸乙酯进行结晶操作，二是利用乙酸乙酯与非极性溶剂进行结晶操作。本专利权利要求 1 的结晶即是通过第二种结晶手段获得的。由此可见，本领域技术人员在以四苄基伏格列波糖为目标产物时，有动机对四苄基伏格列波糖进行结晶操作，并且依据常规的结晶手段即可获得本专利权利要求 1 的结晶形式的四苄基伏格列波糖。因此，只要某种化合物确实存在采用常规结晶方法就能够获得的晶体，本领域的技术人员如果想要获得该化合物的晶体，并不需要创造性的劳动就可以获得。因此，权利要求 1 不具备突出的实质性特点和显著的进步，不具备创造性。

4. 案例解析

1）技术效果的间接比较方式

本专利在说明书背景部分没有提到现有技术中存在粉末状的四苄基伏格列波糖，认为申请日之前的四苄基伏格列波糖是以油状物的形式存在，从而提出了申请制备晶体的目的在于克服油状物不易运输、纯度低的技术问题。而证据 1

中记载的白色粉末四苄基伏格列波糖的存在，使得专利权人"认为的现有技术"与"实际的现有技术"发生了偏差，从而使得区别技术特征实际解决的技术问题被重新确定，导致了专利权人在进行预料不到的技术效果争辩时处于较被动的位置。

对于现有技术状况的把握偏差为本案审理带来的一个难点在于如何分析比较本申请晶体与证据1之间的技术效果。基于本专利与证据1之间没有直接的技术效果比较数据和结果，复审委采用了"间接比较"的处理方式，即以油状四苄基伏格列波糖为比较对象，分别判断粉末状化合物和晶体化合物与该油状化合物相比而言解决了怎样的技术问题，达到了怎样的技术效果，从而再将比较的结果进行分析，间接得出了本专利晶体与粉末状化合物相比没有获得预料不到的技术效果的结论。这种间接比较的方式在晶体创造性评判的过程中不多见，一般情况下是直接考察晶体与最接近现有技术中的化合物相比具备了何种技术效果，再分析所述技术效果是否达到预料不到的程度，也是案件本身无法直接比较的特点所决定的。另外有趣的是，在针对专利权人关于本专利获得的晶体的纯度比证据1中的高的争辩意见时，复审委又回归采用了"直接比较"的方法，即一方面陈述专利权人没有提供直接的纯度比较的证据来证明，另一方面认为即便证实了本专利获得的晶体的纯度高于证据1中的，该技术效果也是可以预期的，不能被认为是预料不到的技术效果。

2）无效阶段对于新颖性问题的举证责任

本案中结晶形式的四苄基伏格列波糖和证据1公开的粉末状的四苄基伏格列波糖的制备方法不完全相同，本专利的方法为将四苄基伏格列波糖溶解于乙酸乙酯等极性非质子性溶剂中然后加入环己烷等非极性溶剂从而析出结晶，证据1的方法为将四苄基伏格列波糖经柱层析后所得乙酸乙酯溶液蒸发至干从而得到白色粉末，而且，证据1未提供晶体表征参数，也没有指明该粉末化合物是无定形的。因此仅依据证据1尚无法初步认定其白色粉末即为本专利的结晶。在实质审查阶段，对于本案的情况，是可以采用推定新颖性的方式来对申请进行质疑的，此时举证申请与现有技术相比具备新颖性的责任在于申请人一方。上述对申请新颖性的质疑并不需要切实的证据来证明两者的确无法区分。然而，在无效阶段，基于"谁主张，谁举证"的原则，推定新颖性的方式不适用，在申请已经获得授权的情况下，请求人要以新颖性的方式来提出无效请求，不能再适用推定的、无证据的方式，而需要提供足够的证据证明两者属于相同的晶体，即专利权人作为被告一方被认为处于不利位置，这时需要请求人担负相应的举证责任。

3）鉴定报告的合法性、真实性、关联性分析

请求人提供的鉴定报告，需要应对真实性、关联性和合法性方面的评价。本案中无效请求人实际上提供了分析鉴定报告作为举证证据，但是由于请求人所提供的证据在形式上和内容上均存在缺陷，导致这些证据因缺乏真实性和关联性而不被采信。若所述鉴定报告在真实性、合法性和关联性能被认可，是能够作为证明本专利与证据 1 的产品无法区分的直接证据的。

在考察鉴定报告是否可接受的过程中，考虑的因素有：取证途径是否合法、实验操作过程是否规范，若为重复现有技术的实验，重复实验和现有技术实验操作匹配一致性要达到何种要求、实验样品与实验结果之间是否存在直接必然关联、不同证据彼此之间的关联性，以及实验报告出具人发表声明的可信性等。在复审和无效阶段，证据往往是决定案件结果的关键，一切后续法律问题的认定、技术问题的争辩均是建立在以证据为基础的案件事实基础上的，因此对于证据合法性、真实性、关联性的合理分析对于得出客观、公正的审理决定至关重要。

4）制备晶体的普遍动机

本案采用了创造性三步法的审查思路，其中对现有技术中是否存在制备四苄基伏格列波糖的动机进行了重点分析。首先，将已知化合物作为晶体发明最接近的现有技术；其次，分析晶体与已知化合物的区别特征仅在于晶体形式不同；最后，判断发明是否显而易见，认为本领域技术人员有动机在已知化合物的基础上通过常规技术手段获得相应的晶体。对此，复审委、一审和二审法院均认为：对于本领域的技术人员来说，存在着制备晶体形式化合物的普遍动机，若发明方式采用的制备方式是本领域的常规技术手段，则由已知化合物制备获得该化合物的晶体是显而易见的，除非所述晶体具备预料不到的技术效果，否则晶体产品不具备创造性。

由此可见，本案是典型的按照创造性的三步法进行评述，先选择最接近的现有技术，确定发明实际解决的技术问题，再详细评述了晶体制备的显而易见性，最后再考虑发明是否具备预料不到的技术效果，与上一案件从"结构类似

化合物"的角度来判断的思路是不同的。但无疑的，无论是本案采用的典型的三步法判断思路，还是上一案例采用的"结构类似化合物"的判断思路，均体现了对晶体发明的创造性的审查十分注重对晶体解决的技术问题达到的技术效果的判断。

5. 案例启示：由已知化合物制备晶体被认为具有普遍的技术启示和动机

1）优选采用创造性作为无效的理由

对本案以及复审、无效阶段涉及晶体的其他案例无效理由进行统计发现，以新颖性作为无效理由成功的案例少之又少，这与上述提到的需要无效请求人担负更多的举证责任有关。而目前用于证明现有技术已知产品与被无效专利晶体之间属于同一晶体的证据方式多为晶体表征鉴定报告（如本案中出具的 X 粉末衍射图谱），而由于目前鉴定报告多为单方委托出具的，其鉴定取样、鉴定操作过程、鉴定结果分析等各个环节均未标准化，国家也未许可指定的鉴定结构或鉴定人。因此，鉴定报告能否被采纳依赖于相应行政机关结合案件具体情况，以及证据的客观情况来判断，一般情况下对鉴定报告的审查的是相对谨慎和保守的，这就使得很大程度上依赖于鉴定报告作为证据的新颖性质疑变得困难，采用新颖性作为无效请求的理由成功率不高。

而采用创造性作为无效理由是无效请求人的优选法条。在统计的案件中，创造性无效成功的比例非常高，几乎是百战百胜。创造性无效请求成功的关键是找到好用的证据作为最接近的现有技术，最有效的是找到与待无效案件"结构类似的化合物"的相关证据，这将使得专利权人需要提供切实证据证明本专利具备"预料不到的技术效果"，才能维权成功。而对于专利权人一方来说，举证本专利具备"预料不到的技术效果"相对来说也是比较困难的，因为大多数情况下制备获得的晶体具备的技术效果不会超出晶体产品共有的那些技术效果，即纯度、稳定性、生物利用度等，而要证明所述的技术效果，如稳定性达到了本领域技术人员无法推出，也无法预料的"量变"的程度，对于专利权人而言是具有一定挑战性的。

2）举证方在提供相应的证据时应尽可能完善证据资料

鉴定机关的权威性、鉴定人的真实性声明、鉴定报告的完整性、各部分关联度的有效建立均非常重要。以本案为例，无法证实所述的鉴定实验结果是采用证据 1 中方法制备获得的化合物是导致证据不能被接受的最重要原因。目前体制下，由于相应的重复实验标准流程以及操作规范并没有建立，因此举证方在实验取样、具体操作以及实验的结果分析时只能根据己方的理解进行，使得获得的实验报告是否被认可存在很大的不确定性，因此对于提供实验鉴定报告的一方而言，除了尽可能完善鉴定报告，还可以积极向相关部门提供建议，共同推动建立分析鉴定报告的操作规范。

3.3.3　沃尼尔·朗伯公司与北京嘉林药业股份有限公司关于阿托伐他汀晶型无效的行政诉讼案

1. 案情简介

1）案例索引

专利号：ZL96195564.3

发明名称：结晶[$R-(R^*,R^*)$]-2-(4-氟苯基)-β,δ-二羟基-5-(1-甲基乙基)-3-苯基-4-[(苯氨基)羰基]-1H-吡咯-1-庚酸半钙盐

申请日：1996 年 7 月 8 日

最早优先权日：1995 年 7 月 17 日

授权公告日：2002 年 7 月 10 日

专利复审委员会合议组成员：李越、任晓兰、李亚林、汪送来、郭鹏鹏

专利复审委员会无效宣告请求审查决定号：第 13582 号

专利复审委员会无效宣告请求审查决定日：2009 年 6 月 17 日

无效宣告请求人：北京嘉林药业股份有限公司、张楚

专利权人：沃尼尔·朗伯公司

一审行政判决号：一中知行初字第 2710 号

二审行政判决号：高行终字第 1489 号

再审行政判决号：（2014）行提字第 8 号

2）案例背景及审理概要

辉瑞公司的降脂药立普妥（英文商品名 Lipitor，通用名为阿托伐他汀钙片）是全球销售排名第一的超级重磅炸弹型药物，拥有近 20 年的使用经验，在全球 137 个国家被使用，年销售额超过 100 亿美元。阿托伐他汀的化合物专利在全球过期后，辉瑞公司仍拥有 20 余个阿托伐他汀衍生物晶体的专利，这些晶体中最

著名的即为阿托伐他汀钙 I 型晶体（立普妥中的活性成分），该晶体在中国的专利权（第 96195564.3 号发明专利）为沃尼尔·朗伯公司（辉瑞公司的子公司）所拥有。

2007 年 6 月至 2008 年 5 月，北京嘉林药业股份有限公司以及张楚先后三次就该阿托伐他汀钙 I 型晶体专利权向国家知识产权局专利复审委员会提出无效宣告请求。请求人无效的理由主要涉及《专利法》第二十六条第（3）款，第二十六条第（4）款，第二十二条第（2）和第（3）款等多个法条。

专利复审委员会经审理后，以该专利说明书未充分公开所有权利要求的技术方案为由，宣告第 96195564.3 号发明专利权全部无效。该无效宣告决定从无效双方提交的证据出发，结合化合物晶体的现有技术发展状况，从本领域技术人员的角度对水合晶体的充分公开做出了判断，在后续的行政诉述过程中，经过了一审北京第一中院维持无效决定、二审北京高院撤销无效决定，再审最高院维持该无效决定的波折历程，此案最终被全部无效。从该案本身而言，其属于较少遇到的说明书撰写貌似清楚、完整，但实际上却无法实现的情形，能引发专利法将公开充分的判断主体设定为所属技术领域的技术人员这一特定主体的思考，对于更好理解《专利法》第二十六条第（3）款具有很好的启发作用。

2. 争议焦点

本案焦点在于说明书中是否充分公开了本专利保护的含 1~8 摩尔水的 I 型结晶阿托伐他汀水合物，主要争议点有三个：

（1）含有不同摩尔水的同一化合物的水合物，其 XPRD 和 ^{13}C NMR 是否相同；

（2）根据说明书公开的内容是否能够确认该 I 型结晶阿托伐他汀水合物含有 1~8 摩尔水；

（3）根据说明书公开的内容本领域技术人员能否制备得到所述含 1~8 摩尔水的 I 型结晶阿托伐他汀水合物。

3. 案例无效、诉讼过程

1）无效审理过程

本专利涉及一种 I 型结晶阿托伐他汀水合物，授权的权利要求 1~3 涉及 I 型结晶阿托伐他汀水合物产品，权利要求 4~9 涉及含有 I 型结晶阿托伐他汀水合物的药物组合物，权利要求 10~24 涉及 I 型结晶阿托伐他汀水合物的制备方法。

（1）无效宣告过程中当事人诉辩。

请求人 I 于 2007 年 6 月 12 日向专利复审委员会提出无效宣告请求，认为本专利权利要求 10 不符合《专利法》第二十二条第（2）款的规定，权利要求 1～9、11～19 不符合《专利法》第二十二条第（3）款的规定，权利要求 1～4 不符合《专利法》第二十六条第（4）款的规定，权利要求 20～24 不符合《专利法实施细则》第二十条第（1）款、第二十一条第（2）款的规定，并同时提交证据 1～10。

2007 年 7 月 27 日和 2007 年 9 月 27 日，专利权人作出答复，专利权人针对请求人 I 的无效理由和证据提交意见陈述书，并提交反证 1～13。

请求人 II 于 2007 年 8 月 28 日向专利复审委员会提出无效宣告请求，认为本专利权利要求 1～3、10～24 不具备新颖性，权利要求 1～9 不具备创造性，并同时提交证据 A～C。

2007 年 9 月 28 日，请求人 II 补充提交意见陈述书及证据 D～G，认为：①本领域公知，晶体的结晶水会在晶胞中占位，得到不同的晶胞结构，从而必然得到不同的 XPRD 图谱和固态 ^{13}C NMR；②从本专利说明书内容可知，本专利所述的"结晶 I 型阿托伐他汀及其水合物""I 型结晶阿托伐他汀三水合物""含 1～8 摩尔水的 I 型结晶阿托伐他汀水合物"为同一结晶的不同水合物，然而，它们却具有相同的 XPRD 图，本领域技术人员无法通过说明书得知，权利要求 1 的 XPRD 对应的是无水 I 型结晶阿托伐他汀还是含三个结晶水的 I 型结晶阿托伐他汀，或者是结晶 I 型阿托伐他汀的其他水合物，因此，权利要求 1 的技术方案在说明书中未得到充分公开；基于与②类似的理由，说明书中也未充分公开权利要求 2 的技术方案；③说明书第 3 页第 10 行的"Bruker AX-250 克谱仪"不清楚，不符合《专利法》第二十六条第（3）款的规定。

2007 年 11 月 5 日和 2008 年 1 月 30 日，专利权人作出答复，并提交与针对 4W01774 相同的反证 1～14。专利权人认为：本专利说明书公开充分，具体理由为：①请求人 II 认为晶体与不同结晶水的结晶水合物必然具有不同的 XPRD 的主张不能成立，反证 9～12 表明溶剂化和非溶剂化以及含水量不同的晶体可以具有几乎相同的 XPRD；②本领域技术人员基于说明书的内容可以知道，本专利的 X 射线衍射图对应的是 I 型晶体，其含水量可以在一定范围内变化，权利要求 1

要求保护的是含有 1~8 摩尔水的 Ⅰ 型晶体；③请求人 Ⅱ 没有证明水含量不同的晶体其 ^{13}C NMR 必然不同，本领域技术人员根据说明书的内容能够实施权利要求 2 的技术方案，因此，权利要求 2 的公开是充分的；④ "Bruker AX-250 克谱仪" 是打字错误，其应该是 "Bruker AX-250 光谱仪"，该错误不会对本专利的实施造成任何实质障碍。

请求人 Ⅲ 于 2008 年 5 月 16 日再次向专利复审委员会提出无效宣告请求，认为本专利说明书不符合《专利法》第二十六条第（3）款的规定，权利要求 1~24 不符合《专利法》第二十六条第（4）款、《专利法实施细则》第二十条第（1）款的规定，权利要求 10~24 不符合《专利法实施细则》第二十一条第（2）款的规定，权利要求 1~3、10 不符合《专利法》第二十二条第（2）款的规定，权利要求 1~9、11~19 不符合《专利法》第二十二条第（3）款的规定，同时提交了证据 a~j，请求人 Ⅲ 认为：

①权利要求保护含 1~8 摩尔水的 Ⅰ 型结晶阿托伐他汀水合物，根据含水量的不同，其包括 8 种 Ⅰ 型结晶，但说明书没有实验证明这 8 种 Ⅰ 型结晶水合物具有相同的 XPRD 和 ^{13}C NMR；并且，说明书提到 Ⅰ 型结晶可以是无水形式和水合物形式，但缺乏对得到无水形式和水合物形式的 Ⅰ 型结晶的特定工艺条件的说明，实施例 1 也不能说明按其所述制备得到了含 1~8 摩尔水的 Ⅰ 型结晶，而且，实施例 1 中还使用了没有说明来源的 Ⅰ 型结晶来制备 Ⅰ 型结晶；再者，从说明书第 9 页记载的对于 Ⅰ 型结晶研磨前后的 XPRD 数据看，其前 5 强峰和 8 强峰的位置出现了显著变化，导致所称的含 1~8 摩尔的 Ⅰ 型结晶水合物的 XPRD 具有不确定性。

②说明书仅断言 Ⅰ 型结晶阿托伐他汀水合物能克服无定形的技术缺陷，但未通过定性或定量试验数据加以证明，而且，所述缺陷的一部分在本发明中也同样存在；另外，证据 e 表明，Ⅰ 型结晶有可能降低了生物利用度。

③无论基于说明书的一般性公开还是基于实施例的公开，本领域技术人员都难以制备得到含 1~8 摩尔水的 Ⅰ 型结晶阿托伐他汀水合物，也难以受控制备含有一个具体摩尔水数目的 Ⅰ 型结晶，更难以相信含 1~8 摩尔水的 Ⅰ 型结晶阿托伐他汀水合物都具有同样的 XPRD 和 ^{13}C NMR。

2008 年 7 月 21 日，专利权人作出答复。专利权人认为：本专利说明书公开了含 1~8 摩尔水的 Ⅰ 型结晶阿托伐他汀水合物的结构及其解析数据（即 XPRD

和[13]C NMR），还公开了其制备方法和制备实施例及其有益效果，本领域技术人员根据说明书的内容能够实施本发明，因此，本专利符合《专利法》第二十六条第（3）款的规定。

（2）无效宣告决定要点。

《专利法》第二十六条第（3）款规定：说明书应当对发明作出清楚、完整的说明，以所属技术领域的技术人员能够实现为准。

对于化学产品发明而言，本领域技术人员能够实现是指，本领域技术人员根据说明书中公开的内容就能够确认并制备得到所述化学产品，同时能实现其一种或多种用途和/或达到相应的使用效果。具体而言，当所述化学产品为化合物晶体时，一方面，说明书中不仅应当说明所述化合物晶体的物质组成和晶体结构，而且应当记载能够证明所述晶体的物质组成和微观结构的相应的物理化学参数（如定性或定量数据和谱图）；另一方面，说明书中还应当记载所述化合物晶体的至少一种制备方法，使本领域技术人员能够实施。如果本领域技术人员根据说明书公开的信息不能确认所述化合物晶体的物质组成或者微观结构，或者依据说明书公开的所述制备方法不能确信是否能够得到所述化合物晶体，则说明书对于所述化合物晶体的公开未达到本领域技术人员能够实现的程度。

就本案而言，权利要求1~3保护一种含1~8摩尔水的Ⅰ型结晶阿托伐他汀水合物，其通过两种表征方式对所述结晶水合物进行了定义：①组成，即含1~8摩尔（或3摩尔）水的阿托伐他汀水合物；②表征其微观结构的XPRD和[13]C NMR数据。

请求人Ⅲ认为，说明书中未充分公开本专利权利要求中含1~8摩尔水的Ⅰ型结晶阿托伐他汀水合物。其主要理由为：①权利要求保护含1~8摩尔水的Ⅰ型结晶阿托伐他汀水合物，其中包括8种Ⅰ型结晶，但说明书没有验证这8种Ⅰ型结晶水合物具有相同的XPRD和[13]C NMR；②无论基于说明书的一般性公开还是基于实施例的公开，本领域技术人员都难以制备得到含1~8摩尔水的Ⅰ型结晶阿托伐他汀水合物。

对此，专利权人认为，说明书公开了本专利含1~8摩尔水的Ⅰ型结晶阿托伐他汀水合物的结构及其解析数据，公开了其制备方法、制备实施例及其有益效果。反证9表明，水合物晶体中的水可以以结晶水的形式存在，也可以不以结晶水的形式存在。反证 14 的专家证言证明本专利属于后者，因此，本专利符合《专利法》第二十六条第（3）款的规定。

根据双方当事人的上述意见，合议组认为，请求人Ⅲ与专利权人在说明书中是否充分公开了本专利保护的含 1~8 摩尔水的Ⅰ型结晶阿托伐他汀水合物的问题上，主要争议点在于：①含有不同摩尔水的同一化合物的水合物，其 XPRD 和 ¹³C NMR 是否相同；②根据本专利说明书公开的内容是否能够确认并制备得到所述含 1~8 摩尔水的Ⅰ型阿托伐他汀水合物。这也是判断说明书对于权利要求中所保护的产品的公开是否符合《专利法》第二十六条第（3）款规定的关键。

争议点 1：含有不同摩尔水的同一化合物的水合物，其 XPRD 和 ¹³C NMR 是否相同。

针对这一争议点，请求人Ⅲ认为，含有不同结晶水的结晶水合物必然具有不同的 XPRD，为此专利权人提供反证 9，旨在证明水合物中，水可以以结晶水存在，也可以不以结晶水存在。合议组查明：反证 9 为 *Solid-stage Chemistry of Drug* 一书的节选，其中文译文第 1~3 行公开了以下内容："与咖啡因、茶叶碱和巯基嘌呤的行为不同，溶剂化和非溶剂化的晶体形式的头孢来星（15）和头孢氨苄（16）的 X 射线粉末衍射图几乎是完全相同的（Pfeiffer 等人，1970）"。也就是说，反证 9 证实，对于头孢来星、头孢氨苄来说，溶剂化与非溶剂化的晶体会具有几乎完全相同的 XPRD，但对于咖啡因、茶叶碱和巯基嘌呤来说并非如此。由此可见，一方面，本领域中，并非所有物质的水合物中的水都会在晶胞中占位而产生不同的 XPRD；另一方面，对于某种物质来说，其水合物中的水到底会不会占位，水的存在或者含水量的多少是否会影响其 XPRD，在本领域中并没有统一的教导。

争议点 2：根据本专利说明书公开的内容是否能够确认并制备得到所述含 1~8摩尔水的Ⅰ型阿托伐他汀水合物。

合议组查明，对于本专利保护的含 1~8 摩尔水的Ⅰ型结晶阿托伐他汀水合物，说明书公开的相关内容如下：

①说明书第 2 页最后一段至第 4 页第 8 行、第 9 页表1、第 12 页表4 公开了Ⅰ型阿托伐他汀比水合物的 XPRD 及 ¹³C NMR 数据。

②说明书第 15 页 15~19 行提到："本发明的Ⅰ型结晶阿托伐他汀可以无水

形式以及水合物形式存在。通常，水合形式与非水合形式是等价的，包括在本发明的范围内。Ⅰ型结晶阿托伐他汀含有1~8摩尔水，优选3摩尔水"。

③说明书第15页第20行至第16页给出了制备Ⅰ型结晶阿托伐他汀水合物的一般性方法，说明书第19~20页实施例1的方法A描述了以钠盐水溶液为原料，通过加入乙酸钙水溶液和Ⅰ型结晶的晶种进行处理制备Ⅰ型结晶的方法，方法B描述了以无定形和Ⅰ型结晶阿托伐他汀混合物为原料制备Ⅰ型结晶的方法。

从以上内容可知：

①专利权人仅声称对于阿托伐他汀而言，其水合形式与非水形式等价，亦即，水的存在不会影响到晶体的XPRD，却没有提供任何证据证明这一点。如以上争议点1中所述，对于某种物质来说，其水合物中的水到底会不会占位，水的存在或者含水量的多少是否会影响其XPRD，在本领域中并没有统一的教导。也就是说，本领域技术人员根据其常识无法预期到阿托伐他汀到底属于"水不占位，不影响晶体的XPRD"的物质，还是属于"水会占位，会影响晶体的XPRD"的物质。在此情况下，说明书中应当提供充分的证据证明对于含有不同摩尔数水的阿托伐他汀水合物来说其是否具有相同的XPRD。在说明书中仅有声称性的结论，没有提供相应的证据的情况下，本领域技术人员无法确信含1~8摩尔水的阿托伐他汀水合物都具有相同的XPRD。

②权利要求1~3保护的结晶产品是通过其组成（阿托伐他汀，水含量）和微观结构（XPRD或^{13}C NMR）共同定义的，水含量是其产品组成中必不可少的一部分，但是，说明书中仅声称其水含量为1~8摩尔，优选3摩尔，但没有提供任何定性或定量的数据证明其得到的Ⅰ型结晶阿托伐他汀水合物中确实包含1~8摩尔（优选3摩尔）水，即使是最具体的实施例1也没有对其产品中的水含量进行测定；而且，从其制备方法的步骤及用于表征产品晶型的XPRD和^{13}C NMR数据及谱图中也无法确切地推知其产品中必然含有水，更无法推知其中的水含量为1~8摩尔（或3摩尔水）。因此，本领域技术人员根据说明书公开的内容无法确认权利要求中保护的产品。

③就含1~8摩尔水的Ⅰ型结晶阿托伐他汀水合物的制备而言，说明书公开了其一般性的制备方法，即，包括步骤（i），用钙盐处理$[R-(R^*,R^*)]-2-(4-$氟苯基$)-\beta,\delta-$二羟基$-5-(1-$甲基乙基$)-3-$苯基$-4-[($本氨基$)$羰基$]-1H-$吡

咯-1-庚酸的碱性盐水溶液；步骤（ii），分离Ⅰ型结晶阿托伐他汀水合物。然而，比较本专利实施例1的方法A和实施例3可见，二者均包含步骤（i）和（ii），但是前者得到Ⅰ型结晶，而后者却得到Ⅳ型结晶，因此，仅由该一般性方法无法确切地得到含1~8摩尔水的Ⅰ型结晶阿托伐他汀水合物。说明书第16页对所述一般性方法进行了细化，并在实施例1的方法A中给出了具体的方案，但是，由于实施例1中仅声称其得到了Ⅰ型阿托伐他汀，未检测其产品的水含量，因此，由该实施例1无法确信所述方法是否必然会得到含1~8摩尔水的Ⅰ型结晶阿托伐他汀水合物。因此，本领域技术人员无论是根据说明书给出的一般性方法，还是根据具体实施例，均无法确信如何才能受控地制备得到本专利保护的含1~8摩尔水（优选3摩尔水）的Ⅰ型结晶阿托伐他汀水合物。

综上，合议组认为，说明书对权利要求1~3中保护的结晶产品的公开未充分到本领域技术人员能够实现的程度，不符合《专利法》第二十六条第（3）款的规定。在此基础上，保护包含权利要求1~3所述含1~8摩尔水的Ⅰ型结晶阿托伐他汀水合物的药物组合物的权利要求4~9、保护权利要求1~3所述含1~8摩尔水的Ⅰ型结晶阿托伐他汀水合物的制备方法的权利要求10~24也不符合《专利法》第二十六条第（3）款的规定。

专利权人认为，根据通常的理解，实施例是优选实施方案，因此，实施例1的方法A中得到的产品水含量为3摩尔。对此，合议组认为，尽管实施例通常是发明的优选实施方案，但本案中专利权人主张实施例1的方法A得到含3摩尔水的Ⅰ型结晶阿托伐他汀水合物缺少事实依据。

基于以上已经得出本专利说明书未充分公开所有权利要求的技术方案，不符合《专利法》第二十六条第（3）款的结论，合议组对请求人Ⅰ、Ⅱ和Ⅲ的其他无效理由和证据不再予以评述。另外，对于专利权人的与《专利法》第二十六条第（3）款无关的答辩理由及所用的证据，合议组也不再予以评述。

2）一审审理概要

专利权人不服该无效宣告决定，起诉至北京市第一中级人民法院。针对上述三个争议点，北京市第一中级人民法院全部支持专利复审委员会的决定。

3）二审审理概要

专利权人仅针对权利要求3提起上诉，权利要求3保护含3摩尔水的Ⅰ型结晶阿托伐他汀。北京高院认为，判断一项发明是否满足关于公开充分的要求，应包括确定该发明要解决的技术问题，本发明要解决的技术问题是要获得阿托伐他汀的结晶形式，具体是Ⅰ型结晶阿托伐他汀，用以克服"无定形阿托伐他汀不适合大规模生产中的过滤和干燥"的技术问题。专利复审委员会没有确定本发明要解决的技术问题，也没有明确哪些参数是"与要解决的技术问题相关的化学物理性能参数"，作出本专利不符合《专利法》第二十六条第（3）款规定的相关认定显属不当。因此，北京高院撤销了专利复审委员会的无效决定。

4）最高院再审审理概要

对于争议焦点 1，最高院认为：对于某种物质来说，其水合物中的水到底会不会占位，水的存在或者含水量的多少是否会影响其 XPRD，在本领域中并没有统一的教导，申请人应对上述主张提供证据加以证明。本申请说明书中仅声称无水形式和水合形式是等价的，并且产生预期的技术效果，但未提供证据证明。退一步讲，即使如专利权人所言，通道水在水合物中不占位，不影响 XPRD，专利权人也没有证据证明本专利所限定的结晶水合物中的水属于通道水。本申请权利要求中限定了含有 1~8 摩尔水的结晶水合物具有相同的 XPRD，说明书中对此应该充分公开，使本领域技术人员可以确认。

对于争议焦点 2，最高院认为：专利权人认可说明书中未测定得到的结晶水合物含有多少水，也认可通过说明书公开的图谱本身不能确定对应的化合物中水的含量，因此在说明书中仅有声称性结论的情况下，本领域技术人员无法确认本申请所述的结晶水合物中含有 1~8 摩尔的水。从双方提交证据来看，本申请中的水合物中所含的水的性质应为结晶水而非吸附水，但结晶水中还包括通道水和进入晶格的占位水等，这些不同存在形式的水与晶体结合的紧密程度不同，直接决定了这些水分子在晶体中存在的稳定性。本发明必须要解决的技术问题是要满足严格药物要求和规格，具有更好的存储稳定性，而水合物中含水量和水的存在形式直接影响上述问题的解决。目前没有证据证明本专利保护的水合物中水的存在形式，因此本领域技术人员根据说明书记载的内容无法确定所述的水合物是否可以解决上述的技术问题。

对于争议焦点 3，专利权人争辩称：专利权人在二审中提及天津大学实验报告和在再审中提交证据 7、8 均用于证明本领域技术人员根据本专利说明书公开的内容可以制备得到本专利请求保护的产品。

最高院认为：本专利说明书中没有对所述水合物中的水进行清楚、完整的说明，说明书从根本上已经不符合 A26.3 的规定，即使专利权人提交的上述实验证据中最终得到的产品经测量确实为 I 型阿托伐他汀水合物，也不能改变本专利不符合 A26.3 的客观事实。上述实验性证据只能证明化学产品能否制备得到，不能用于证明化学产品的确认。因此从这个层面上，上述证据也应该不予采纳。

综上，本专利说明书不符合专利法第二十六条第（3）款的规定，二审判决撤销专利复审委员会第 13582 号决定，适用法律错误，依法应予撤销，维持北京市第一中级人民法院（2009）一中知行初字第 2710 号行政判决。

4. 案例解析

1）药物晶体发明对说明书记载内容的要求与请求保护的技术方案密切相关

《专利法》第二十六条第（3）款规定，说明书应当对发明或者实用新型作出清楚、完整的说明，以所属技术领域的技术人员能够实现为准。也就是说，说明书应当满足充分公开发明或者实用新型的要求。

从本案专利说明书记载的内容来看，其记载有可确认 I 型结晶的 XRPD 图谱以及固态 ^{13}C 核磁共振谱，记载有该结晶的制备方法及制备实施例，也记载了该结晶的母体化合物阿托伐他汀所具有的降血脂用途，该用途也已被现有技术所公开。说明书中记载了审查指南所要求的全部信息，从形式上看，说明书符合充分公开的要求。

本案中，复审委认为，说明书公开了其一般性的制备方法，包括两个主要相同步骤的一般方法却得到了不同晶型的产品（I 型和 IV 型结晶），因此，从本领域技术人员的角度判断，由该一般性方法无法确切地得到含 1~8 摩尔水的 I 型结晶阿托伐他汀水合物。而进一步地，实施例中的确记载了如何制备 I 型阿托伐他汀结晶产品的制备方法，但由于授权的权利要求请求保护的是含有特定水含量的 I 型结晶阿托伐他汀水合物，而实施例 1 中仅声称其得到了 I 型阿托伐他汀，未检测其产品的水含量，因此，由该实施例 1 无法确信所述方法是否必然会得到含 1~8 摩尔水的 I 型结晶阿托伐他汀水合物。也就是说，无法证实实施例 1 中获得的产品就是权利要求 1 中请求获得的产品，因此，无论是根据说明书给出的一般性方法，还是根据具体实施例，均无法确定所属技术领域的技术人员能够根据该记载的制备方法"实现"权利要求 1 请求保护的特定水含量的结晶水合物。

由此可见，说明书是否公开充分不仅与其自身记载的内容相关，也与权利要求请求保护的技术方案密切相关。考虑说明书公开是否充分时，以"是否能够实现权利要求请求保护的技术方案"为标准，而不是"是否能够实现一个技术方案"为标准。就本案而言，说明书公开不充分争议的焦点是在结晶水合物的含水量上，而不在于是否能够制备获得一种Ⅰ型阿托伐他汀结晶产品本身。而本领域技术人员可知，在无效阶段，要成功争辩原始记载中没有给出相应实验证据的命题，即含有多少量的水的命题，对于专利权人而言无疑难度是非常大的。本案中，若该专利的权利要求中并未限定结晶水合物的含水量，则案件可能是另一种结局。

2）不同水含量的结晶水合物对 XRPD 图谱以及固态^{13}C NMR 图谱的影响是未知的

本案中专利权人认为含 1~8 摩尔水的Ⅰ型结晶与说明书中 XRPD 图谱以及固态^{13}C NMR 图谱是相同的。说明书第 2 页记载了Ⅰ型结晶所具有的 XRPD 数据，第 3 页记载了Ⅰ型结晶所具有的固态^{13}C NMR 数据，第 15 页记载了"本发明的Ⅰ型、Ⅱ型和Ⅳ型结晶阿托伐他汀可以无水形式以及水合形式存在。通常，水合形式与非水合形式是等价的，包括在本发明的范围内。Ⅰ型结晶阿托伐他汀含有约 1~8 摩尔水"。根据上述记载，专利权人认为，Ⅰ型结晶，不论无水形式还是水合形式，抑或是含 1 摩尔还是 8 摩尔水，均应具有相同的 XRPD 图谱以及固态^{13}C NMR 图谱。

到无效和诉讼阶段，该记载在缺乏实验切实性证据的情况下成为无法确定的内容，且现有技术中也不存在不同含水量 XRPD 图谱必然相同的公知常识，因此从本领域技术人员的角度出发，现有技术和本专利的记载均未证实专利权人的上述结论。

诉讼过程中，专利权人辩称，在本案的Ⅰ型结晶中，水分子是晶体内部的通道水，恰如置于房屋中的桌椅，可少放可多摆，并不影响房屋的结构，故含不同摩尔水的晶体具有相同的 XPRD 图谱。

专利权人试图从水存在状态的角度证明专利中获得的晶体的 XPRD 图谱不受水含量的影响，但从本领域技术人员的角度而言，要证实本申请中的水合物中所含的水的性质究竟应为结晶水还是吸附水，如果是结晶水，究竟是通道水还是进入晶格的占位水，是较困难的。申请人并未提供足够的证据证明所述水是以通道水的形式存在。

5．案例启示：技术方案能够实现是专利权稳定的根本

1）对权利要求进行修改时的注意事项

本案原始提交的权利要求 1 并没有"含 1~8 摩尔水"的描述，该特征是在后来对权利要求进行修改的过程中增加的。当时进行的所述修改是为了应对当时实质审查阶段审查员指出的缺陷，出于推动授权的考虑而进行，但该案的结果也提醒专利申请人在对权利要求进行修改时，无论在何种阶段，除了考虑修改后的权利要求的保护范围大小外，还应充分考虑该修改后的权利要求是否存在不符合专利法或实施细则的有关条款的其他问题，以避免在后续程序中，由于禁止反悔原则而导致的专利权无法维持。

2）对于晶体的制备方法的撰写应充分重视

目前的晶体专利申请文件，一方面，采用制备方法公开不充分评述药物晶体申请的审查意见已经不多见，这一定程度上使得申请人在撰写申请文件时对制备例的重视程度不够。另一方面，出于企业技术秘密保护的考虑，申请人对于制备方法记载的内容较少或者较模糊也是其申请过程中的策略之一。然而，本案的审理结果说明了：即使在实质审查阶段，面对制备方法公开不充分的质疑的可能性较小，也不意味着授权的专利在面对后续程序中关于该条款的挑战能够维权成功。《专利法》第二十六条第（3）款的立法本意在于以公开换保护，因此，提交一份记载有确定的、清楚的、完整的晶体制备方法内容的申请文件既是为了维护公众利益的要求，同时也是维护申请人合法专利权利的保障。

本案最终因为水含量无法确定而被无效，充分提醒了申请人，晶体发明作为化学发明中一个特点鲜明的领域，其制备过程、制备后产品的状态都有其特殊性，如有的晶体制备需要使用特殊的晶种、特定的制备条件，获得的晶体产品有的溶剂含量高，有的含有结晶水，有的在一定环境条件下容易发生转化等。这些都是在申请时需要注意的。充分关注晶体从确认、制备到用途的各个环节，确保说明书充分公开，是对于晶体发明申请撰写的基本要求。

3.3.4　帝人制药与北京嘉林药业股份有限公司关于 2-(3-氰基-4-异丁氧基苯基)-4-甲基-5-噻唑羧酸 A 晶的行政诉讼案

1. 案情简介

1）案例索引

专利申请号：03806919.9

发明名称：含有单一晶型的固体制剂

申请日：2003 年 03 月 28 日

最早优先权日：2002 年 03 月 28 日

驳回决定日：2009 年 2 月 6 日

专利复审委员会合议组成员：李瑛琦、魏聪、陈龙飞

专利复审委员会复审决定号：第 24686 号

专利复审委员会复审决定日：2010 年 07 月 09 日

复审请求日：2009 年 05 月 19 日

复审请求人：帝人制药株式会社

一审行政判决号：（2011）一中知行初字第 248 号

2）案例背景及审理概要

2-(3-氰基-4-异丁氧基苯基)-4-甲基-5-噻唑羧酸商品名称为非布司他（Febuxostat），为 2-芳基噻唑衍生物，是非嘌呤型的黄嘌呤氧化酶/黄嘌呤脱氢酶的选择性抑制剂，可使尿酸合成受阻，以达到降低血液中尿酸浓度，减少尿酸盐沉积，治疗痛风或高尿酸血症。该药物的治疗效果明显优于抗痛风药物别嘌醇，副作用小，是抗痛风药物研发的重要进展。

该药物的原研药企是日本东京帝人公司（TeijinPharm），于 2004 年年初在日本申请上市，到年底由武田/Abbott 的合资企业 TAP 公司负责在美国申请上市，Ipsen 公司负责在欧洲申请上市，SK Chemical 公司负责在韩国申请上市。2008 年 4 月欧盟首先批准非布司他片上市，而在美国则于 2009 年 2 月获得 FDA 的上市批准。该药自上市以来增长势头良好，2012 年全球销售金额达到 3.9 亿美元，较 2011 年增长 63%，是美国高尿酸血症痛风治疗推荐的一线用药。

国内第一个获批生产非布司他的药企是万邦，而后恒瑞也获得 CFDA 批准生产非布司他原料及制剂。非布司他在国内未请求专利保护，而目前与之相关的主要中国专利申请有：CN1275126（涉及多晶、无定形、制备方法）；CN1642546（涉及单一 A 晶体，即本案涉案申请）、CN1954814（药物组合物）、CN1785182（组合物保护）、CN1970547（新晶型保护）、CN101085761（晶型、制备）、CN101152142（药物组合物）和 CN101139325（晶型保护）。

由此可见通过晶型专利授权获得该药物在中国的专利保护是帝人公司的策略。而本案申请在实质审查阶段，被以不具备创造性驳回后，帝人公司不服驳回决定，提起了复审请求，专利复审委员会随后做出了第 24686 号复审决定，认为所述权利要求不符合《专利法》第二十二条第（3）款有关创造性的规定。而后帝人公司不服该决定，向北京市一中院提起行政诉讼，一审判决的结果维持了复审委的无效决定。而后原告未提起上诉。

2. 争议焦点

本案焦点在于：权利要求中限定了 12.9~26.2μm 的粒径范围，是否使得请求保护的晶体的溶出、易碎性和硬度更好，取得了预料不到的效果，符合创造性的要求。换句话而言，本案的争议在于：所述的粒径范围与所述的"预料不到的技术效果"之间是否被证实有直接的、确定的关系。

3. 案例复审、诉讼过程

1）复审审理过程

复审请求人对 2009 年 2 月 6 日以权利要求 1~10 不符合《专利法》第二十二条第（3）款的规定为由发出的驳回决定不服，提起复审。驳回决定涉及权利要求 1~10，权利要求 1~6 涉及产品，权利要求 7~10 涉及产品的制备方法，与创造性判断最相关的权利要求 1 为：

"1. 含有 2-(3-氰基-4-异丁氧基苯基)-4-甲基-5-噻唑羧酸的 A 晶、赋形剂及崩解剂的片剂，其中该 A 晶的粉末 X 线衍射图在 6.62°、7.18°、12.80°、13.26°、16.48°、19.58°、21.92°、22.68°、25.84°、26.70°、29.16° 及 36.70° 的反射角 2θ 处具有特征峰，并且该 A 晶的平均粒径为 12.9~26.2μm。"

（1）复审过程中当事人诉辩。

复审请求人帝人制药株式会社于 2009 年 5 月 19 日申请专利复审委员复审并提交了一份补充实验数据（简称附件1）。请求人认为，对比文件 1 并未描述晶体 A 的平均粒径，附件 1 显示，对比文件 1 的晶体 A 的平均粒径为 50~60μm，与本申请中限定的粒径范围不同。本申请图 7 的数据显示，平均粒径介于 3.5μm 和 12.9μm 之间以及介于 26.2μm 和 48.6μm 之间时溶出率变化更大，平均粒径介于 12.9μm 和 26.2μm 之间时溶出率变化非常小，这意味着当平均粒径介于 12.9μm 和 26.2μm 之间时，溶出率几乎不随平均粒径的变化而改变，这是本领域技术人员意想不到的。此外，本发明通过控制有效成分 A 晶的平均粒径，就可以得到片剂的最佳溶出曲线、易碎性和硬度，对于本领域技术人员而言也是意想不到的。

合议组于 2009 年 12 月 09 发出《复审通知书》，认为权利要求 1~10 相对于对比文件 1 和本领域公知常识的结合不具备创造性，不符合《专利法》第二十二条第 （3） 款的规定。随后复审请求人提交了意见陈述书和附件 2~8，认为：①为了获得稳定且溶出曲线偏差小的片剂，本领域技术人员在对比文件 1 的启示下有动机使用在粗制物质条件下最为稳定的 C 晶。然而，本申请的对比例 1 表明 C 晶制备片剂时，一部分转变为其他晶体 （E 晶），而 A 晶在制备片剂时出乎意料地比晶体 C 更为稳定，晶形没有发生转变。附件 2~4 说明不同晶型显示出不同的物质特性，所以含有不同晶型的药物制剂不具备恒定不变的药物溶出曲线和含量均一性，导致不能保证其生物利用度；附件 5~7 说明晶型在制剂过程中可能发生转变；附件 8 说明亚稳晶型可能发生晶体转变，因此本申请中这种 A 晶优于其他晶型的稳定特性是本领域技术人员无法预见到的。②通过选择 A 晶的特定平均粒径，所获得的片剂稳定、溶出曲线偏差小，并且在药物均一性和易碎性方面也具有出色的效果，本领域技术人员基于对比文件 1 和常规技术，没有动机去选择特定的平均粒径。

（2）复审决定要点。

权利要求 1 请求保护一种含有 2-(3-氰基-4-异丁氧基苯基)-4-甲基-5-噻唑羧酸 （下称化合物 I） 的 A 晶、赋形剂及崩解剂的片剂。对比文件 1 （EP1020454A，公开日：2000 年 7 月 19 日） 公开了化合物 1 的单晶 A 以及该化合物在治疗高尿酸酮症中的用途。本申请的权利要求 1 与对比文件 1 的区别在于：①本申请限定 A 晶的平均粒径为 12.9~26.2μm；②对比文件 1 未公开将 A 晶制备成含赋形剂及崩解剂的片剂，要解决的技术问题是提供

已知化合物Ⅰ的固体制剂。

然而，在对比文件1公开了药物化合物Ⅰ的A晶的基础上，本领域技术人员容易想到将该活性成分加入赋形剂、崩解剂以制成片剂，而且在制剂过程中控制原料粉末的粒度是本领域的常规技术，所选择的微粉特性对于制剂工艺以及药物吸收和疗效的影响也是本领域技术人员所公知的，例如，粒径越小，溶出速度越快。因此，本申请权利要求1中的剂型以及A晶原料粒径的选择对于本领域技术人员而言均是显而易见的。此外，根据本申请说明书的记载，符合权利要求1的粒子是经过粉碎过筛得到的。该实施例的结果显示粒径越小，溶出速度越快（见附图7，即本书图3-1），这符合本领域技术人员所公知的规律，故该实施例所反映的技术效果是可以预见的。综上所述，权利要求1相对于对比文件1和本领域公知常识的结合没有突出的实质性特点，不具备创造性，不符合《专利法》第二十二条第（3）款的规定。相应地，权利要求2~7也不符合《专利法》第二十二条第（3）款的规定。

对于复审请求人的意见，合议组认为：①对比文件1具体公开内容如下："在Ⅰ区的一般操作区域内，晶体A被确定为亚稳态晶体；该晶形在正常储存条件（例如75%相对湿度，25℃等）下能长期保持，且在化学上稳定"，"在Ⅰ区的一般操作区域内，晶体C被确定为稳定晶体；上述晶形在正常储存条件（例如75%相对湿度，25℃等）下能长期保持，且在化学上稳定"，"如上所述，任何晶形都是有用的，但是，晶体A、C和G有利于长期储存的晶形保持；其中，鉴于工业上的优越性，优选晶体A"。由此可知，对比文件1中所公开的晶体A为亚稳态晶体，晶体C为稳态晶体，其前提条件是"在Ⅰ区的一般操作区域内"，而对比文件1同时明确公开晶体A、C和G本身而言均是化学稳定的晶体，有利于长期储存的晶形保持；并且在应用中优选晶体A。尽管附件2~8说明不同晶型显示出不同的物质特性、晶型在制剂过程中可能发生转变、亚稳晶型可能发生晶体转变，然而，结合上述评述可知，上述现有技术并不阻碍本领域技术人员在对比文件1的启示下选择A晶制备片剂；与之相反，根据对比文件1公开的内容，本领域技术人员更有动机选择晶体A。在对比文件1的教导下，本领域技术人员无需花费创造性劳动，而仅经过有限次的常规试验即可确定晶体A在片剂制造中不发生转变的特性。况且，对比文件1给出了"在生产含有药用有效化合物的药物组合物的情况下，适当对多晶型进行控制以配制仅含有占优的特定多晶型体的药物组合物"的教导，因此，根据对比文件 1 公开的上述内容，本领域技术人员有启示和动机选择晶体 A 制备药物剂型。②首先，本领域技术人员根据制剂的需要，对原料进行适当粉碎是本领域的常规选择；其次，粒子平均粒径的大小对于制剂工艺以及药物吸收和疗效的影响是本领域技术人员所公知的，例如，粒径越小，吸收越快。本申请说明书中并未记载本发明中粒径范围特别是 $12.9 \sim 26.2 \mu m$ 的粒径范围对于溶出、易碎性和硬度产生任何预料不到的效果，本领域技术人员不能根据本申请说明书的记载以及附图 7 得出平均粒径 $12.9 \sim 26.2 \mu m$ 的 A 晶片剂更加稳定和溶出曲线偏差小的结论，故请求人提出复审请求时提交的实验数据不能被接受。与此相反，本申请说明书中记载了"对本发明的药物的结晶粒径没有特别的限定，优选平均粒径为 $3 \mu m$ 以上和 $50 \mu m$ 以下"（参见说明书第 5 页第 5、6 行），可见权利要求 1 中 A 晶粒径对于本领域技术人员来说是一种常规选择，并未取得任何预料不到的技术效果。综上所述，请求人陈述的理由不具有说服力。

2）一审审理概要

（1）当事人辩诉和庭审概述。

复审请求人不服该复审决定，起诉至北京市第一中级人民法院。其主要理由为：①本申请是对 WO99/65885 现有技术的改进发明，现有技术即使使用最稳定的晶型也无法得到药物溶出曲线无偏差的制剂。本申请的目的是提供稳定且溶出曲线偏差小的 2-(3-氰基-4-异丁氧基苯基)-4-甲基-5-噻唑羧酸的固体制剂及其制造方法，即提供具有更加均一的溶出曲线的固体制剂及其制造方法。通过将本申请的药物的结晶粒径控制在一定范围内，具体即实施例 4 所表明的 $12.9 \sim 26.2 \mu m$ 范围内，药物结晶具有更加均一的溶出曲线。对比文件 1 没有公开将 A 晶制成含赋形剂及崩解剂的片剂，也没有公开选择平均粒径介于 $12.9 \sim 26.2 \mu m$ 之间的 A 晶。②专利复审委员会没有提供足以证明其所主张的公知常识的有效证据，且专利复审委员会所声称的公知常识并不能够使本领域技术人员在面对药物溶出曲线不良的技术问题时，通过选择 A 晶并且选择平均粒径为 $12.9 \sim 26.2 \mu m$ 的 A 晶，来达到发明目的。

被告专利复审委员会辩称：①根据对比文件 1 公开的内容，本领域技术人员有启示和动机选择晶体 A 制备药物剂型。②表 7 中粒子 1 至 4 的四种平均粒径：粒子 1 为 3.5μm、粒子 2 为 12.9μm、粒子 3 为 26.2μm、粒子 4 为 48.6μm。米谷芳芝教授对附图 7 的原因解析中所言，其原因从附图 7 和表 7 的数据中无法知晓，估计可能与药物本身的特异性以及制剂过程中的某些因素的相互作用有关。也就是说，本申请说明书中并未记载本申请中特别是 12.9～26.2μm 的粒径范围对于溶出、易碎性和硬度产生任何预料不到的效果，本领域技术人员不能根据本申请说明书的记载以及图 7 得出平均粒径 12.9～26.2μm 的 A 晶片剂更加稳定和溶出曲线偏差小的结论。

在本案庭审中：①帝人制药株式会社认为，被诉决定忽略了 12.9～26.2μm 的平均粒径范围内溶出率均一的技术特征，所述公知常识没有证据支持；在 12.9～26.2μm 范围内，溶出速率与粒径几乎无关，达到稳定；"实施例的结果显示粒径越小，溶出速度越快"的解读错误；对比文件 1 中没有公开为何选择 A 晶来制备片剂的区别技术特征。②对比文件 1 讲的是工业上的优势，而不是关于制剂的稳定性，对比文件 1 记载 C 晶最稳定。

对此专利复审委员会认为，对比文件 1 说明书给出了选择 A 晶的信息，C 晶最稳定的前提有其"一区的一般操作状态下"的条件；本申请说明书记载的优选粒径是粒径为 3～50μm，粒径没有特别的限制，帝人制药株式会社无法说明是由于 A 晶 12.9～26.2μm 平均粒径的选择才使得溶出率稳定。

关于附图 7 的解读，帝人制药株式会社认为，图 7 中 12.9～26.2μm 对应粒子 2 与 3 之间，二者接近重叠，而粒子 1 和 4 的曲线偏离粒子 2 和 3 的曲线，足以说明在此范围内可以实现均一的溶出。对此专利复审委员会认为，按说明书表 7 中粒子 1 至 4 的四种平均粒径，粒子 3 与 4 之间的粒径跨度较粒子 2 与 3 的粒径跨度远远为大，换言之，粒子 2 与 3 平均粒径的差异相对很小，因此在附图 7 中粒子 2 与 3 之间的溶出曲线相互更加临近并不能说明此范围粒径可以实现均一的溶出。

（2）法院决定。

本案焦点问题在于本申请的权利要求 1～10 是否符合 2001 年《专利法》第二十二条第（3）款的规定，即同申请日以前已有的技术相比，本申请是否具有突出的实质性特点和显著的进步。

（A）关于对比文件 1 的公开事实。

由对比文件 1 所公开的记载可以看出，其说明书明确记载了可以将 A 晶用于原药即将其作为医药组合物制剂中的有效成分，还明确记载了 A 晶的化学稳定性及工业应用上的优选性。因此，对比文件 1 实质上已经公开了可以选择 A 晶作为药物制剂有效成分的信息，即便 C 晶在 I 区的一般操作区域内最为稳定也并不足以排除本领域技术人员基于该公开的技术信息选择 A 晶作为药物制剂有效成分。因此，帝人制药株式会社相关主张缺乏事实和法律依据，本院不予支持。

（B）关于本申请专利说明书附图 7。

首先，附图的作用在于用图形补充说明书文字部分的描述，直观地、形象化地理解发明的每个技术特征和整体技术方案。在本申请说明书的全部文字记载中，尤其是在实施例 4 中，并未直接记载本申请中粒径范围特别是 12.9～26.2μm 的粒径范围对于溶出、易碎性和硬度产生任何预料不到的效果，也未直接记载其溶出率数据，而仅仅在说明书中记载了对本申请的药物的结晶粒径没有特别的限定，优选平均粒径为 3μm 以上和 50μm 以下。尽管说明书同时记载了"通过将本申请的药物的结晶的粒径控制在一定范围内，可提供具有更加均一溶出曲线的固体制剂"，但是并未明示该更加均一溶出曲线的固体制剂与平均粒径 12.9～26.2μm 的 A 晶片剂的关系。因此，本申请说明书全部公开信息并未直接记载平均粒径 12.9～26.2μm 的 A 晶片剂溶出曲线偏差更小，溶出曲线更加均一。

其次，根据附图 7 并不能直接地、毫无疑义地得出平均粒径 12.9～26.2μm 的 A 晶片剂溶出曲线偏差更小，即溶出曲线更均一的结论。一方面，帝人制药株式会社基于附图 7 中四种平均粒径的 A 晶片剂目测观察的溶出曲线的偏离、接近与否而得出溶出偏差大小的定量数据，本质上是基于附图 7 中的图形推导得出定量关系的技术特征，在说明书没有提供确定的溶出率数据的情况下，其并不属于本领域技术人员可以从附图 7 中直接地、毫无疑义地确定的范畴。另一方面，即便通过直接的目测观察进行比较，按照说明书表 7 中粒子 1 至 4 的四种平均粒径，粒子 3 与 4 之间的平均粒径差异较粒子 2 与 3 的粒径差异远远为大（粒子 3 与 4 粒径差异为 48.6μm-26.2μm=22.4μm；而粒子 2 与 3 粒径差异为 26.2μm-12.9=13.3μm）。换言之，粒子 2 与 3 的平均粒径差异相对较小，粒径本身即相互临近，因此在附图 7 中粒子 2 与 3 之间的溶出曲线相互更加临近并不能说明平均粒径在此范围的 A 晶片剂可以实现更加均一的溶出。

再者，本领域公知，药物制剂随时间的溶出率通常与药物溶解度、药物粒子的表面积、润湿性、片剂制法以及辅料种类和含量等相关。本申请并未提供数据证实附图 7 结果与或仅仅与平均粒径 12.9~26.2μm 相关，而与聚乙二醇、羟丙基纤维素（相当于实施例 4 的片剂的药物辅料）的包衣液等实施例 4 所涉其他因素或这些因素的组合必然无关。由此，在对本申请实施例 4 的 A 晶片剂溶出率现象的机理解析中，即便得出粒子 2 与 3 曲线间溶出率变化较小的事实，在其机理解析上也并不能排除例如特定辅料控制（如辅料中赋形剂和/或崩解剂的种类或辅料中赋形剂和/或崩解剂的含量）和平均粒径选择共同作用的结果等其他解读可能，从而尚不能唯一地与平均粒径 12.9~26.2μm 的粒径选择建立直接关联。

（C）被诉决定对实际所要解决技术问题的认定。

《审查指南 2006》针对如何确定发明实际解决的技术问题，规定：在审查中应当客观分析并确定发明实际解决的技术问题。为此，首先应当分析要求保护的发明与最接近的现有技术相比有哪些区别特征，然后根据该区别特征所能达到的技术效果确定发明实际解决的技术问题。审查过程中，由于审查员所认定的最接近的现有技术可能不同于申请人在说明书中所描述的现有技术，因此，基于最接近的现有技术重新确定的该发明实际解决的技术问题，可能不同于说明书中所描述的技术问题；在这种情况下，应当根据审查员所认定的最接近的现有技术重新确定发明实际解决的技术问题。重新确定的技术问题可能要依据每项发明的具体情况而定。作为一个原则，发明的任何技术效果都可以作为重新确定技术问题的基础，只要本领域的技术人员从该申请说明书中所记载的内容能够得知该技术效果即可。本案中，本领域技术人员从本申请实施例 4 附图 7 并不能直接地、毫无疑义地确定平均粒径 12.9~26.2μm 的 A 晶片剂具有溶出曲线偏差更小、即溶出曲线更加均一的技术效果；相反，本申请说明书多处明确记载了对本申请的药物结晶粒径没有特别的限定，优选平均粒径为 3μm 以上和 50μm 以下。因此，专利复审委员会基于本申请药物制剂发明所获得的这样的技术效果，认定本申请实际要解决的技术问题为"提供已知化合物 I 的固体制剂"而没有与本申请说明书所述"提供稳定且溶出曲线偏差小的 2-（3-氰基-4-异丁氧基苯基）-4-甲基-5-噻唑羧酸的固体制剂"保持一致，并无不当。帝人制药株式会社相关主张缺乏事实和法律依据，本院不予支持。

（D）关于本申请权利要求 1～10 的创造性。

本案中，帝人制药株式会社和专利复审委员会均认为本申请权利要求 1 与对比文件 1 的区别在于：（i）本申请权利要求 1 限定了 A 晶的平均粒径为 12.9～26.2μm，对比文件 1 并未公开此平均粒径的选择性使用；（ii）对比文件 1 未公开将 A 晶制备成含赋形剂及崩解剂的片剂。本院对此予以确认。

在此基础上，争议焦点在于，相对于对比文件 1 具有如此区别技术特征的权利要求 1 的所请求保护的技术方案是否具有突出的实质性特点和显著进步。

首先，对比文件 1 公开了多种多晶晶体的每一种都具有用于工业生产的特性和用于原药的理化特性和 A 晶的化学稳定性及工业应用上的优选性。在此教导下或在此基础上，本领域技术人员容易想到在该 A 晶中加入赋形剂、崩解剂等药物制剂中片剂的常规辅料以制成片剂。此时，并不会因为本领域技术人员也可以选择对比文件 1 中同时公开的 C 晶甚至 G 晶而无视或排除对比文件 1 对于选择 A 晶的教导。

其次，在制剂过程中控制原料粉末的粒度是本领域的常规技术，所选择的药物微粉粒度对于药物溶出、吸收和疗效的影响也是本领域技术人员所公知的，粒径越小，溶出速度越快，属于本领域的公知常识，对此并不需要专利复审委员会另外再提供公知常识性证据。因此，本申请权利要求 1 中的 A 晶原料粒径选择对于本领域技术人员而言属于本领域的常规选择，并且，本申请说明书中并未记载或证明本申请的 12.9～26.2μm 的 A 晶粒径范围对于本申请片剂的溶出率、易碎性和硬度产生任何预料不到的效果。综上，专利复审委员会认定本申请权利要求 1 相对于对比文件 1 和本领域公知常识的结合没有突出的实质性特点和显著进步，不具备创造性，不符合 2001 年《专利法》第二十二条第（3）款的规定，并无不当。

因此，专利复审委员会作出的第 24686 号复审请求审查决定认定事实清楚，适用法律正确，程序合法，本院予以维持。

4. 案例解析

1）晶体微观空间结构是晶体是否具备新颖性的必要而非充分条件

X 粉末衍射作为晶体指纹图谱在晶体确认和表征中的地位已经被认可，因此一般情况下，认为采用 X 粉末衍射数据足以将需要保护的晶体与现有技术已知的晶体区分开，即采用合适的X粉末衍射表征方式即可使得所述晶体满足新颖性的要求。而本案则采用了粒径和X粉末衍射两种表征方式同时进行了限定。通过对比本申请最接近的现有技术，即对比文件1（EP1020454A）中的权利要求1与本申请的权利要求1发现：对比文件1中记载的X粉末衍射12个2θ角约为6.62°、7.18°、12.80°、13.26°、16.48°、19.58°、21.92°、22.68°、25.84°、26.70°、29.16°及36.70°，与本案权利要求1中限定的X粉末衍射2θ角完全相同。本领域技术人员可知，X粉末衍射的原理是当X射线射入晶体后，在晶体内产生周期性变化的电磁场，迫使晶体内原子中的电子和原子核跟着发生周期振动。原子核的这种振动比电子要弱，可以忽略不计，振动的电子成为新的发射电磁波源，以球面波方式往各个方向散发出频率相同的电磁波，即由一个方向射入的一定波长的X射线在晶体内平面点阵内使得电子向各个方向发生散射，从而产生通过一定测算获得的θ衍射角，2θ代表衍射峰位置，d代表晶面间距，I/I_0代表衍射峰强度比，以I/I_0为纵坐标，以2θ为横坐标得到X粉末衍射图。通常地，从2θ、d值和I/I_0即可得到样品晶型变化、结晶度以及有无混晶等信息，而根据中国和美国的药典记载，大多数有机结晶物质2θ角的记录范围取0°~40°即可。本案权利要求1和对比文件1均纪录了0°~40°范围内的2θ特征峰位置，因此从X粉末衍射提供的数据来看，理论上应该认为对比文件1与本申请请求保护的晶体无法区分，即两者无法被认定为不同的晶型，即两者均为A晶。因此本案一个与传统晶型申请的不同之处在于：晶型已经是现有技术已知的晶型，但该晶型由于被制成了不同的粒径大小的颗粒，从而具备了新颖性。这说明，对于晶体产品而言，晶体的微观空间结构只是决定晶体是否能够区别于现有技术晶体的必要而非充分条件，如本案而言，由于粒径大小不同，不仅使得晶体产品具备了新颖性，同时也使得在考虑粒径这一区别技术特征实际解决的技术问题时，跳出了特定晶型结构带来何种技术效果的束缚，而转移到粒径大小本身为化合物带来何种技术效果上。

2）"说明书附图能够直接、毫无疑义确定的内容"才可以被接受

本案中，创造性争议的焦点在于权利要求1限定的粒径范围（12.9~26.2μm）是否为技术方案带来了创造性。双方主要围绕着附图7记载的结果进行了讨论。附图7（图3-1）如下：

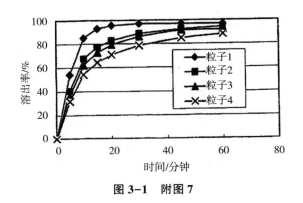

图 3-1　附图 7

其中粒子 1~4 的平均粒径分别为 3.5μm、12.9μm、26.2μm 和 48.6μm。申请人认为权利要求 1 概括的 "12.9~26.2μm" 对应粒子 2 与 3 之间，二者接近重叠，而粒子 1 和 4 的曲线偏离粒子 2 和 3 的曲线，足以说明在此范围内可以实现均一的溶出。对于该争辩理由，法院认为：首先，说明书没有直接的文字记载溶出均一与特定的粒径范围相关，帝人制药株式会社得出的 "均一溶出" 是对附图 7 提供的直接信息进行的推导，不属于能够直观地从附图 7 直接地、毫无疑义地确定的内容；其次，附图 7 中粒子 2 与 3 之间的溶出曲线相互更加临近不能直接、明确地归因为在该粒径范围内的 A 晶片剂可以实现更加均一的溶出，两者接近可能与粒子 2 和 3 本身的粒径大小比较接近有关，也可能是药物载体的具体选择、制药的过程等多种因素联合作用的结果。因此，从说明书记载的内容无法建立起 "12.9~26.2μm" 粒径范围与 "更均一的溶出率" 之间有必然的因果关系，所以不能被接受。而在复审阶段，复审委还提供了专家证言，即日本星药科大学药剂学研究室的教授对于附图 7 的分析，认为该附图使得粒子 2 和 3 具有更接近溶出率曲线的原因是无法确定的，与 "12.9~26.2μm" 粒径范围不存着必然的联系。

由此可见，①对于申请日之后提交的，在原申请文件中没有记载的，需要通过对说明书附图进行分析、推导才能得出，而非直接地、毫无疑义地确定的技术内容，不被认为是原申请文件记载的内容，不能在争辩中被采纳；②即便从说明书附图中能够直接地、毫无疑义地得出粒子 2 和 3 的 "溶出曲线接近，证明溶出均一" 的结论，还需要证明该技术效果与 "12.9~26.2μm" 粒径范围有必然的、不可否认的联系，才能被接受。换句话而言，只要不能排除该技术效果的产生与其他因素的相关性，就不能认为是该粒径范围决定了所述晶体能够产生溶出均一的技术效果，申请人关于粒径带来溶出均一技术效果的意见就不能被接受。

3）调整粒径的大小的技术启示和动机

本案在判断创造性的过程中，按照三步法分析了本领域技术人员对于不同剂型以及 A 晶原料粒径的选择是显而易见的。一方面，根据用药需要本领域技术人员有动机去制备不同的剂型，另一方面，本领域公知：粒径越小，溶出速度越快，因此基于该认知本领域技术人员有动机想要制备粒径更小的晶体产品。也就是说，在对比文件 1 基础上，本领域技术人员为了达到溶出速度更快的技术效果，有动机想要制备更小粒径的晶体产品。

由此可见，对于晶体粒径的调整在本领域被认为有足够的技术动机，大颗粒容易运输、或者好分离，小颗粒易溶解、溶出率高等在本领域均是已知的，因此若调整粒径后获得的技术效果为公知的粒径调整后预期会产生的技术效果，则对粒径进行调整并不会为技术方案带来创造性。

5. 案例启示：重视包括晶体特殊性质在内的化合物的相关理化性质

1）多种表征方式的选择

本案虽然最终未争取到授权，但在实审过程中通过增加粒径范围对权利要求进行限定的方式是可取的。当然这基于在原始申请文件中有相应的记载，能够作为后续修改的依据。将原始申请文件中记载晶体化合物的多种物理化学参数限定到请求保护的技术方案中，是申请人应对实审中关于新颖性质疑时的有效手段，若说明书原始记载中能够确定所述物化性质为晶体产品带来了非显而易见性，则能成为创造性陈述的有力支持。药物化合物多为有机化合物，用于说明有机化合物的物理常数包括相对分子质量、相对分子质量分布、纯度、聚合度、支化度、立构规整度、粒径、取向度、交联度、结晶度、熔点、沸点、密度等。将上述参数与晶体特定的表征方式 X 粉末衍射数据一起来表征请求保护的晶体产品，有时对于清楚表征需要请求保护的产品甚至是必要的。本领域技术人员可知，由于制备具体条件的不同，得到混晶产品是非常常见的。混晶即指在所述产品中存在同一化合物的不同晶型。在需要请求保护一种混晶产品时，由于其中存在多种晶型，但采用 X 粉末衍射图谱显然已经不足以清楚地表征所述的混晶，此时除了使用具体的制备方法对混晶产品进行限定外，还可以结合使用熔点、密度等如上所述的其他物化参数来同时进行表征，以和现有技术已知的混晶产品加以区分。

另外，在侵权诉讼中，若被告生产的晶体产品中含有受专利权保护的晶体类型，无论该晶型是一直稳定存在，还是在储存、运输、使用过程中被转化而成；无论该晶型在整个晶体产品中所占的比例多少，均构成侵权。然而，若被告侵权晶体被证实与授权晶体在其他物化性质上存在明显不同，则对侵权判定的结果可能会发生影响。

2）对说明书附图信息的提取

在复审、无效或诉讼阶段，从原始文件中寻找支持己方的证据是进行争辩时申请人、专利权人或请求人的常见做法，而对于说明书附图而言，一直存在着如何对图形提供的信息进行信息提取才能被接受的困惑。

一般地，可以借鉴新颖性判断中对附图公开内容的认定方法。即附图中的相关部分如果在申请文件中没有做出特别说明，则按照所属领域通常的图示含义来理解。具体地，一般可以通过作为现有技术的技术词典、技术手册、教科书、国家标准、行业标准等文献记载的相关图示含义，来解释理解附图中相应部分在所属技术领域的通常图示含义。

如果不存在怀疑附图未采用相同比例绘制的理由，则认定同一附图采用相同比例绘制。对这样的附图，若所属领域技术人员能够确定出附图所示部件之间的相对位置、相对大小等定性关系，则这些定性关系属于能够从附图中直接地、毫无疑义地确定的技术特征。仅通过测量附图得出的具体尺寸参数等定量关系特征不属于能够从附图中直接地、毫无疑义地确定的技术特征。

本案中，附图 7 虽然记载了不同粒径的晶体的溶出率曲线，但从附图记载的信息来看，客观上能直接获知的信息为："粒径越小、溶出度越好"，"粒径 2 和粒径 3 溶出曲线较相似"，而无法得出申请人所述的"粒径 2 和粒径 3 代表的粒径范围内溶出更均一"的结论。

因此申请人和专利权人在需要对说明书附图的信息进行提取时，应充分考虑上述对于说明书附图公开内容的判断基准，以增加成功的机会。

第4章 国外晶型专利案例评析

4.1 专利侵权应对

4.1.1 SmithKline 公司诉 Apotex 公司侵犯盐酸帕罗西汀半水合物发明专利权[①]

1. 案情简介

盐酸帕罗西汀（PHC）是一种 5-羟色胺再摄取抑制剂（SSRI）类抗抑郁药，20 世纪 70 年代丹麦的 Ferrosan 公司首先研发出其无水物，并获得美国专利权 US4007196（下称 196 专利），该专利于 1992 年到期。1980 年 Ferrosan 公司将 196 专利及其他与盐酸帕罗西汀相关的技术转让给  SmithKline 公司。1985 年 3 月，SmithKline 公司的化学家 Alan Curzons 在英格兰的 Worthing 工厂对 PHC 的生产进行改进时发现了新的 PHC 结晶形式，其实验结果证明这是一种 PHC 半水合物，每两分子盐酸帕罗西汀含一分子结合水，该产品比盐酸帕罗西汀无水物更稳定，因此更易于包装和储存。SmithKline 公司就该 PHC 半水合物申请了专利，并于 1988 年获得美国专利权 US4721723（下称 723 专利），于 1993 年以商品名 Paxil ⓒ 在美国上市，其年销售额高达 10 亿美元。1998 年加拿大 Apotex 公司向美国 FDA 提交了简略新药申请（ANDA），以期批准其盐酸帕罗西汀抗抑郁药上市，Apotex 公司认定其抗抑郁药的活性成分是盐酸帕罗西汀无水物，其 ANDA 中包括一份声明，指出由于该药物不侵犯 723 专利，其预计在 723 专利到期前上市。1998 年 SmithKline 公司起诉 Apotex 公司的

---

① Smithkline Beecham Corp. v. Apotex Corp., 403 F. 3d 1331 (2005)

ANDA 侵犯其 723 专利，诉称被告制备的"无水物"在加工或存放时肯定会吸收水分而有少量转化为"半水合物"。地区法院一审以三种不同的方式对权利要求进行解释，得出了被告不侵权或不承担侵权责任的结论。双方上诉至联邦巡回上诉法院，二审法院认为专利保护"没有含量的限制"，即使是"痕量"的也侵权，但由于被告实施的是现有技术，既然按照 196 专利的方法生产无水盐酸帕罗西汀必然含有或转化为"半水合物"，那么该现有技术就应该是在后专利的占先（anticipation）文献，所以 723 专利因为没有新颖性而无效，Apotex 不侵权。

2. 审理过程

1) 当事人诉辩

SmithKline 公司在之前仅生成无水物的 PHC 生产批次中检测到了半水合物。SmithKline 公司用"Seeding"现象解释这一观察结果：当晶体结构被少量类似的、但更稳定的晶型污染后，就发生了"seeding（晶种导向）"，之后稳定性差的晶型自发地转变成更稳定的晶型。因此，如果无水物被更稳定的半水合物晶种污染，无水物会迅速转化为半水合物。SmithKline 公司认为如果在工业环境下生产无水物的时间足够长，生产设备不可避免地会被半水合物"种晶（seeded）"。"晶种导向"会导致未来无法生产出无水物，因为无水物将转化为半水合物。因此 Apotex 公司生产的 PHC 无水物片剂必然至少含有痕量的 PHC 半水合物，从而侵犯了其 723 专利。

Apotex 公司辩称 196 的专利是 SmithKline 公司 723 专利的固有占先（Inherent anticipation，即隐含公开）。生产 PHC 时总是存在半水合物，即使半水合物可能在长时间内都无法被检测到。尽管其含量是无法检测到的，但 196 专利公开了生产半水合物的方法，因此隐含公开了半水合物。

2) 法院观点

(1) 地区法院。

地区法院首先将 SmithKline 专利的权利要求 1 解释为"含有商业意义的量的半水合物"，庭审记录中无异议的证词表明：PHC 无水物-半水合物混合物需含有百分含量达到两位数的 PHC 半水合物，这样半水合物组分才具有商业价值。

对法院的上述观点，SmithKline 公司辩称权利要求 1 自身是清楚的，涵盖了任意含量的 PHC 半水合物，无论是少量和还是痕量的。地区法院则认为 SmithKline 公司的解释会导致权利要求 1 不清楚，会将潜在的侵权人置于无法确定产品是否侵权的难以防守的境地，因为即使一种无法检测到的结晶的 PHC 半水合物也会侵权。

为了证明生产 PHC 无水物片剂将不可避免地生成 PHC 半水合物，SmithKline 公司提供了对于所谓的"晶种导向（seeding）"或"消失的多晶型（disappearing polymorph）"理论的专家证言。在这种理论下，Ferrosan 公司原本生产了相对不稳定的结晶的化合物 PHC 无水物，由于目前未知的原因，PHC 无水物转变（morphed）为更稳定的 PHC 半水合物。由于这种新的多晶型的存在，普通的生产环境被 PHC 半水合物晶体"种晶（seeded）"，在被"种晶"的环境下，PHC 无水物不可避免地与半水合物晶种接触，从而转化成 PHC 半水合物。换言之，即使并非不可能，生产纯的 PHC 无水物也变得极其困难。由于自然而然地转变为新的多晶型-PHC 半水合物，旧的多晶型-PHC 无水物的纯净形式消失了。

SmithKline 公司的专家使用"消失的多晶型"理论证明 Apotex 公司的 PHC 无水物片剂遇到湿气、压力及实际上无所不在的 PHC 半水合物晶种时，不可避免地转变为半水合物。地区法院查明 SmithKline 公司的关于"晶种导向（seeding）"和"消失的多晶型（disappearing polymorph）"的证据支持 Apotex 的 PHC 无水物片剂含有至少痕量 PHC 半水合物的推论。因此，按照 SmithKline 公司的权利要求解读方式，地区法院认为 Apotex 的 PHC 无水物药物侵犯 723 专利权利要求 1 的专利权。

如果将权利要求 1 解释为含任意量的 PHC 半水合物并且因此侵权成立，地区法院提出新的有利于 Apotex 公司的对侵权的衡平抗辩（equitable defense），即对于实施不公平或不正当行为的当事人，法官不给予救济。在该新的抗辩理由下，SmithKline 公司对制造半水合物负有责任，按照"消失的多晶型"理论，该半水合物给环境种晶，导致了实施现有技术生产无水物时必然得到半水合物。因此，是 SmithKline 公司引起了被控侵权事实。地区法院认为 Apotex 应该享有通过生产 PHC 无水物实施现有技术的权利。因此，通过衡平抗辩，地区法院使 Apotex 免除侵权责任，是 SmithKline 公司自身的行为使得如果不侵犯 723 号专利权就不能实施现有技术。

最后，地区法院考虑了另一种权利要求的解释方式，权利要求 1 涵盖了以申请 723 专利时可用的方法检测到的量的 PHC 半水合物，或日后可用的任意方法检测到的量的 PHC 半水合物。记录显示 SmithKline 公司提供了对 Apotex 片剂不同样品的检测结果，Apotex 的产品中存在 PHC 半水合物。地区法院认为该证据不可信而拒绝接受，因为 SmithKline 公司的法律顾问从试验中排除了某些片剂而未给出合理解释。审判庭发现这些被排除的片剂代表了 Apotex 公司拟通过 ANDA 生产的产品。因此，地区法院认为 SmithKline 公司没能证明 Apotex 的片剂会含有可检测到的量的 PHC 半水合物，Apotex 公司不侵权。

（2）联邦巡回上诉法院。

①关于事实认定。在事实方面，上诉法院认可地区法院的下列观点：由于无水物不可避免地转变为半水合物，Apotex 的 PHC 无水物产品中会含有痕量的 PHC 半水合物，但 Apotex 的 PHC 无水物产品中 PHC 半水合物的量无法被检测到。尽管地区法院接受了"消失的多晶型"和"晶种导向"的理论，但没有查明 PHC 半水合物如何出现或者说何时首次出现。实际上，在 1985 年之前，PHC 无水物片剂中的 PHC 半水合物的量少于 5% 时是无法被检测到的。然而，毫无疑问地，Curzons 制备 PHC 无水物时（很可能是按照 196 专利的教导）偶然发现了 PHC 半水合物。尽管 Curzons 直到 1985 年 3 月才声称发现了 PHC 半水合物，对于 SmithKline 的 PHC 无水物样品的进一步检测表明，SmithKline 的工厂早在 1984 年 12 月就无意间制备了 PHC 半水合物。这些不争的事实表明按照 196 专利制备的 PHC 无水物转变为 PHC 半水合物，包括通过晶种导向得到的，也包括不通过该方式得到的。

②关于权利要求的解释。723 专利的权利要求 1 保护"结晶的盐酸帕罗西汀半水合物"，其语言表述清楚，定义了特定的化合物，没有进一步的限定。地区法院曾基于 723 专利的说明书中讨论了 PHC 半水合物的药学和商业化特性而将权利要求 1 解释为"含有商业意义的量的半水合物"。然而这仅仅是强调了该新的化合物表现出的有利性质，并非用商业化特性对化合物进行重新定义。723 专利的申请文件中也没有把 PHC 半水合物限制为其商业化实施例，在 723 专利的审查历史中，也未曾用"商业意义的量"对权利要求进行限定。因此，基于内部证据，地区法院对权利要求的上述解释方式是错误的。此外，权利要求是否清楚并不取决于潜在侵权者能否确定其被控产品是否侵权，而取决于本领域技术人员能否清楚地界定发明的范围。

③关于侵权和无效。如前所述，证据表明 Apotex 的 PHC 无水物片剂会含有痕量的半水合物。因此，基于正确的权利要求解读方式，上诉法院认为 Apotex 公司的产品侵权。然而，Apotex 公司实施的是现有技术，如果现有技术侵权，那么逻辑上该现有技术就应该是在后专利的占先（anticipation）文献。庭审时，Apotex 辩称 Ferrosan 公司制备 PHC 无水物的过程在 723 专利之前固有的生成痕量半水合物，因此是该专利的固有占先。

地区法院认为 Apotex 公司没有通过清楚、有说服力的证据证明在 723 专利的关键日之前无法生产出纯净的 PHC 无水物（即不含 PHC 半水合物）。然而要求 Apotex 公司完成上述举证是错误的。"占先"并不要求现有技术主题的实际生成，仅需要充分公开。因此，无论在 723 专利的关键日之前能否生产出纯的 PHC 无水物都不相干的。Apotex 公司仅需要证明按照现有技术的教导操作的自然结果就会导致生成权利要求保护的产品。记录表明 SmithKline 公司承认按照 196 专利的方法生产 PHC 无水物会不可避免地生成至少痕量的 PHC 半水合物。1984 年 12 月，SmithKline 按照 196 专利生产 PHC 无水物时偶然制备了 PHC 半水合物；Curzons 也是在按照 196 专利制备 PHC 无水物时发现了 PHC 半水合物。并且 SmithKline 和 Apotex 目前都不能生产出不含至少痕量 PHC 半水合物的 PHC 无水物。上述不争的事实表明实施 196 专利必然地导致生成 PHC 半水合物。

SmithKline 认为 Apotex 的侵权行为完全是由在 Apotex 的设备中出现 PHC 半水合物"晶种"造成的，Apotex 可以通过在不存在半水合物"晶种"的洁净的设备中生产 PHC 无水物来避免侵权行为。尽管 PHC 半水合物"晶种"会加速 Apotex PHC 无水物中半水合物的生成，但地区法院不接受 SmithKline 的下述观点：即半水合物"晶种"是造成 Apotex 无水物中出现不希望存在的半水合物的唯一原因。并且 SmithKline 在庭审时争辩 PHC 半水合物"晶种"不必然生成 PHC 半水合物。SmithKline 在 Harlow 工厂和 Worthing 工厂生产 PHC 无水物都导致了 PHC 半水合物的偶然生成，唯一合理的解释就是 PHC 半水合物是实施 196 专利的自然结果。SmithKline 没有提供证据证明在未被种晶的设备中可以生产出纯净的 PHC 无水物。其唯一的依据是在 1985 年首次检测到半水合物之前，已经按照 196 专利生产了多年的 PHC 无水物。然而，地区法院认为"存在"和"检测"是不同的，实际上，可能在 20 世纪 70 年代 Ferrosan 首次生产 PHC 无水物时，PHC 半水合物就已经以无法检测到的量存在了，而可检测到少量 PHC 半水合物的技术直到 1985 年才出现。PHC 无水物与低含量的 PHC 半水合物共存，而不发生进一步的转化也是有可能的。因此，SmithKline 认为在 PHC 无水物的早期批次中不存在转化，在 1984 年之前不存在半水合物的观点没有说服力。

由于证据表明按照 196 专利生产 PHC 无水物会固有地生成至少痕量的 PHC 半水合物，上诉法院认为 196 专利构成了 723 专利权利要求 1 的固有占先，使 723 专利的权利要求 1 因不具备新颖性而无效。地区法院基于 Apotex 没有提供清楚、有说服力的证据证明在 723 专利的关键日之前存在 PHC 半水合物而认为 196 专利不构成固有占先的观点是错误的。

综上所述，上诉法院认为 Apotex 的 PHC 无水物产品侵犯权利要求 1 的专利权。然而，723 专利的权利要求 1 由于 196 号专利的固有占先而无效。因此，Apotex 无需为其侵权行为负责，上诉法院维持地区法院的判决。

3. 案例解析

本案中，现有技术是否构成"固有占先"是影响判决结果的关键因素，法院在判断固有占先时考虑了如下原则：

（1）一件现有技术在没有公开要求保护的发明的某一特征时，如果该缺少的特征在该现有技术文献中必然存在或者固有，也能破坏该发明的新颖性 [Schering Corp v. Geneva Pharms., Inc., 339 F. 3d 1373, 1377（Fed. Cir., 2003）]。

（2）固有占先不需要本领域技术人员在现有技术创立时认识到该固有公开。

（3）固有占先使公众保留生产、使用或销售现有技术产品或方法的自由，而不管他们是否理解其构造或科学原理（190 F. 3d at 1348；accord Schering Corp., 339F. 3d at 1379-80）。

可见，判断"固有占先"的关键点在于未被公开的技术特征"必然地、不可避免地"存在。

SmithKline 公司在侵权诉讼和无效抗辩中的理由似乎是矛盾的，一方面声称 Apotex 公司制造现有技术产品将导致生成至少痕量的其专利产品；一方面又主张在其发现专利产品之前，制备现有技术产品不产生相同的结果。SmithKline 公司试图通过与晶型转化相关的科学理论解释上述问题，即在 723 专利的关键日之前并不存在 PHC 半水合物，因此 196 专利不构成固有占先；只有在这之后存在了"PHC 半水合物晶种"，才导致 PHC 无水物向半水合物的转化，此时无法再生产出纯净的 PHC 无水物,实施现有技术 196 专利,必然生成半水合物,从而造成侵权。然而,SmithKline 公司忽视了"存在"与"可检测到"之间的关系。由于检测水平的限制,在某一时期使用当时的检测方法无法检测到某物质的存在,并不意味着该物质必然不存在。实际上,SmithKline 公司的证人也承认其是在按照 196 专利的方法制备 PHC 无水物的过程中"偶然发现"了 PHC 半水合物的存在,PHC 半水合物并非是人工合成的,而很有可能在 196 专利之时已经存在,仅仅是没有被检测到而已。目前的证据也表明实施 196 专利会必然地、不可避免地生成 PHC 半水合物。因此联邦巡回上诉法院支持了被告 Apotex 的观点,认为 196 专利构成了 723 专利的固有占先,从而判定 Apotex 不侵权。

4. 案例启示

众所周知,由于受多种因素的影响,同一化合物的不同晶型之间、含不同溶剂分子数的溶剂化物之间可能发生转化,特别是在制剂过程中添加的辅料、制剂工艺条件等都可能对晶型产生影响。在与药物晶型相关的专利中,因晶型转变引起的诉讼屡见不鲜,在制药大国美国更是如此。

在我国,《专利审查指南》(2010 版)第二部分第三章 2.3 节中规定:引用对比文件判断发明或者实用新型的新颖性和创造性时,应当以对比文件公开的技术内容为准。该技术内容不仅包括明确记载在对比文件中的内容,而且包括对于所属技术领域的技术人员来说,隐含的且可直接地、毫无疑义地确定的技术内容。从字面上看,所述"隐含的且可直接地、毫无疑义地确定的技术内容"类似于该美国判例中"没有被现有技术公开,但必然存在或者固有的技术特征"。然而,在我国的审查和司法实践中,在申请日之前尚未被所属技术领域人员知晓的那些固有特征不属于"隐含的且可直接地、毫无疑义地确定的技术内容"。这与本案判断"固有占先"的原则之一"固有占先不需要本领域技术人员在现有技术创立时认识到该固有公开"明显相反。

一方面,这无疑对于制药企业在开发晶体类药物时提出了更高的要求。技术人员需关注相关化合物是否存在多晶型现象,已有的晶型是否稳定,在贮存和制剂加工过程中是否发生晶型转变,在研晶型是否属于已有晶型自发转变的产物,在进行充分实验、调研后再着手申请专利可以最大程度地确保专利权的稳定,避免后续因固有占先而被无效。

另一方面,这也成为仿制药厂商挑战原研药企的一枚利器。如欲尽早抢占市场，可以充分挖掘现有技术，以晶型转变为突破口，寻找被现有技术固有占先的晶型专利。

我国企业如果在美国受到关于晶体药物专利的侵权起诉，可以尝试挖掘相关现有技术，看是否存在构成涉诉专利"固有占先"的现有技术，以"固有占先"作为无效理由进行抗辩。所述"固有占先"可以包括没有被现有技术公开的技术特征，只要证明该技术特征必然在现有技术中存在即可，技术特征的线索可以从"水含量变化""颗粒大小变化""溶剂含量变化"等方面寻找。

4.1.2　Zenith 公司请求法院确认其头孢拉定半水合物产品不侵犯 Bristol 公司头孢拉定一水合物发明专利权[①]

1. 案情简介

头孢拉定（Cefadroxil）是头孢菌素类抗生素，可有效抑制青霉素抗性细菌。头孢拉定由美国 Bristol 公司（Bristol – Myers Squibb）发明，并于 1970 年获得美国专利 US3489752（以下简称 752 专利）的保护，该专利保护任意形式的头孢拉定，已经于 1987 年失效。同时，为了克服生  产中的问题，Bristol 进一步寻找有商业应用价值的晶体形式，科学家们发现了一种新的结晶形式的头孢拉定，该晶型是头孢拉定的一水合物，被命名为"Bouzard 一水合物"。该晶型在服用之前为粉末状，其堆积密度、溶解度和稳定性使之特别适合制成胶囊。Bristol 公司为该发明申请了专利，并于 1985 年 3 月 12 日获得了美国专利 US4504657（简称 657 专利）。

657 专利只有一项权利要求，该权利要求保护结晶的头孢拉定一水合物，并用 X 射线衍射图谱进行了限定（即在不同的扫射角表现出 37 条线）。

1988 年，Zenith 公司与一家西班牙公司 Gema 签订合同，成为 Gema 公司生产的头孢拉定 DC 在美国的独家经销商。头孢拉定 DC 是一种半水化合物，在结构上与 Bouzard 一水合物不同。Zenith 和 Gema 向 FDA 申请批准头孢拉定 DC 在美国上市。根据 FDA 的规定，Zenith 和 Gema 基于头孢拉定 DC 与已被 FDA 批准销售的头孢拉定一水合物（并非 Bouzard 一水合物）具有生物等效性而提出了简

---

① Zenith Laboratories V. Bristol-Myers Squibb, 19 F. 3d 1418 (1994)

约申请（abbreviated approval）。1990 年 10 月 FDA 批准了这一申请。

1991 年 6 月，Bristol 公司在马里兰州联邦地区法院提起诉讼，指控 Gema 侵犯了其所拥有的 657 专利。Gema 宣布放弃在美国生产头孢拉定 DC 的计划，Bristol 公司随即撤诉。

1991 年 8 月，Zenith 公司在新泽西州联邦地区法院主动提起诉讼，请求确认头孢拉定 DC 不侵犯 657 专利权。

在听审中，Bristol 公司承认，头孢拉定 DC 作为半水化合物，其服用前的形式对 657 专利不构成文义侵权（Literally infringe）。但是，Bristol 公司认为：Zenith 的产品构成了对 657 专利的等同侵权；由于 Zenith 的产品在患者胃内转化为 657 专利保护的产品，根据 1988 年美国专利法 271（b）的规定，销售头孢拉定 DC 构成诱导侵权的行为。

由于 Bristol 没有提出事实性的争辩，地区法院在 1992 年 3 月 4 日做出了即决判决（summary judgement），判定 Zenith 的产品不侵权。

1992 年 4 月 16 日，Bristol 申请重新考虑即决判决，由于 Bristol 提交了两份声明证明了体内转化，地区法院撤销了上述判决。1992 年 5 月 26 日至 6 月 5 日，地区法院进行了全体法官审理（bench trial），法院认为 Zenith 的产品头孢拉定 DC 不构成等同侵权，但销售该产品构成引诱侵权，判定 FDA 对 Zenith 头孢拉定 DC 的商业销售的批准有效期不得早于 657 专利的失效期 2002 年 3 月 12 日。

Zenith 不服上述判决，提起上述，理由包括：①657 专利的权利要求不包含在患者胃内短暂形成的 Bouzard 晶体；②即使认为体内转化在权利要求的保护范围内，现有证据也不能证明服用头孢拉定 DC 后胃内形成的晶体构成了对 657 专利的文义侵权；③即使在胃内形成了这样的晶体，也不构成 1988 年美国专利法 271（a）中所谓的侵权"使用"；④其等同侵权的诉讼请求排除了文义侵权的判定；⑤根据禁止反悔原则，应当禁止 Bristol 公司重新主张头孢拉定 DC 对 Bouzard 一水合物专利的侵权。

联邦巡回上诉法院维持了地区法院关于等同侵权不成立的判决，但是推翻了诱导侵权成立的判决。

2. 审理过程

1）权利要求的解释

Zenith 公司认为，657 专利审查期间，Bristol 特别强调 Bouzard 一水合物与现有技术中其他头孢拉定形式相比的一个优点就是易于生产加工的特性，而这种特性是药物在服用前的表现，一旦病人服用后，该特性也就随之消失。因此 Bristol 实际上在专利审查期间就已经放弃了对那些不表现出易于生产加工特性的任意形式的头孢拉定 DC 的保护，显然其中包括在患者胃内形成的 Bouzard 一水合物。因此，对 657 专利权利要求的解释应限定为服用前的、粉末形式的 Bouzard 一水合物。

地区法院不同意上述观点，将"服用前"的限定引入到权利要求中是不适当的。权利要求的解释还是应当以权利要求本身的术语限定为准，说明书中没有任何内容显示权利要求限定的 Bouzard 一水合物晶体仅仅限于服用前的形式，在胃内转变成的 Bouzard 一水合物也在 657 专利的保护范围之内。

联邦巡回上诉法院认为，本案要解决的不是专利有效性问题，而是侵权问题，需确定权利要求是否将保护的产品限定为"服用前的形式"。除非专利权人在权利要求中使用特定的单词或短语（words or phrases）进行了限定，否则将限定引入权利要求中是不恰当的。

Zenith 认为可以通过权利要求中的"特性（properties）"一词将相应的限定引入权利要求中。但是上诉法院认为，"特性"一词仅指 X 射线衍射特性，与 Bristol 公司强调易于商业化生产加工的特性无关。657 专利保护的是一种化合物，因此其是否能获得授权取决于该化合物的结构。化合物表现出的特性对能否获得授权的影响仅限于评价要求保护的化合物与现有技术之间结构差异的显著性，并且也没有明确的证据表明这些特性对于 PTO 的授权产生了决定性的影响。因此，权利要求保护的是具有特定 X 射线衍射模式的头孢拉定晶体，不能将其限定为服用前的形式。

2）等同侵权

对于 Bristol 公司等同侵权的指控，Zenith 提出了如下抗辩理由：①Bristol 没有证明头孢拉定 DC 以基本相同的手段，实现基本相同的功能，达到基本相同的效果；②Bouzard 一水合物的等同范围不能扩展至头孢拉定 DC，否则会涵盖现有技术，因为头孢拉定 DC 与 Gottstein 头孢拉定是同样的化合物；③禁止反悔原则（prosecution history estoppel）将头孢拉定 DC 排除在 Bouzard 一水合物的等同范围之外。

对于理由①，地区法院认为：头孢拉定 DC 在体内转化为 Bouzard 一水合物，其必然以基本相同的手段，实现基本相同的功能，达到基本相同的效果。对于理由②，地区法院查明的事实与 Zenith 相反，因此不支持该理由。法院审理的重点是理由③。

禁止反悔原则的本质是禁止专利权人在诉讼期间又重新要求保护其在实审期间为获得授权而放弃的对象。Zenith 认为，在 657 专利的审查过程中，Bouzard 博士依赖于 Bouzard 一水合物的生产加工优势将其与现有技术区分开，并且专利因此获得授权。地区法院认同上述观点，因此 657 专利等同物的范围被限制为具有上述生产加工特性的等同结构。Zenith 生产的头孢拉定 DC 并不具有上述优异的生产加工特征，因此不构成等同侵权。

联邦巡回上诉法院不同意地区法院的观点，理由如下：

Bristol 公司在专利审查过程中确实强调了其 Bouzard 一水合物与现有技术中的头孢拉定形式相比具有更优异的生产加工特性，但是审查员并没有将这些头孢拉定形式作为现有技术，因此 Bristol 公司关于生产加工特性的声明并不是决定 657 专利可专利性的关键因素。此外，根据审查员关于授权原因的说明，唯一的现有技术文献是美国专利 US3781282，Bristol 公司成功地证明了其要求保护的化合物并没有该被现有技术文献所内在性地公开。没有证据表明审查员是依赖于关于 Bouzard 晶体的生产加工特性的声明而做出了授权决定。

Zenith 主张 Bristol 公司的陈述预先阻止了审查员基于现有技术中的头孢拉定形式对本申请提出显而易见性的质疑。但这最多是一种推测，并不具有说服力。

因此地区法院基于该声明应用禁止反悔原则是错误的，但是这种错误并没有影响最后的判决。为证明等同侵权的存在，Bristol 公司必须证明头孢拉定 DC 与 Bouzard 一水合物等同，必须基于专利文件的上下文、审查记录以及现有技术的语境下对替代技术特征进行功能/手段/效果的等同分析。

Bristol 公司在专利审查期间就 Bouzard 晶体相对于现有技术中的头孢拉定形式而言，其生产加工优点进行了反复陈述。因此 Bouzard 晶体的主要功能就是便于服用前的生产加工。除此之外，申请人并没有描述或暗示其他预期功能。由于头孢拉定 DC 被患者服用后在其胃内转化为 Bouzard 晶体并不能行使上述功能，因此在功能/手段/效果的等同侵权分析中，"功能"部分的要求并没有得到满足，因此 Bristol 公司难以证明构成等同侵权。综上所述，地区法院关于 Bristol 公司等同侵权的指控不成立的判决是正确的。

3）引诱侵权

首次判决中，地区法院认为，Bristol 公司没有提出有力的证据证实头孢拉定 DC 在患者胃内确实转化成为专利产品，Zenith 公司不构成对 657 专利的侵权。

首次判决之后，Bristol 公司申请重新考虑判决结果，同时提供了大量证据，其中主要证据是 Brittain 博士的实验数据。首先，Brittain 使用光学显微镜确定头孢拉定 DC 晶体要小于 Bouzard 一水合物晶体，且两者形状有明显区别。其次，Brittain 发现头孢拉定 DC 晶体的双折射率远低于 Bouzard 一水合物晶体。尽管可以通过显微镜确定头孢拉定 DC 在形状、大小、双折射率等物理性质上的变化，但 Brittain 并不能仅仅通过观察就确定更大的、折射率更高的晶体一定是 Bouzard 一水合物。Brittain 最终使用 X 射线衍射图谱（本质上属于晶体化合物的指纹图谱）确定经光学检测后的疑似转化物实际上是 Bouzard 一水合物。

Zenith 公司辩称 Brittain 并没有确定包括 Bouzard 一水合物参照图谱在内的 X 射线衍射图谱与 657 专利的权利要求中限定的图谱一致。

地区法院认为：将 657 专利权利要求中的 22 个峰与 Bouzard 一水合物参照图谱进行比较，其中有 21 个峰明显吻合（match），如此高的吻合度足以证明 Brittain 所使用的获得参照图谱的 Bouzard 一水合物样品与权利要求保护的化合物是相同的。并且 Brittain 证明了实验中回收的被润湿的头孢拉定 DC 样品的 X 射线衍射图谱与 Bouzard 一水合物参照图谱相当（equivalent）。地区法院基于上述证据认为服用后头孢拉定 DC 在患者胃内转变为 Bouzard 一水合物，构成侵权使用，因此根据美国专利法 271（b），Zenith 销售头孢拉定 DC 的行为构成了诱导侵权。

联邦巡回上诉法院认为：地区法院没有将被控产品转化后的图谱与权利要求中限定的图谱进行比较，而是将其与专利产品的图谱进行比较。然而，将被控侵权产品、方法与专利权人的商业化产品或方法进行比较是错误的，正确的做法是将前者与专利的权利要求进行比较。Bristol 公司需要证明头孢拉定 DC 在体内转化后的 X 射线衍射图谱与权利要求保护的化合物的图谱相同。Bristol 的参照样品的 X 射线衍射图谱中显示了 30 条线，地区法院将其中的 22 条线与权利要求进行了比较，并基于此认为两者十分相似（sufficiently similar），从而允许 Bristol 在侵权分析中使用了上述样品的 X 射线衍射图谱与被控产品转化后的图谱比较。实际上，权利要求中限定了 37 条线，有 15 条线（约占总数的 40%）并未被地区法院考虑。尽管权利要求中的术语"基本上（essentially）"允许与所述 37 条线的比较在准确性上存在一定偏差，但并不能忽视如此多数目的线。将被控产品转化后的图谱与 Bristol 提供的样品的图谱进行比较是不恰当的，基于此得出的侵权分析结果不成立。所提供的证据不足以证明头孢拉定 DC 在胃内转变成的晶型构成了对 657 专利权利要求的文义侵权。Bristol 没有提供将服用后的头孢拉定 DC 与 657 专利的权利要求进行比较的证据，不能证明上诉人的侵权使用，因此撤销地区法院关于引诱侵权成立的判决。

综上，上诉法院维持了一审法院等同侵权不成立的判决，但是撤销了引诱侵权成立的判决。

3. 案例解析

本案的侵权之争始于晶体在患者胃内的转化，双方争辩主要围绕等同侵权和诱导侵权展开，共经历了两级审判，先后出现了三次结果不同的判决。

权利要求的解释是专利侵权诉讼中首先面对的问题。按照美国专利法和判例法的规定，解释权利要求的一般原则是，本领域技术人员从权利要求的语言本身入手，依据说明书和审查档案进行解读，必要时可使用外部证据（字典、专著、专家证言等）。在本案中，权利要求中并不存在"服用前"这样的术语，说明书中也没有任何内容显示权利要求限定的 Bouzard 一水合物晶体仅仅限于服用前的形式。Zenith 公司主张根据 657 专利的审查档案将权利要求保护的 Bouzard 一水合物限定为其"服用前"的形式，因为专利权人在审查过程中提交的意见陈述中强调了 Bouzard 一水合物与其他头孢拉定形式相比的一个优点就是易于生产加工的特性，而这是 Bouzard 一水合物在服用前的特性，这表明专利权人已经放弃了对不具有所述特性的头孢拉定形式的保护，包括在胃内转化而成的 Bouzard 一水合物，这实际上是主张应用"禁止反悔原则"来解释权利要求。然而上述意见陈述并不涉及权利要求的修改，并且没有证据表明 Bouzard 一水合物的上述特征是其获得专利权的决定性因素，因此法院没有支持 Zenith 公司的观点。

等同侵权是对文义侵权的补充，其目的是防止通过技术特征的简单改变而规避专利权保护。判断等同侵权的方法是考察被控侵权产品是否采用与专利产品基本相同的手段，实现基本相同的功能，达到基本相同的效果。上诉法院从涉诉专利解决的技术问题出发，结合专利权人在专利审查过程中的陈述，分析专利产品的功能，即"具有易于商业化生产加工的特性"，从而将不具有此功能的头孢拉定 DC 排除在等同侵权的范围之外。地区法院进行等同侵权判定时仍然考虑了禁止反悔原则，但基于与前述相同的理由，该观点没有得到上诉法院的支持。

诱导侵权是指故意引诱、唆使无权实施专利的人实施他人专利。美国专利法第 271（b）条规定："任何积极引诱或教唆他人侵权专利权的人负有专利侵权的法律责任"。在本案中，头孢拉定 DC 在胃内是否转化为 Bouzard 一水合物是判定诱导侵权是否成立的基础。Bristol 公司主要通过 X 射线衍射图谱对头孢拉定 DC 的转化产物进行定性，只有转化产物的图谱与权利要求中限定的一致，才能认为转化产物是涉诉专利保护的 Bouzard 一水合物。Bristol 公司制备了 Bouzard 一水合物的参比样品，认为其谱图与权利要求限定的相同，并以之作为与转化产物比较的对象，地区法院认同了这种比较方式，从而得出侵权成立的判定。但上诉法院认为参比样品的谱图与权利要求限定的谱图存在较大差别，超出了合理偏差的范围，参比样品并不能代表权利要求的保护范围，基于此做出的侵权分析结果不成立，因此推翻了地区法院的判决。

4. 案例启示

本案涉及权利要求的解释、等同侵权、诱导侵权、禁止反悔原则的应用等，有很多值得借鉴和思考之处。

首先，在侵权判定中，对于权利要求的解释可以依据内部证据和外部证据，但内部证据优先于外部证据，在内部证据中，权利要求的地位又高于说明书和审查档案。审查档案可以作为禁止反悔原则的事实基础，但是从本案可以看出，在应用禁止反悔原则时，特别是不涉及权利要求修改、仅有意见陈述时，应充分考虑意见陈述所涉及的技术特征对于权利要求保护范围的影响，以及意见陈述的内容是否对于专利权的获得起决定性的作用。对于产品权利要求而言，如果意见陈述是围绕产品的性能展开的，所述性能是否对产品的结构和/或组成产生实质性影响，即能否依据产品具有或不具有某方面的特性而将产品排除在权利要求的保护范围之外值得深入探讨。此外，专利权的授予是审查员结合现有技术并充分考虑申请人的意见陈述后作出的决定，判断一份意见陈述是否对专利权的获得起决定性作用是较为困难的，也给举证责任方提出了较高的要求。

本案中，法院考虑了审查过程中使用的现有技术、审查员的证言，最终没有支持禁止反悔原则的应用。

其次，诱导侵权是以文义侵权为基础的，判断侵权时比较的对象是涉诉专利的权利要求，而非专利的商业化产品或方法，因此对于专利权人和被控侵权人而言，在提供实验证据时，应提供被控侵权产品与涉诉专利权利要求的对比实验数据，才能有力地证明侵权成立或不成立。本案中，专利权人 Bristol 将被控侵权产品的 X 射线衍射谱图与 Bouzard 一水合物参比样品的谱图进行比较，但由于相关证据不足以证明参比样品可代表权利要求保护的产品，从而在诱导侵权之争中败诉。可见，对于确认晶型常用的红外图谱、X 射线衍射图谱等数据而言，不仅要比较峰位置、峰强度、峰数目，同时需要考虑实验误差的影响，即何种程度的差别属于实验误差的范畴、何种差别足以将两种不同的晶型区分开。此外，除了 X 射线衍射图谱，专利权人还从微观结构、双折射率等角度证明头孢拉定 DC 在胃内发生了转化，但是由于权利要求中并没有采用 X 射线衍射图谱之外的参数特征对 Bouzard 一水合物进行限定，说明书中也没有相应的记载，因此根据微观结构和双折射率的变化并不足以证明头孢拉定 DC 转化为 Bouzard 一水合物。这就提示在申请药物晶型相关专利时，应尽可能从多角度、使用不同参数对晶型进行定义，为新晶型与其他晶型之间的鉴别提供更多依据，有利于在日后潜在的侵权诉讼中增加证据筹码，从而促进专利权的稳定性。

最后，诱导侵权属于间接侵权的范畴，包括美国、英国、德国、日本、韩国在内的很多国家都先后确立了间接侵权制度，大大强化了对专利权的保护。然而目前我国专利法中还没有关于诱导侵权的法条，只在 2010 年 7 月 1 日开始正式实施的《侵权责任法》第 9 条中规定了：教唆、帮助他人实施侵权行为的，应当与行为人承担连带责任。我国制药企业在进行药物研发并拟在美国等设立了间接侵权制度的国家上市时，应充分考察诱导侵权的风险。对于晶体药物而言，由于晶型转化的不确定性、不可控性，诱导侵权发生的可能性更高，一旦面临诱导侵权的诉讼，应注意提供充分的证据证明晶型是否发生了转化、转化为何种晶型、转化得到的晶型是否与涉诉专利保护的晶型相同。

4.2 专利挑战策略

4.2.1 Watson、Sandoz、Lupin、Apotex 四公司共同以不具备新颖性、创造性挑战 Cephalon 公司 I 型阿莫达非尼晶体发明专利权①

1. 案情简介

本案涉及 I 型阿莫达非尼晶体。阿莫达非尼的化学名称为(-)-2-[R-二苯甲基亚硫酰基]乙酰胺，是莫达非尼的 R-对映异构体，也被称作(-)-莫达非尼、CRL 40982，莫达非尼是含有等量 R-对映异构体和 S-对映异构体的外消旋体。Cephalon 公司就 I 型阿莫达非尼晶体申请了美国专  利，并于 2006 年 11 月 7 日获得专利权 US7132570（下称 570 专利）。Cephalon 公司拥有经批准的关于阿莫达非尼片剂（剂量强度分别为 50mg、100mg、150mg、200mg、250mg）的新药申请（NDA）No. 21-875。Cephalon 公司以商品名 Nuvigil® 销售阿莫达非尼片剂，用于改善伴有梗阻性睡眠呼吸暂停、发作性睡病、倒班睡眠障碍的嗜睡患者的觉醒状态，其中使用 I 型阿莫达非尼多晶型。

Watson、Sandoz、Lupin、Apotex 四家公司分别向 FDA 提交了简略新药申请（ANDA），拟在 570 专利到期前生产、使用、许诺销售、销售仿制的阿莫达非尼产品，ANDA 中声明 570 专利无效，不具有执行力，因此 ANDA 不侵权，且上述公司已将其 ANDA 告知了 Cephalon 公司。Cephalon 公司分别对上述公司的行为提起侵权诉讼，Delaware 地区法院对四起诉讼集中处理。

侵权行为涉及 570 专利的权利要求 6、9，因此提交的证据也限于权利要求 6、9。被告认为 570 专利的涉诉权利要求被美国专利 US4927855（下称 855 专利）的制备例 I（制备例 I）固有公开，不具备新颖性，并且相对于上述现有技术是显而易见的，也不具备创造性，因此请求判定 570 专利无效。地区法院

① IN RE: ARMODAFINIL PATENT LITIGATION INC.（'722 PATENT LITIGATION），939 F. Supp. 2d 456（2013）

认为被告的证据不足以证明 855 专利的制备例 I 必然地、不可避免的生成 I 型阿莫达非尼，因此 855 专利不构成 570 专利的固有占先，570 专利具备新颖性；被告的证据也不足以证明 570 专利相对于现有技术是显而易见的，因此 570 专利具备创造性。地区法院判定被告不得在 570 专利到期前生产、使用、许诺销售、销售阿莫达非尼仿制药。

4.2.1.2 审理过程

1）占先

（1）当事人诉辩。被告认为 570 专利被 855 专利的制备例 I 固有占先，本领域技术人员按照制备例 I 的制备方法必然地、不可避免地获得 I 型阿莫达非尼，主要理由为：①Hoolingsworth 博士、Lee 博士分别在 20 世纪 90 年代末期、21 世纪初期实施了 855 专利的制备例 I，均得到了 I 型莫达非尼。特别地，Hoolingsworth 博士进行了两次重复实验，并多次从乙醇中重结晶，用 XRPD 分析证明每次均得到 I 型阿莫达非尼。②855 专利公开了使用 Kofler hot bar 进行熔点分析，Hoolingsworth 博士认为在该过程中制备例 I 得到的任何形式阿莫达非尼都必然地转变为 I 型晶体。从 570 专利审查历史中 Cephalon 提交的数据可以确认，在 Kofler hot bar 操作的温度范围内，II 型和 IV 型晶体转变为 I 型。③在 570 专利审查过程中，Cephalon 向 PTO 提交了制备例 I 与 I 型阿莫达非尼瞬时熔点的对比数据，以显示制备例 I 的产品不是 I 型。然而，Hoolingsworth 博士和 Lee 博士使用比 Kofler hot bar 更为精确的设备对样品进行测试时，结果显示重复制备例 I 并从乙醇中重结晶后所得产品的非瞬时熔点为 150.4～153.8℃，与 I 型阿莫达非尼的非瞬时熔点范围相同。④在 570 专利的审查过程中，Blomsma 博士、Peterson 博士、Mallamo 博士提交给 PTO 的三份声明也支持了 I 型阿莫达非尼是制备例 I 不可避免的产物。这些声明中共描述了 34 个得到晶体的实验，有接近 90%得到 I 型阿莫达非尼。虽然这些实验并非制备例 I 的忠实复制，但确实证明了即使在与制备例 I 某些方面明显不同的条件下也几乎总是生成 I 型阿莫达非尼。

原告争辩被告并未通过清楚、有说服力的证据证明固有占先，理由如下：上述实验并不能证明 855 专利的制备例 I 必然地、不可避免地生成如权利要求所限定的，基本上由 I 型阿莫达非尼和其他药学上可接受的成分组成的药物组合物；实验表明从制备例 I 得到的是不同多晶型以及多种未鉴定的杂质的混合物；实验不是完全按照 855 专利记载的方法进行的，也不能代表其全部范围。

（2）法院观点。权利要求 6 保护：基本上由根据权利要求 1~4 所述的莫达非尼左旋对映异构体组成的药物组合物（consisting essentially of）。权利要求 9 保护：基本上由根据权利要求 7 所述的Ⅰ型(−)-莫达非尼多晶型组成的药物组合物。其中权利要求 1~4 限定了莫达非尼左旋对映异构体的 XRPD 图谱的晶面间距、2θ，即Ⅰ型阿莫达非尼的相关数据。在马克曼听证程序之前，原告和被告认定权利要求 6 和 9 中的"基本上由……组成的药物组合物"意指"由所述药物活性成分（the specified pharmaceutically active component）和任选地未列举的药学上可接受的成分（不影响所述药物活性成分基本的、新颖的特性）组成的组合物"。

法院主要从三个角度分析了 855 专利是否构成对 570 专利权利要求 6、9 的固有占先：

①855 专利的制备例Ⅰ是否固有地生成Ⅰ型阿莫达非尼或基本上由Ⅰ型阿莫达非尼组成的组合物。

Hoolingsworth 博士进行了两组实验，Run1/2 和 Run3/4。其中 Run1/2 生成纯的Ⅰ型阿莫达非尼；Run3/4 在使用乙醇进行一次重结晶后生成了含未知结晶状杂质的Ⅰ型阿莫达非尼，在使用乙醇进行两次重结晶后生成了Ⅰ型和Ⅱ型阿莫达非尼的混合物。Hoolingsworth 博士还在甲醇蒸发后、乙醚洗涤后两个时间点进行 XRPD 测试，结果证明两次被测样品中均含有Ⅰ型阿莫达非尼。然而，在 Run3/4 的第二次重结晶过程中，Hoolingsworth 博士使用的溶质浓度略高于其他实验（13.8% v. 9.6%），结果得到了主要是Ⅱ型阿莫达非尼的混合物。原告方的 Myerson 博士和 Bernstein 博士认为 Hoolingsworth 博士的生成Ⅱ型和未知晶体的结果证明了制备工艺中的微小变化就可以得到极其不同的多晶型。Hoolingsworth 博士也承认Ⅰ型和Ⅱ型的混合物不是 570 权利要求保护的仅含一种阿莫达非尼晶型的组合物。原告的专家 Smith 和 Selbo 博士进行了与 Hoolingsworth 博士类似的实验，在步骤（d）中使用了不同的但合理的实验条件，结果得到了无定形产物。因此，尽管 Hoolingsworth 博士发现甲醇蒸发和乙醚洗涤步骤生成Ⅰ型阿莫达非尼，但这些步骤并不必然地、不可避免地生成Ⅰ型阿莫达非尼。原告提交给 PTO 的声明中证明了从乙醇中重结晶的条件变化可生成多种多晶型，也进一步佐证了上述结论。

②855专利制备例Ⅰ的产品是否符合570专利权利要求限定的技术特征。

被告认为570专利的权利要求6、9限定的是基本上由Ⅰ型阿莫达非尼组成的药物组合物，允许存在一种以上药物活性成分，其中包括其他活性形式的阿莫达非尼。570专利的说明书中也教导了未列举的药学上可接受的活性成分包括Ⅰ型阿莫达非尼与其他阿莫达非尼多晶型的混合物。原告坚持认为权利要求6、9明确要求保护含有一种活性成分和其他药学上可接受的成分的药物组合物，其中活性成分基本上由Ⅰ型阿莫达非尼组成，意味着Ⅰ型是组合物中存在的唯一的有药学活性的阿莫达非尼晶体形式。Ⅱ型阿莫达非尼是有药学活性的，因此权利要求6、9排除了Ⅱ型的存在。

法院认同原告的观点，即权利要求6、9的药物组合物中Ⅰ型阿莫达非尼是唯一的药学活性成分，理由是双方对权利要求进行解释时使用的冠词"the（the specified pharmaceutically active component）"意味着"唯一"。相比之下，570专利中未涉诉的权利要求5、8中使用了术语"包含（comprising）"，这种情况允许其他活性成分以及其他形式的阿莫达非尼存在。实验Run3/4得到了Ⅰ型晶体与其他未知晶体的混合物以及主要是Ⅱ型晶体的混合物，因此被告的实验未能证明基本上由Ⅰ型阿莫达非尼组成的组合物是制备例Ⅰ必然地、不可避免地出现的结果。

原告还认为权利要求6、9保护的是药物组合物，然而被告的实验没有证明制备例Ⅰ的产品适合药物应用。被告的专家Cima博士也承认对于意欲用于人类的阿莫达非尼产品，需要证明其中杂质的含量和类型是安全的。被告没有确定实验样品中杂质的种类和含量，也没有确定它们是否为药学上可接受的，因此不能证明制备例Ⅰ的产品符合权利要求6、9中"药物组合物"的要求。被告辩称855专利明确公开了制备例Ⅰ得到的阿莫达非尼用于制备供人类临床实验的片剂或胶囊，并且是治疗有效的，实施制备例Ⅰ得到的产品就是一种药物组合物，因此无需确定Hoolingsworth博士和Lee博士实验结果中杂质的种类和含量。

法院不同意被告的观点，被告主张权利要求保护的组合物可以含有额外的不影响Ⅰ型阿莫达非尼基本的、新颖的性质的组分，如杂质、其他阿莫达非尼固体形式。但是原告方的Bernstein博士和Myerson博士令人信服地证明了实际上不同的固体形式和/或杂质会影响Ⅰ型阿莫达非尼的性质以及制备例Ⅰ的最终结果。而被告的专家Cima博士也认同Bernstein关于制备例Ⅰ的产品中含有杂质

（如未反应的起始物、反应副产物）的观点。因此，被告未能充分证明制备例 I 的产品必然地、不可避免地生产如涉诉权利要求所限定的"药物组合物"。

③被告是否证明了其实验是准确的并且获得了与 855 专利制备例 I 相同的产品。

如前所述，证据表明取决于实施制备例 I 时所选择的、855 专利未明确提及的变量，制备例 I 以及从乙醇中重结晶可以产生不同的晶型、不同晶型的混合物、未知的杂质。原告和被告的证人都认同 855 专利没有提及或描述多晶型现象，也没有提及或描述阿莫达非尼的任何多晶型。此外，制备例 I 没有公开制备任何特定多晶型所需要的结晶条件，如溶剂、冷却速率、浓度，根据 Bernstein 和 Myerson 博士的证言，这些条件都影响结果。Myerson 博士也认同 Bernstein 博士的观点，即 855 专利的制备例 I 没有详述反应时间、过滤温度、洗涤条件、干燥条件，这些因素都会影响产品的纯度。考虑到上述证据以及下述原因，法院认为被告没能通过清楚、有说服力的证据证明他们关于制备例 I 的实验是准确的，并且制备得到了 855 专利意欲生成的产物。

（i）原告争辩被告的专家并没有按照 855 专利的记载实施制备例 I，也没有考虑变量的合理范围，使得实验的结果不足以反映制备例 I 是否必然地、不可避免地生成 I 型阿莫达非尼。首先，被告没有正确地实施 855 专利中记载的步骤（b）。步骤（b）为："将获得的(-)-α-甲基苄基胺的(-)-二苯甲亚硫酰基乙酸酯（17g）溶解在 800ml 温水（30~40℃）中"。855 专利还记载了该步骤应该在 30~45℃进行。然而 Hollingsworth 和 Lee 博士都证明他们进行实验时使用了更高的温度（70℃、90℃）。Hollingsworth 博士认为在 855 专利记载的 30~40℃可能无法溶解，但是他并没有充分验证自己的理论。原告认为被告的专家使用不同温度的决定是非常重要的，因为 Hollingsworth 博士和其他专家得到了具有宽范围熔点的产物，这与 855 专利报道的窄范围熔点是不一致的。Hollingsworth 博士等人没有遵循步骤（b）中记载的工艺条件，没有获得报道的熔点，因此他们的实验不能证明制备例 I 是否不可避免地生成 I 型阿莫达非尼。其次，原告认为被告没有对实验条件的代表性范围进行测试。制备例 I 有四个主要的合成步骤，允许本领域技术人员对实验条件进行选择。被告的专家选择了窄范围的实验条件，不足以充分证明固有公开。法院认同上述观点，即被告没有证明所有合理的实施制备例 I 的方式都必然地生成与权利要求限定的一致的 I 型阿莫达非尼。例如，步骤（a）没有明确反应时间、反应温度、重结晶条件，步骤（b）没有明确反应时间、过滤温度、洗涤条件、干燥条件，步骤（c）没有明确过滤条件、洗涤条件、干燥条件。步骤（d）关于"从乙醇中重结晶"的实验条件完全是开放的，没有明确待重结晶粗产品的形式、粗产品中杂质的性质和量、乙醇的级别、溶剂的用量、起始温度、冷却速率、最终温度、干燥条件。重复制备例Ⅰ需确定大量可以用于重结晶的合理的条件，而选择的特定条件可以影响最终形成的固体形态。原告和被告的专家均认同取决于所选择的条件，产物会包括不同种类和/或含量的杂质，杂质会影响最终是否形成以及形成何种固体形式，包括晶体、溶剂化物、无定形化合物。关于重结晶步骤中选择的阿莫达非尼浓度，原告争辩该选择与现有技术不符并且影响得到的产物。在被告的全部重结晶操作中，仅有一次使用了不同的阿莫达非尼浓度，而这次重结晶得到了不同的结果，因此他们的实验并不一定代表制备例Ⅰ的全部范围。教科书记载了在重结晶中应该尽量使用少量溶剂，即使用较大百分含量或浓度的溶质；并且Cephalon提交给PTO的声明中也显示了使用浓度为20%的阿莫达非尼。即便如此，Hollingsworth博士和Lee博士仍然使用了9.6%的浓度。值得注意的是，Hollingsworth博士在Run3/4的第二次重结晶中使用了13.8%的浓度，得到的是以Ⅱ型阿莫达非尼为主的晶体混合物，说明制备例Ⅰ制备条件的合理变化可以产生不同的阿莫达非尼多晶型。本领域技术人员可以对溶液浓度做出多种合理选择，而被告主要使用了一种浓度，唯一一次使用不同浓度还得到了不同的结果，因此法院认为被告没有充分证明制备例Ⅰ不可避免地生成与权利要求限定的一致的Ⅰ型阿莫达非尼。同样地，原告认为被告专家对于乙醇级别的选择范围也过窄。855专利并未特别限定乙醇的级别，然而乙醇存在多种不同的级别，包括共沸乙醇（含水）、变性乙醇（含添加剂）、绝对乙醇（纯的或100%的）。Hollingsworth博士和Lee博士仅使用了绝对乙醇。570专利以及Cephalon的实验表明使用不同级别的乙醇可以生成不同的阿莫达非尼多晶型，例如，在某些条件下使用变性乙醇可以生成Ⅱ型阿莫达非尼。因此，原告基于仅使用一种类型乙醇的实验无法证明制备例Ⅰ必然地、不可避免地生成Ⅰ型阿莫达非尼。关于步骤（d）中的冷却速率，尽管所使用的冷却方法会影响冷却速率，从而影响重结晶产物的多晶型形式，但被告的专家仅使用了多种合理冷却方法中的一种，即极其缓慢的冷却。值得注意的是，Hollingsworth博士和Lee博士在进行实验时对 570 专利是非常了解的。570 专利中记载了为了形成Ⅰ型阿莫达非尼，优选使用乙醇、以每分钟 0.6℃或更低的速率缓慢降温。然而在 855 专利之时，有多种合理的冷却方法可供本领域技术人员选择。例如，参考文献教导本领域技术人员可以使重结晶溶液自然冷却直至晶体形成，也可以使用更快速的降温。Cephalon 提交给 PTO 的试验也提示使用室温冷却以及冰浴快速冷却。因此，被告使用的一种缓慢冷却方式并不能代表 855 专利可能涵盖的全部范围。

（ⅱ）Ⅰ型阿莫达非尼和制备例Ⅰ的熔点。

855 专利中记载了制备例Ⅰ阿莫达非尼终产品的瞬时熔点是 153～154℃，这提供了一种确定某种物质是不是与制备例Ⅰ产物相同的方法。Bernstein 和 Mallamo 博士认为对于类似于阿莫达非尼的在缓慢加热时降解的化合物而言，测定瞬时熔点尤其重要。Mallamo 博士使用 Kofler hot bar（855 专利记载的方法）测定，Ⅰ型阿莫达非尼的瞬时熔点是 159℃或更高，纯的Ⅱ型阿莫达非尼的瞬时熔点是 156℃，855 专利记载的瞬时熔点说明制备例Ⅰ的产物并不是Ⅰ型阿莫达非尼。基于上述信息，法院认为 855 专利制备例Ⅰ得到的阿莫达非尼并非 570 专利权利要求保护的Ⅰ型阿莫达非尼。事实上，Hollingsworth 博士和 Lee 博士都没有按照 855 专利的记载使用 Kofler hot bar 测定其终产品的熔点；Hollingsworth 博士和 Lee 博士使用毛细管法测定熔点，该方法需要将样品逐渐加热，耗时达 10～15 分钟，测定的不是瞬时熔点。而不同方法测定的熔点绝对值不能直接比较。这进一步支持了法院的上述观点。

（ⅲ）制备例Ⅰ和Ⅰ型阿莫达非尼的收率。

855 专利记载了完成（a）～（d）的全部步骤后制备例Ⅰ的总收率是 32%，Mallamo 博士认为这样的收率和他的经验是一致的。然而，在 Hollingsworth 博士的实验中，Run1/2、Run3/4 的总收率分别为 8.2%、9%，在 Lee 博士的实验中，Run1、Run2 的总收率分别为 7.4%、3.2%，远低于制备例Ⅰ的收率。被告注意到，570 专利中详细讨论了 855 专利的制备例Ⅰ，记载了制备例Ⅰ结束时的总收率是 5.7%，与被告专家实验中的收率更接近。原告争辩 570 专利中记载的数据是错误的，制备例Ⅰ的总收率应该是 32%。Mallamo 博士表示他向 PTO 提交声明时并没有意识到 570 专利说明书中的错误，同时声明如果认为 32%仅仅是步骤（d）的收率，这与 Cephalon 的实际经验是不符的。此外，原告还注意到其他讨论 855 专利的专利文献也认为 32%是制备例Ⅰ的总收率，而不是步骤（d）的收率。法院认为 Mallamo 博士的证言是可信的。并且由于不涉及权利要求中的 I 型阿莫达非尼组合物，570 专利中关于制备例 I 收率记载的错误是无关紧要的。收率的差异提示了不同的杂质特征，并且正如 Hollingsworth 博士所认同的，杂质对晶体的生长有重要影响。基于上述理由，法院认为由于被告专家实验的收率与制备例 I 存在差异，所述实验并不能真实地代表制备例 I。

2）显而易见性

（1）当事人诉辩。

被告认为，855 专利结合未被 PTO 引用的其他文献使涉诉专利因为不具备创造性而无效：本领域技术人员有动机寻找用于药物组合物中的阿莫达非尼最稳定的多晶型；使用已知的常规技术手段、经过可预期的步骤，能够获得该最稳定的多晶型；权利要求中限定的 D-间隔（D-spacings）和 2θ 值是 I 型晶体所固有的，使用常规技术手段能够测得；本领域技术人员有动机制备基本上由 I 型阿莫达非尼组成的药物组合物。

原告辩称，本领域技术人员无法预期阿莫达非尼是否能形成晶体，也无法预期形成何种晶体形式，更无法预期形成 I 型晶体。总之，多晶型的不可预期性以及阿莫达非尼的独特性使本领域技术人员对于阿莫达非尼的多晶型性没有合理的成功预期。

（2）法院观点。

法院主要关注基于 855 专利以及其他文献，在药物组合物中使用 I 型阿莫达非尼对于本领域技术人员而言是否显而易见，并从下面三个角度进行分析：

①获得 I 型阿莫达非尼对于本领域技术人员而言是否显而易见。

被告认为，在 2002 年本领域技术人员有动机获得最稳定的多晶型-I 型晶体，因为阿莫达非尼的治疗有效性是本领域熟知的。首先，855 专利明确公开了合成结晶形式的阿莫达非尼，并教导了其在药物组合物中的应用。855 专利还特别公开了基本上由阿莫达非尼组成的药物组合物。其次，由于已知阿莫达非尼是结晶形式的，因此本领域技术人员知晓与其他所有的结晶形式的化合物类似，阿莫达非尼也会有最稳定的多晶型形式。专家 Cima 博士作证，热力学能最低且较不稳定的多晶型会自发地随时间转变为最稳定的形式。再次，原告提供了多篇文献，证明早在 21 世纪初本领域就熟知在上市的药物制剂中优先使用最稳定的多晶型。由于多晶型在研发、生产或储存过程中的变化可能会导致严重的不良反应，因此找到最稳定的多晶型是非常重要的。此外，Abbott 公司的药物利托那韦使用的是不稳定的晶型，在生产过程中，其转变为最稳定的晶型，因此 Abbott 公司被迫在花费了数亿美元研发、上市后重新研制其产品的配方，使竞争者有时间占领市场。因此，本领域技术人员有商业上的动机去确定阿莫达非尼最稳定的多晶型，并在药物组合物中使用，由于 I 型晶体是阿莫达非尼最稳定的多晶型，本领域技术人员会被直接指引至 I 型。

法院认同原告专家 Bernstein 博士的观点：多晶型现象本质上是无法预期的，在 2002 年，基于阿莫达非尼的特点，本领域技术人员对于阿莫达非尼是多晶型的没有合理的成功预期。并且当时的出版物（包括 Cima 博士的论文）也讨论了多晶型现象的不可预期性。其他公开出版物还详细讨论了结晶过程的不可预期性，这也是当时本领域技术人员所知晓的。庭审时提供的证据也进一步证明了晶体的结构从根本上是难以预测的。Cima 博士也认同 I 型晶体的特殊结构无法合理地预期，但他认为这与本领域技术人员获得并使用 I 型阿莫达非尼无关。即使有办法预期化合物具有多晶型性且能够预测晶体结构，现有证据表明本领域技术人员不知道如何制备特殊的多晶型或预测其性质。因此，多晶型的存在、结构、制备方法都是无法预期的，只能通过反复实验制备和鉴定。Cima 博士在其同行评议文章中也表达了同样的观点。对于阿莫达非尼而言，本领域的研究人员无法预期其是否具有多晶型现象，也无法预期怎样的重结晶条件能够生成特定的晶型。公开了阿莫达非尼对映异构体的现有技术仅有 855 专利，被告并未提供其他能够与 855 专利结合的现有技术文献。由于阿莫达非尼独特的性质以及多晶型现象的不可预期性，855 专利并未给本领域技术人员提供任何基础知晓阿莫达非尼是否结晶成多晶型形式，或者形成何种结构的多晶型。实际上，在 570 专利之前，I 型阿莫达非尼并未被公开，也没有任何文献暗示 I 型阿莫达非尼是最稳定的晶型。855 专利也没有隐含公开 I 型阿莫达非尼。第一，虽然 Preparation I 的结果被描述为"从乙醇中重结晶得到的白色晶体"，855 专利并未公开其是否是溶剂化物、水合物、多种物质的混合物，或者是一种不同的阿莫达非尼晶型。除了"从乙醇中重结晶"，855 专利并未描述具体的结晶条件，也没有提示可能生成 I 型晶体的热学条件。第二，Preparation I 产物的熔点并没有提示阿莫达非尼可能是多晶型的，而表明该产物是溶剂化物。证据表明可以形成阿莫达非尼的乙醇溶剂化物。因此，855 专利公开的从乙醇制备得到的白色晶体并没有提示本领域技术人员阿莫达非尼是多晶型的。除了描述产品本身，"白色晶体"并没有公开其他信息。第三，即使根据 855 专利可以获知阿莫达非尼的分子结构，基于该专利也无法预期阿莫达非尼的多晶型现象。有机固态化学领域的领先研究者 Desiraju 博士认为，从分子结构预测晶体结构的主要障碍包括：很多简单有机化合物的晶体结构并不简单，化学家难以准确预测分子的官能团如何相互作用形成晶体。Bernstein 博士在 2011 年发表的论文中也解释到，没有证据表明氢键数目与形成多种晶体形式的趋势之间存在联系。Bernstein 博士还提供了具体的、有说服力的实例：尽管长期以来制备了大量的蔗糖和布洛芬，但它们都不具有多晶型现象。没有办法预测阿莫达非尼与蔗糖和布洛芬不具有多晶型现象的情况是相同还是不相同。第四，基于外消旋莫达非尼的多晶型现象并不能合理预期阿莫达非尼的多晶型现象，也不能合理预期其Ⅰ型晶体，因为没有证据证明莫达非尼具有多晶型性。被告也没有提供证据证明在现有技术中，多晶型的外消旋体能够提示多晶型的对映异构体。Bernstein 博士提供了实例表明外消旋化合物具有多晶型性，但对映异构体没有上述现象。第五，法院不同意被告关于"本领域技术人员有动机寻找阿莫达非尼最稳定的多晶型，并且由于Ⅰ型晶体容易获得本领域技术人员对于找到Ⅰ型晶体有合理的成功预期，因此权利要求 6 和 9 对于本领域技术人员而言是显而易见的"的观点。寻找用于药物组合物的阿莫达非尼最稳定的晶型的"动机"并不等同于本领域技术人员对于获得Ⅰ型阿莫达非尼有合理的成功预期。如 Bernstein 博士所解释的，晶体"最稳定的"形式并不指代某种特定的物质，而是一种相对的术语，是指在给定时间能量最低的晶体形式。正如 Abbott 利托那韦的例子，可以通过实验鉴别出更稳定的晶体形式。法院认为 Cima 博士关于"本领域技术人员所谓的研发新的、改进的晶型的动机"的描述并不能使特定的Ⅰ型晶体显而易见。此外，证据表明，对于本领域技术人员而言，在选择用于药物产品的晶型或固体形式时，除了热力学稳定性，还需要考虑其他因素。特别地，由于"最稳定的"形式具有不期望的特性，某些药物产品使用亚稳定的或无定形的活性成分。例如，对于预期的药物应用，某一固体物质必须具有足够的溶解度，而溶解度和稳定性是负相关的，晶型越稳定就越难溶。利托那韦就是这样的例子，后来发现的"最稳定的"形式由于溶解度低而成为不期望的晶型。类似地，与稳定性差的多晶型相比，更为稳定的氯霉素棕榈酸酯多晶型的生物利用度几乎为 0。现有技术没有公开 I 型阿莫达非尼，也没有公开 I 型阿莫达非尼是最稳定的多晶型，此外，由于相对能量无法预期，其相对稳定性也无法预期。

②本领域技术人员能否通过常规实验和技术获得 I 型阿莫达非尼。

被告辩称在 2002 年本领域技术人员使用已知的、常规的技术手段（例如老化和多晶型筛选）能够预期获得最稳定的阿莫达非尼多晶型，因为最稳定的多晶型是最容易获得的。21 世纪早期本领域技术人员就知晓老化技术（即溶剂介导的多晶型转化），知晓这是获得最稳定的晶体化合物的有效方法。被告还注意到 Bernstein 博士也承认"制浆"（一种使用机械混合的老化技术）经常用于结晶过程，并且通常使多晶型的混合物转化为最稳定的晶体形式。在老化过程中，晶体一直和溶剂接触，亚稳态的多晶型溶解并重结晶成更稳定的形式，这个过程持续到形成热力学上最稳定的多晶型。因此，被告认为本领域技术人员通过使用老化实验对于获得最稳定的阿莫达非尼多晶型有合理的成功预期。此外，这种成功预期因 855 专利公开的结晶状的阿莫达非尼以及老化阿莫达非尼过程所使用的溶剂乙醇而增强。同样地，Cephalon 自己的文档也证明本领域技术人员对于通过老化实验获得 I 型阿莫达非尼有合理预期，因为 Cephalon 使用该实验验证最稳定的阿莫达非尼晶型并预期能生成最稳定的晶型。

综上所述，被告认为 855 专利的公开以及 Cephalon 自己的实验证明本领域技术人员对于通过常规实验获得 I 型阿莫达非尼有合理的成功预期。被告还引用了 FDA 的 1987 年指南，其指导药物研发人员考察多晶型现象，并强调了控制化合物多晶型的重要意义。因此，在 21 世纪早期，对药物候选物进行多晶型筛选以确认最稳定的多晶型和亚稳态的多晶型是制药工业中的常规操作。由于与其他结晶状的药物化合物类似，阿莫达非尼也可能存在多种结晶形式，因此本领域技术人员有动机筛选阿莫达非尼多晶型。Bernstein 博士也认同如果从 Preparation I 获得的产物是药物组合物中的候选活性成分，就有动机进行多晶型筛选。总之，被告认为为了商业成功并且出于政策上的原因，本领域技术人员有动机对阿莫达非尼进行多晶型筛选，使用筛选技术找到最稳定的晶型是简单、常规的。Cima 博士的证言表明本领域技术人员进行常规的多晶型筛选时至少有 90%的几率获得最稳定的阿莫达非尼多晶型。Cima 博士还认为本领域技术人员知道如何调整多晶型筛选的参数以确保形成最稳定的阿莫达非尼多晶型。

法院认为被告未能通过清楚、有力的证据证明在 2002 年本领域技术人员对于获得 I 型阿莫达非尼有合理的成功预期。第一，如 Bernstein 博士在证言中所解释的，即使认为有动机获得"最稳定的"阿莫达非尼晶型，本领域技术人员也需要通过反复的实验，使用大量的条件，尝试制备该晶型。由于多晶型是不可预期的，反复的实验是必须的。结晶形成新的多晶型通常需要成百上千次的实验来分析不同参数的效果，例如温度、溶剂和溶剂混合物、混合时间、冷却速率、搅拌速率、浓度，以及沉降、冷却、蒸发、制浆、热循环工艺。例如，原告引用了 Cima 博士在 2002 年 5 月作为共同作者发表的文章，其中为制备扑热息痛的多晶型进行了 7776 次结晶实验，使用了 2592 种条件。对于每一种溶剂系统，包括加热、冷却、搅拌在内的多种参数也会发生改变。所使用的大量实验条件反映了作者并不能预期使用何种条件，也不能预期实验的结果。多晶型结晶过程的不可预期性进一步要求进行多个平行实验，因为结晶的结果即使在看上去相同的条件下也不一定能够重现。Cima 博士 2002 年的专利申请也体现了结晶过程条件的复杂性，专利申请中记载了："目前，工业界没有时间和资源对成百上千种条件的组合进行实验以获得最优化的固体形式。现有技术中，在药物和其他配方中使用非优化或半优化的固体形式是最经济的。"重结晶条件的数量巨大，即使能够预期存在"最稳定的"晶型，本领域技术人员也无法进行明确的、有限的、可合理预期的系列实验，而是不得不依赖于反复的实验（trial and error experimentation）。第二，现有技术中没有关于研究阿莫达非尼的特殊教导或提示。与 Cima 博士认为本领域技术人员知晓在多晶型筛选中使用哪些条件的结论相反，Bernstein 博士更有说服力地证明了现有技术没有教导或提示在阿莫达非尼的筛选实验中仅需测试有限数量的条件（如溶剂、浓度，冷度、加热、搅拌速率）。因此，没有办法合理预期大量可能选择的实验条件的结果，因为选择某一系列条件可能生成 I 型之外的其他晶型或不同晶型的混合物。综上所述，由于不知道实验条件，本领域技术人员对成功没有合理的预期。第三，被告没有通过清楚、有说服力的证据证明老化技术是已知的且能够使本领域技术人员获得 I 型阿莫达非尼。特别地，被告从 Gu 的文章中得出不同的老化、制浆、溶剂介导的转化方法。然而，该文章并未公开任何普遍适用的获得最稳定的晶型的方法。如 Bernstein 博士所述，这些实验最多能够将不同晶型的混合物转化为混合物中已经存在的最稳定的晶型，而不一定转化为实际上一切晶型中最稳定的晶型。实际上，Gu 的实验都是基于已经预先种晶的样品，其中存在 10% 的更稳定的晶型Ⅱ用以诱导较不稳定的晶型Ⅰ的转化。被告没有证据证明在此类老化实验中可以事先获得Ⅰ型阿莫达非尼。第三，尽管用最稳定的晶型预先种晶，Gu 的实验结果表明在接近一半的实验中较不稳定的晶型Ⅰ也没有转化为更稳定的晶型Ⅱ，这进一步证明 Gu 的方法不是获得更稳定的晶型的普遍适用的方法。因此，按照 Gu 的方法，即使在实验中使用 10% 的Ⅰ型阿莫达非尼，对于结晶混合物向Ⅰ型阿莫达非尼的转变也没有合理的成功预期。

③本领域技术人员是否有动机制备基本上由Ⅰ型阿莫达非尼组成的药物组合物。

被告主张，本领域技术人员有动机在药物组合物中使用Ⅰ型阿莫达非尼，并且在 855 专利的基础上，本领域技术人员知晓结晶的阿莫达非尼能够成功地配制成有效的用于人类的药物组合物。为了支持上述观点，被告辩称"化合物最稳定的形式不能充分溶解因此将亚稳态的晶型或假多晶型开发成药物产品的情况是极其少见的"。被告还主张 855 专利教导了阿莫达非尼最稳定的晶型会是充分可溶的且在药物组合物中具有生物等效性，因此本领域技术人员不会寻求稳定性较差的晶型。虽然 855 专利详述了阿莫达非尼在水中不溶，但本领域技术人员应该理解其含义是阿莫达非尼在中性 pH 时在水中的溶解度低，而不是完全不溶。855 专利记载了阿莫达非尼药物组合物在临床实验中的有效性，这证明了阿莫达非尼制备成片剂或胶囊时有充分的溶解度和生物等效性。此外，已知溶解度低的外消旋莫达非尼在商业化产品 PROVIGIL 中是有效的，855 专利证实阿莫达非尼比外消旋莫达非尼的生物利用度高，因此本领域技术人员能够预期阿莫达非尼最稳定的多晶型是充分可溶的。

法院认为被告未能通过清楚、有力的证据证明本领域技术人员对于在 855 专利或其他常规纯化技术的基础上开发基本上由Ⅰ型阿莫达非尼组成的药物组合物有合理的成功预期。Cima 博士在其证言中承认 855 专利并未公开在片剂或胶囊中使用的阿莫达非尼的固体形式，也没有提示其基本上由Ⅰ型阿莫达非尼组成。Cima 博士认为可以使用常规技术纯化 Preparation Ⅰ 的产品是没有依据的，不足以表明纯化工艺会产生基本上由Ⅰ型阿莫达非尼组成的药物组合物。此外，制备 Preparation Ⅰ 的产物和制备阿莫达非尼片剂之间还需要很多步骤。Cima 博士没有提供证言也没有引用证据证明这些步骤将如何影响物质的晶型，实际上这是非常关键的内容，因为即使制备工艺中的微小变化也会影响物质的晶型。

Hollingsworth 博士使用二次重结晶步骤（Cima 博士认为这是纯化 Preparation I 产品的关键技术）将主要含有 I 型阿莫达非尼的混合物转变为主要含 II 型阿莫达非尼的混合物，这恰恰证明了上述推测。

3. 案例解析

本案中，作为被告的四家仿制药企业在提出 ANDA 时就声明 570 专利无效，可见他们对于这场专利权挑战是有备而来，但是最终因为证据没有说服力而落败。

"固有占先"要求没有被现有技术明确公开的技术特征是必然存在的，而不是可以或可能（probably or possibly）存在。855 专利仅公开了制备例 I 的产物是白色晶体形式，并没有公开 I 型阿莫达非尼，因此需要重复 855 专利的制备例 I 并证明其产物必然是 I 型阿莫达非尼或基本上由 I 型阿莫达非尼组成的组合物。被告由两名专家多次重复了制备例 I，并对产物进行了 XRPD、熔点分析，通过与 I 型阿莫达非尼的数据做对比，认为实施制备例 I 会必然地、不可避免的生成 I 型阿莫达非尼。法院从三个层面分析了被告的实验：①产物是否必然地，即无论在何种实验条件下都为 I 型阿莫达非尼；②产物是否符合 570 专利权利要求 6、9 限定的技术特征；③实验方法是否与 855 专利制备例 I 相同，是否涵盖了合理范围内的参数变化从而全面代表制备例 I 的范围。法院认为，被告的实验结果表明当实验条件改变时生成了不同于 I 型阿莫达非尼的其他晶型（II 型和未知结晶状杂质）；权利要求 6、9 的保护范围应理解 I 型阿莫达非尼是组合物中唯一的药学活性成分，而当产物含有 II 型晶体时明显不符合上述限定，并且未知杂质可能对产品的安全性产生影响，被告没有证明含有杂质的产物是否属于安全有效的药物组合物；被告的实验在步骤（b）中采用了不同于制备例 I 的温度，不是对制备例 I 的忠实复制，所选择的对于结晶产物有重要影响的具体条件参数也局限于较窄的范围，不能代表制备例 I 的全部范围。进一步结合原告方的证据、证言，法院判定固有占先不成立。

在本案中，被告的多次实验并非每次都获得 I 型晶体，这就直接反映了 I 型晶体只是实施现有技术 855 专利的可能结果之一，不是必然结果。更进一步地，虽然被告多次重复了制备例 I，但并没有完全按照制备例 I 记载的实验条件进行，而当所述条件会对产物的组成产生影响时，这样的实验就不能证明实施制备例 I 的真实结果。此外，很多具体的条件参数制备例 I 并未公开，此时如果仅依据涉诉专利记载的有利于Ⅰ型晶体生成的条件进行实验，就不能证明在制备例Ⅰ涵盖的全部范围内都必然地、不可避免地生成Ⅰ型晶体。

被告似乎也意识到单单通过固有占先可能不足以挑战 570 专利，因此同时提出以不具备创造性作为无效理由。被告主要从显而易见性的角度进行争辩，即本领域技术人员有动机寻找 R−莫达非尼最稳定的多晶型；使用已知的常规方法能够预期获得该晶型；晶型的参数是其固有属性，使用常规技术手段能够测得。法院持如下观点：①现有技术表明，化合物多晶型的存在和鉴定是难以预期的；即使可以预测化合物存在多晶型现象以及晶体结构，本领域技术人员也不知道如何制备特定的晶型或预期其性质。对于 R−莫达非尼而言，本领域技术人员无法预期其是否存在多晶型现象，也无法预期怎样的重结晶条件能够生成特定的晶型。②本领域技术人员没有合理的成功预期：有动机寻找稳定的晶型不意味着对于找到晶型有合理的成功预期。③结晶条件众多，本领域技术人员没有确定的、有限的实验方法和变量，不得不依赖于反复实验。

在本案中，虽然现有技术 855 专利制备得到了白色晶体，但没有明确白色晶体的组成，其可能是溶剂化物、水合物、多种物质的混合物，因此 855 专利并没有教导阿莫达非尼是否存在多晶型现象，本领域技术人员也就不存在寻找阿莫达非尼新晶型的动机。此外，现有技术并没有提示Ⅰ型阿莫达非尼的特定结构，也没有提示制备Ⅰ型阿莫达非尼的方法，本领域技术人员无法预期Ⅰ型阿莫达非尼的结构，也无法预期在众多实验条件中选择哪些能够成功地制备Ⅰ型阿莫达非尼，只能进行大量的反复实验，变化所有参数或尝试每一种可能的选择。因此，Ⅰ型阿莫达非尼及以其作为活性成分的药物组合物对本领域技术人员而言是非显而易见的。

相比之下，我国目前在判断晶体药物发明的显而易见性时基本达成了如下共识：多晶型是固体药物中存在的普遍现象，对于一种具有多晶型现象的固体化合物而言，其多种不同形式的晶体是客观存在的，只要是由常规的制备方法获得的晶体，即使是新晶型，也是显而易见的，其授权与否主要取决于该新晶型是否产生了预料不到的技术效果。可见，中美两国在判断晶体药物发明显而易见性时存在着一定的差异。

4. 案例启示

如前面的案例所述，如欲通过固有占先挑战晶型专利的新颖性，需提供充分的证据证明实施现有技术"必然地、不可避免地"生成权利要求保护的晶型，而不能止步于"可能"生成。本案对于证据的选择又进一步给出了如下启示：当现有技术记载的制备方法没有明确工艺步骤中条件参数的具体选择，而这些条件参数又会对生成的晶型产生重要影响时，提供的实验数据需要涵盖尽可能多的、合理的不同条件参数，这样才能充分证明在现有技术的所有范围内都"必然地、不可避免地"生成权利要求保护的晶型。

美国专利法第 103 条（a）规定了：一项发明虽然并不与本法第 102 条所规定的已经被披露或者已描述的情况完全一致，但如果申请专利的主题内容与现有技术之间的差异甚为微小，以致在该发明之初对于本领域中普通技术人员是显而易见的，则不能被授予专利权。在评价显而易见性时，需考虑①现有技术的范围与内容；②相关领域的普通技术水平；③现有技术与权利要求所保护的主题内容之间的区别；④包括商业上的成功、长久渴望但未解决的问题、预料不到的技术效果等在内的其他因素。在本案中，被告基于制备最稳定的阿莫达非尼晶型属于"显易尝试（obvious to try）"认为 I 型阿莫达非尼是显而易见的。"显易尝试"是美国专利商标局 2007 年公布的"非显而易见性"审查指南中所列举的导致"显而易见"的第五种情况，即："从确定的有限数目的、可预料的解决方案中选择，并具有合理的可预期的成功"，其判断原则是：本领域技术人员在其掌握的技术范围内有足够的理由寻找到该公知的选择，如果导致可预见的成功，则其不是创新的结果，而是常规技术和公知常识的产物。但是，并非在任何情况下，"显易尝试"都等同于显而易见性，尤其是在现有技术最多给出了在一个毫无疑问的无法预测的领域中进行反复实验的普遍动机的情况下。当现有技术没有提示哪些参数是重要的，也没有指引哪些选择可能会成功，本领域技术人员不得不变化所有参数或尝试每一种可能的选择时；或者，当现有技术对于要求保护的发明的特定形式或获得该形式的方法仅给出了一般性教导，本领域技术人员不得不探究新的技术或看似有希望的普通技术手段时，"显易尝试"就不属于显而易见。在本案中，结晶过程和多晶型测试的结果是无法预期的，需要使用大量可变的条件进行实验。即便认为结晶实验属于"显易尝试"，但需要尝试的内容已经超越了常规，因此此类无法预期的反复实验不能否定 I 型阿莫达非尼的非显而易见性。

4.2.2　Novopharm 公司以不具备新颖性、存在不正当行为、未公开最佳实施方式为由挑战 Glaxo 公司盐酸雷尼替丁Ⅱ型晶体发明专利权失败，转战Ⅰ型晶体仿制药获得成功[①][②]

1. 案情简介

1976 年，Glaxo 的化学家合成了一种氨基烷基呋喃衍生物，日后命名为雷尼替丁，其是有效的组胺拮抗剂，可以抑制胃酸分泌。1977 年，Glaxo 在美国递交了专利申请，并于 1978 年 12 月 5 日获得了 US4128658 专利（下称 658 专利），其权利要求保护一系列结构近似的化合物，包括雷尼替丁及其盐酸盐。658 专利的实施例 32 公开了一种制备盐酸雷尼替丁的方法。

Glaxo 在 1977—1980 年间制备了大量的盐酸雷尼替丁用于毒理和临床研究，Glaxo 的化学家使用与实施例 32 类似的编号为 3A 的方法制备，后来又开发出一种更有效的编号为 3B 的方法。在 1980 年 4 月 15 日，Glaxo 的 Derek Crookes 使用方法 3B 制备出了与先前所有批次明显不同的结晶的盐酸雷尼替丁，红外吸收光谱和 X 线衍射谱证实了所述差异，表明新的产品是一种与先前已知的形式不同的、结晶形式的盐酸雷尼替丁。Glaxo 将最新发现的晶型命名为 2 型，将 658 专利限定的产物命名为Ⅰ型。

Ⅱ型晶型更容易过滤和干燥，使之更适合商业应用，可以通过浓缩盐酸进行制备，比氯化氢气体制备法更为方便。但其流动性较差，使得其纯净形式难以称量和分装。因此 Glaxo 的科学家开发了一种新的使用共沸法将Ⅱ型晶型造成盐粒的方式，使其更易于加工成药物组合物。1981 年 Glaxo 在美国申请了保护Ⅱ型晶型的产品和制备方法专利，分别于 1985 年 6 月 4 日（US4521431，下称 431 专利）、1987 年 6 月 9 日获得专利权（US4672133，下称 133 专利）。由于共沸法是雷尼替丁Ⅱ型晶体商业化应用的核心技术，Glaxo 决定将其作为商业秘密保留，不将其列入 431 专

---

① Glaxo, INC., and Glaxo Group Limited v. Novopharm, LTD., 52F. 3d 1043 (1995)

② Glaxo, INC., and Glaxo Group Limited v. Novopharm, LTD., 110 F. 3d 1562 (1997)

利和 133 专利的说明书中。

1991 年 8 月 9 日，加拿大公司 Novopharm 向 FDA 递交了简略新药申请（ANDA），想在保护 I 型晶体的 658 专利到期之后（1995 年 12 月 5 日）、保护 II 型晶体的 431 专利到期之前（2002 年）生产和销售 II 型盐酸雷尼替丁仿制药。Glaxo 于 1991 年 11 月 13 日提起侵权诉讼（下称侵权诉讼 1），指控根据 1988 年美国专利法 271 条（e）（2），Novopharm 的 ANDA 对 431 专利的权利要求 1 和 2 构成了技术侵权。Novopharm 承认侵权成立，但是对 431 专利的有效性发起了挑战，包括下述理由：①431 专利因为被 658 专利固有占先而不具备新颖性；②Glaxo 存在不正当行为；③Glaxo 没有公开实施专利的最佳方式。

地区法院认为 Novopharm 的无效理由不成立，判决 Glaxo 的 431 专利有效，Novopharm 的 ANDA 侵权；Novopharm 不服地区法院的判决，上诉至联邦巡回上诉法院，法院维持了地区法院的判决。

1994 年 4 月 25 日，Novopharm 再次提交 ANDA，希望批准 I 型盐酸雷尼替丁上市，Novopharm 在 ANDA 中声明其产品不侵犯 431 专利的专利权，并且不打算在 658 专利到期之前上市。原始提交的 ANDA 中指出经红外光谱分析拟上市产品是约 99%纯的 I 型盐酸雷尼替丁（可能含有 II 型盐酸雷尼替丁杂质），修改后的 ANDA 中指出拟上市产品中 I 型盐酸雷尼替丁的纯度最低为 90%。1994 年 7 月 22 日，Glaxo 提起侵权诉讼（下称侵权诉讼 2），指控根据 1988 年美国专利法 271 条（e）（2），Novopharm 的 ANDA 侵犯其 431 专利权；根据 1994 年美国专利法 271 条（g），如果 FDA 批准 ANDA 之后 Novopharm 进口了按照 133 专利保护的方法生产的盐酸雷尼替丁，则侵犯其 133 专利权。

地区法院判决 Novopharm 不侵权，Glaxo 不服一审判决，向联邦巡回上诉法院提出上诉，上诉法院维持了一审判决。

2. 审理过程

1）侵权诉讼 1

（1）关于新颖性。

Novopharm 的技术专家在完全按照 658 专利实施例 32 方法进行的 13 次操作中得出的总是 II 型晶型，而不是 I 型。Novopharm 按照固有占先的理论，基于已成为现有技术的实施例 32 必然得出 II 型晶型的事实，指控 431 专利因 658 专利的固有占先而丧失新颖性。

　　Glaxo 则以"晶种污染"的理论进行反击。Glaxo 指出，由于 Novopharm 的实验室里曾经使用过和制备过大量的 II 型晶型，因此实验室表面和空气被 II 型晶型污染，作为污染源的 II 型晶型与制备 I 型晶型的反应物接触，将会严重影响 I 型晶型的形成。Glaxo 同时还提供了牛津大学科学家的实验验证这种理论，来证明 II 型晶型的污染确实可以影响 I 型晶型的形成。Novopharm 则从盐酸雷尼替丁的高度水溶的特性，以及其实验的高度密封性反击 Glaxo 的这种论点，认为其实验室没有被 II 型晶型所污染。Novopharm 的观点得到了法院的认可。

　　之后 Glaxo 的发明人 David Collin 作证，其实验记录的 122 页内容是实施例 32 的撰写基础，按照 122 页内容制备出的产品经红外吸收光谱鉴定是 I 型晶型。Novopharm 发现 Collin 的实验记录中有两个步骤在实施例 32 中并没有体现，即加热步骤和微酸的 pH。Collin 承认上述事实，但认为实施例 32 是其工作的正确总结，并且温度和 pH 的细微差别并不会影响实施例 32 多晶型的形成。综合专家证言以及本领域的常识，法院认为加热是本领域技术人员实施实施例 32 时所采用的常规技术手段，pH 的微小变化也在实施例 32 所使用方法的可接受范围内。并且 Collin 于 1977 年 6 月 27 日进行了一项实验，该实验方法就是 658 专利中记载的实施例 32，实验产物是 I 型盐酸雷尼替丁。因此法院认可了 Collin 当年工作的可信性。

　　Glaxo 还请三位牛津大学的化学家作为证人，他们将实施例 32 重复了三次，产物均为 I 型晶体。Novopharm 辩称其中前两个实验受到了 I 型晶种的污染；第三个实验将反应容器加热，即没有完全遵循实施例 32 的记载进行。法院认同第一个争辩理由，但认为第三个实验中仅采用了轻微加热辅助雷尼替丁碱的溶解，这在实施例 32 的合理范围内。

　　综合双方的证据和观点，地区法院认定，658 专利实施例 32 既可以产生 I 型晶型，也可以产生 II 型晶型。Novopharm 没能证明实施例 32 必然制备出 II 型晶型。因此 Novopharm 没有完成就该指控应当达到的清楚而具有说服力的证明责任，指控不能成立。联邦巡回上诉法院同意地区法院的观点。

　　（2）关于不正当行为。

　　Novopharm 对不正当行为的指控源于 Glaxo 在 431 专利申请实质审查过程中提交的声明。1983 年 8 月 28 日，审查员认为基于 658 专利的公开内容，431 专利的权利要求 I 和 II 限定的 II 型盐酸雷尼替丁不具有新颖性或者创造性。为了克服审查员的质疑，Glaxo 提交了光谱学鉴定组主任 Hunt 的声明，比较了 658 专利实施例 32 的产品和 II 型盐酸雷尼替丁的红外吸收光谱和 X 线衍射光谱，认为二者存在显著的差异。Novopharm 认为这份申明包括故意的误导性事实，因为晶型 I 的数据并非源自实施例 32 中制备的产品，而是源自方法 3A 中制备的产品。

Glaxo 承认上述声明中递交的 I 型晶型的数据并不是从按照 658 专利实施例 32 制得的盐酸雷尼替丁中获得的。因此地区法院认为，Glaxo 在专利申请审查过程中提供误导性证词的事实是存在的，而且该误导性证词具有重要性。但是地区法院没有从该误导性证言推导出故意欺骗的意图。法院认为，作为光谱学鉴定组的主任，Hunt 非常熟悉 I 型晶型的光谱数据，包括最初由 Collin 根据实施例 32 制备的 I 型晶型。他知道所有的 I 型晶型都与 II 型晶型的光谱数据不同。法院认为通过实施例 32 获得的 I 型与其他方法获得的 I 型的红外光谱之间没有区别。尽管实施例 32 制备的晶型未经 X 光衍射检测，但是使用其他方法制备的晶型显示的 X 光衍射图谱是一致的，并与 II 型晶型显著不同，而这些晶型与实施例 32 制备的晶型的红外光谱完全相同。

地区法院认为，Hunt 本人相信实施例 32 制备的晶型与其向审查员递交光谱数据所使用的晶型是没有任何差别的，从其提交了没有使用实施例 32 制备的样品的数据的行为不能推断出欺骗性意图。因此，地区法院认定 Novopharm 没有完成证明 Glaxo 具有故意欺骗意图的举证责任。联邦巡回上诉法院同意地区法院的观点。

（3）关于最佳实施方式。

在案件开审的两个多月前，Glaxo 提交的一些证据文件显示 Glaxo 隐藏了涉及造粒方法的技术资料。基于此，Novopharm 声称 Glaxo 没有公开 431 专利的最佳实施方式，即使用共沸法将盐酸雷尼替丁 II 型晶型制成药物组合物，这违反了美国专利法 112 条第 1 款，因此请求法院做出专利权无效的即决判决。地区法院认为尚不能在法律上判定 Crookes 博士知道共沸法是本发明的最佳实施方式，因此否决了 Novopharm 关于即决判决的请求。

审理开始后，Glaxo 首先指出，共沸法造粒不是需要的公开内容，因为其没有落入权利要求的保护范围内。而且该方法只是盐酸雷尼替丁药物组合物制剂的制备方法。因此如果说相关，其也只是与 431 专利涉及该组合物的权利要求相关。而本诉并没有涉及该权利要求，因此也不用考虑最佳方式的问题。Glaxo

公司内部的专利代理人的书面证词显示，他们在准备涉诉专利的申请文件时，从没有咨询过 Crookes 本人，因此，发明人 Crookes 并不知道共沸法是本实施本发明的最佳方式。Crookes 在作证时也说："我在本次诉讼之前，一直不知道有关盐酸雷尼替丁的共沸方法的任何情况，或者其优点。我在申请日之时没有，实际上也不能够认为共沸法是制造盐酸雷尼替丁片剂的最佳实施方式"。Crookes 说他的工作部门与研发出共沸法的员工的工作部门是不同的。

Novopharm 则主张，Glaxo 提供的档案显示，Glaxo 工作人员知道共沸法，并将其视为将 II 型盐酸雷尼替丁制成药物组合物的最佳方式，而且这些工作人员应当将该知识传达给 Crookes。

地区法院认为，在判定专利权人是否违反了公开发明最佳实施方式的问题上，需要严格依据美国专利法 112 条第 1 款和 Texas Instruments, Inc. v. United States International Trade Commission，871 F. 2d 1054，10 USPQ2d 1257（Fed. Cir. 1989）的判例法，必须以发明人是否确切知道该最佳方式为准，不允许使用推定发明人知晓的方法用于最佳实施方式的分析。档案显示，Glaxo 的其他员工知道共沸方法，并且知道该方法可应用于制备商业化制剂。档案还显示这些员工以及他们的专利代理人担心不公开共沸方法可能会遭遇最佳实施方式的问题。但是仅到于此的证明还不够，Novopharm 必须证明发明人 Crookes 知道发明的最佳实施方式，而这是专利法和判例法规定的必须具备的因素。但是 Novopharm 没有完成这种证明。因此，地区法院驳回了基于最佳实施方式的抗辩。联邦巡回上诉法院同意地区法院的观点。

基于上述理由，联邦巡回上诉法院判决 431 专利有效，Novopharm 的仿制药申请构成了专利侵权，Novopharm 不得在 431 专利到期之前生产和销售盐酸雷尼替丁 II 型晶型。最高法院驳回了 Novopharm 申请复审令的请求。

2）侵权诉讼 2

（1）关于权利要求的解释。

地区法院将 431、133 专利的权利要求解释为仅含纯的 II 型盐酸雷尼替丁的产品、制备纯的 II 型盐酸雷尼替丁的方法。

Glaxo 争辩应将权利要求解释为含任意量的 II 型盐酸雷尼替丁的产品及制备该产品的方法。

联邦巡回上诉法院认为相关权利要求并不局限于纯的 II 型盐酸雷尼替丁，

并且认同在前一次侵权诉讼中法院所查明的事实：采用658专利实施例32的方法并非确定地获得Ⅱ型盐酸雷尼替丁。即658专利的方法不是固有的生成Ⅱ型盐酸雷尼替丁，与Ⅱ型盐酸雷尼替丁相关的权利要求的有效性并不取决于被限定为纯净形式。因此，对与Ⅱ型盐酸雷尼替丁相关的权利要求进行解释时，无需排除含有Ⅰ型盐酸雷尼替丁的混合物。

（2）关于侵权。

431和133专利均通过红外光谱和X射线衍射图谱对Ⅱ型晶体进行了具体限定，地区法院认为从字面上解释，Ⅱ型晶体需展现出全部特定强度的29个红外峰和/或以全部32个"d-spacing"表示的X射线衍射图谱。没有达到上述标准的物质不能被认为是Ⅱ型盐酸雷尼替丁。

Glaxo试图采用单峰"面积比试验"证明Novopharm的ANDA申请中存在Ⅱ型盐酸雷尼替丁，该试验关注1077cm^{-1}（两种晶型均有强响应）、1045 cm^{-1}（仅Ⅱ型有峰）处的峰。在纯的Ⅰ型样品中加入含量逐渐增加的Ⅱ型，并进行光谱学分析，得到Ⅱ型百分含量对1045 cm^{-1}峰下表面积的线性回归方程。分析未知样品时，可以将1045 cm^{-1}峰下的表面积/固定峰下表面积的比值与含有已知量Ⅱ型的参比样品的相应比值进行比较，从而确定其中Ⅱ型药品的含量。

地区法院认为该试验依赖于峰面积的计算，因此尽管Ⅱ型相关峰是1045 cm^{-1}，但计算峰面积时需测量1040~1048 cm^{-1}之间的条带，任何特征峰在1040~1048 cm^{-1}之间的杂质都会产生假阳性结果，此外，在该区域范围内的物质的吸收强度、其峰的斜率、色谱仪的噪声水平都会影响试验结果。因此不能仅根据该试验结果得出是否侵权的结论。

在431和133专利申请过程中，Glaxo提交了Hunt的声明，声明中所附Ⅰ型盐酸雷尼替丁的红外谱图清楚地显示了1045cm^{-1}处的峰。而Dr. Klinkert证明1045cm^{-1}峰可能并不代表Ⅱ型，而代表杂质或溶剂。应Novopharm的要求，Glaxo提供了其所认为的"纯的"Ⅰ型样品，即在出现Ⅱ型之前的第七个生产批次的样品"3B6"，而该样品在1045 cm^{-1}也有峰，且其面积比0.0061高于Glaxo认定的试验检测限0.0055。法院认定样品"3B6"中出现的1045 cm^{-1}属于Ⅱ型以外的其他杂质。此外，Glaxo的科学家发表的研究论文中也记载了Ⅰ型的红外光谱，其也在1045 cm^{-1}处有吸收。因此，仅仅单一峰面积比试验不足以证明以29个红外峰限定的产品的存在。

与 Novopharm 的 ANDA 一同提交的样品的面积比仅为 0.0008，且 ANDA 中允许 1% 的杂质存在，相比之下，Glaxo 所认为的纯为 I 型的 "3B6" 样品的面积比为 0.0061，如果面积比试验是可信的，那么其说明 Glaxo 自己拥有的 658 专利的样品中存在的 II 型比例高于 Novopharm 的产品，被诉侵权专利被 658 专利固有占先。第一次侵权诉讼中已经判定被诉侵权专利没有因固有占先而无效，那么面积比试验就不能用于证明 II 型晶型的存在。

Glaxo 还根据 X 射线衍射试验证明 Novopharm 侵权。跟前述对红外图谱分析的情况相似，用仅关注 1 个或 2 个 X 射线衍射峰的视觉参照试验不足以证明侵权成立。

综上所述，基于恰当的权利要求解释方式，地方法院认为 Glaxo 没能通过优势证据证明侵权。

上诉法院认同地方法院的观点，即单峰分析不足以取代权利要求中限定的显示出 29 个峰的光谱，Glaxo 必须证明涉诉专利权利要求中限定的每一个峰均存在才能证明侵权成立。Glaxo 未能证明被控侵权产品表现出权利要求中限定的 II 型雷尼替丁的特征性 IR 或 XRDP 光谱。

3. 案例解析

本案由盐酸雷尼替丁晶型引发了两起侵权诉讼，实际上是仿制药企业 Novopharm 公司先后两次对原研药厂 Glaxo 公司进行了专利挑战。

侵权诉讼 1 围绕 II 型晶体展开，Novopharm 公司首先承认侵权，然后挑战 Glaxo 公司 II 型晶体 431 专利的有效性，共提出了三点理由：固有占先、不正当行为、未公开最佳实施方式。

在对固有占先的抗辩中，Novopharm 公司提供了实验证据证明其完全按照 658 专利实施例 32 的方法进行实验，总是得到 II 型晶体。看似完成了举证责任，即实施现有技术必然地、不可避免地获得 II 型晶体。然而，法院还需考虑原告的证据，原告 Glaxo 公司出示了作为实施例 32 撰写基础的原始实验记录，记录显示经红外光谱鉴定所得产品为 I 型晶体。虽然 Novopharm 公司指出了原始实验记录与实施例 32 的不同之处，即加热和微酸性 pH，但实际上这属于实验条件的具体化，并非采用了与实施例 32 不同的方法，并且经进一步取证调查，法院认为所述具体条件的变化也不足以对晶体的类型产生影响。可见，双方的证据表明 658 专利的实施例 32 可以生成 I 型晶体，也可以生成 II 型晶体。在双方的证据证明力相当、待证事实相反的情况下，作为被控侵权人，Novoparm 未能完成其举证责任。

在不正当行为抗辩中，Novopharm 公司认为 Glaxo 公司为克服审查员提出的431 专利不具备新颖性或创造性的质疑时提交的声明存在不正当行为，理由是该声明中将 658 专利实施例 32 产品的光谱作为参比对象，但实际上该光谱并非源自 658 专利的实施例 32。法院认可了上述误导性事实的存在及其重要性，但并不认可 Glaxo 公司故意欺骗的意图。因为 Glaxo 公司提供上述参比光谱的目的在于使其专利产品与现有技术产品实施例 32 区分，虽然光谱实际来源与声明中的不符，但光谱本身能够代表实施例 32 的产品，对其为获得授权而意欲证明的事实而言并没有欺骗性。

在未公开最佳实施方式的抗辩中，法院需认定两个重要事实，即发明人是否知道涉诉的最佳实施方式，以及发明人在专利说明书中是否对该方式进行了公开。Novopharm 主张 Glaxo 的工作人员知晓最佳实施方式，并且他们应当告知发明人。然而法院认为，在"发明人是否知道"的问题上，不允许推定，必须以发明人是否确切知道该最佳实施方式为准。Novoparm 公司恰恰止步于推定，没能充分完成举证，因此该抗辩理由也没有得到法院的支持。

虽然对于 II 型晶体的专利挑战失败，但 Novopharm 公司并没有就此放弃盐酸雷尼替丁市场，而是将目标转向 I 型晶体，并主动声明其会在保护 I 型晶体的658 专利到期后上市，而且不侵犯保护 II 型晶体的 431 专利权。然而仍然遭到了Glaxo 公司的侵权起诉。

在侵权诉讼 2 中，主要由原告方 Glaxo 公司提供证据证明 Novopharm 公司的涉诉产品是否含有 II 型晶体，这是影响法院判决结果的决定性因素。Glaxo 公司认为 Novopharm 公司的产品中存在 II 晶体，是含有 I 型晶体和 II 型晶体的混合物，并找到了二者在红外光谱中的差异峰（1045 cm^{-1}），试图通过单峰面积比试验确定产品中 II 型晶体的含量。法院认为测量峰面积时需涵盖一定峰宽度之间的条带，特征峰在该条带内的杂质会产生假阳性结果，并且其他证据也表明1045 cm^{-1}峰不一定归属于 II 型晶体，也可能来自其他未知杂质。此外，涉诉专利用红外、X 射线衍射图谱对 II 型晶体进行了限定，只有展现出与权利要求中限定的相同图谱的物质才能被确认为 II 型晶体，而 Glaxo 公司并没有完成相应的举证。因此 Glaxo 公司在此次侵权诉讼中落败。

4. 案例启示

在本案的侵权诉讼 1 中，Novopharm 公司以三个无效理由挑战 Glaxo 的 Ⅱ 型盐酸雷尼替丁，最后仍以失败告终，有很多方面值得深思。

首先，Novopharm 是固有占先的提出者，因此负有举证责任，必须证明 658 专利的实施例 32 必然地、不可避免地生成 Ⅱ 型晶体，而不仅仅是"可能生成"或者"有时候能生成"。此外，本案中，Glaxo 以原始实验记录作为反证，得到了法院的认可，提示了在对固有占先进行抗辩时，除了依赖重复涉诉专利记载的实验方法并鉴别其产品外，还可以依靠原始实验记录，只要该记录是专利方法的真实反映，并且记载了足以鉴别产品的数据，就可以成为反击"固有占先"的有利武器。

其次，根据美国专利法关于"不正当行为"的规定，专利申请人应当在专利申请过程中履行诚信披露义务，否则将承担专利无效或不可执行的法律后果。因此，在侵权诉讼中，"不正当行为"常被专利侵权人作为重要的抗辩理由。法院在审查是否存在不正当行为时，需要考虑"重要性"和"故意欺骗意图"两个因素。本案中，Novopharm 以原告意见陈述的误导性事实为据，认为原告在专利申请中存在不正当行为。法院认可所谓误导性事实的存在及其重要性，但认为 Novopharm 没能证明原告的故意性欺骗意图，因此该抗辩理由不成立。"不正当行为"的成立须证明行为人具有故意性欺骗意图，这就对侵权人提出了较高的举证要求，因为往往难以找到直接的证据。在本案的审理过程中，法院从意见陈述相关人的身份、对证据的认知程度出发，剖析出原告不存在故意欺骗意图。这就提示我国制药企业，在美国如欲采用"不正当行为"为侵权抗辩理由，单单找出对方在专利申请过程中的失实性陈述或纰漏是不够的，还必须在"故意性欺骗意图"上做足功课。另外，作为申请人，在专利审批过程的各个环节中，都应履行诚信与善意的义务，避免有主观故意性质的欺骗性陈述，这样将有助于专利权的稳定。

最后，1988 年的美国专利法 112 条第 1 款中规定，说明书中应当披露发明人所设想的实施其发明的最佳方式，这一要求既是授权条件之一，也可以作为无效或者使专利权不能行使的理由。该规定可避免专利权人将发明有价值的部分作为商业秘密隐藏，保证了公众获得关于发明实施方式的全面披露，但是很多大企业对于以未披露最佳实施方式作为无效理由表示强烈反对，因为以其质疑专利效力显然涉及主观判断，而申请发明时申请人所认为的最佳实施方式可能与数年后他人实施或使用该发明的最佳实施方式并不相同。美国第112届国会于2011年9月16日通过了《莱希—史密斯美国发明法案》，该法案第15条对美国专利法中关于最佳实施方案的规定进行了修改，未披露最佳实施方式不再是专利无效的理由。我国制药企业应关注上述变化，在向美国申请专利时可以制定合理的策略，将某些有价值的信息作为商业秘密予以保留，为竞争者设置一定的障碍，稳固自身的市场地位。

在本案的侵权诉讼2中，Glaxo公司诉Novopharm公司的Ⅰ型盐酸雷尼替丁产品侵权其Ⅱ型晶体专利权，Novopharm公司采用了不侵权抗辩，最终胜诉。

虽然两级法院对权利要求的解释方法不同，但判定侵权与否的标准实际上是相同的，即取决于Novopharm公司的产品中是否存在Ⅱ型盐酸雷尼替丁，存在则侵权成立。Glaxo公司试图通过实验证据证明上述事实，具体是以Ⅱ型晶体和Ⅰ型晶体的特征性差异峰作为考察对象，采用单峰面积比实验鉴别Ⅱ型晶体的存在。但是基于种种证据，法院认为1045 cm^{-1}处的单峰不足以代表Ⅱ型晶体，Glaxo公司没能完成举证责任：即需要证明被控侵权产品符合涉诉专利权利要求的每一个技术特征。对于药物晶型这一特殊领域，当以红外图谱、X射线衍射图谱等参数对晶型进行限定时，需考察权利要求中限定的每一个峰。对于纯净形式的晶体而言，直接测定其相应参数并与权利要求进行比较即可，然而，本案中的被控侵权产品是以Ⅰ型晶体为主的混合物，实际的被控侵权物Ⅱ型晶体是其中可能存在的杂质，如果不采用分离纯化手段，如何有效地从混合物中鉴定出单一晶型的存在是一个值得深入思考的问题。直接测定混合物的谱图无法满足举证要求，因此Glaxo公司转而寻找特征性差异峰，然而由于未知的其他杂质的干扰，也难以满足举证要求。这就提示制药企业，在开发晶体药物产品时，无论是创新还是仿制，明晰晶体的确切组成都是有益的。

在药物领域激烈的市场竞争中，晶型药物专利是抢占市场的有利武器，本案中的Novopharm公司先后向Glaxo公司两种不同的晶型专利发起挑战，最终获得成功，值得我国制药企业借鉴。国外大型制药企业通常会对同一种药物的晶型进行持续研发，提出一系列专利申请，设置牢固的专利壁垒，建议我国制药企业在挑战专利权时，同时关注不同的晶型，多挖掘无效理由，为挑战成功增加筹码。

第5章 药物纯度专利审查及案例解析

如前所述，化合物晶型属于用物理化学参数或者用制备方法表征的化学产品，在前述章节中也有部分案例中涉及了化合物晶体的纯度，化合物的结晶过程一般同时伴随着纯度的提升，化合物的制备过程也涉及纯度的问题。纯度同样属于用物理化学参数或者用制备方法表征的化学产品，一般的表征方式有：百分比纯度、某种物质或杂质的含量低于某种限度等，本章将对此进行重点阐述。

5.1 纯度专利审查

关于化合物的纯度，理论上讲，世界上不存在 100% 纯的化合物。对于化合物纯度的要求，一般来说，需要多高的纯度与其目的有关，例如，如测核磁共振，一般要求 95% 的纯度，如果测 EI-MS，纯度越高越好，例如 99% 以上；如果只是要做活性测试的新化合物，一般至少纯度要求 95% 以上，但要想将新化合物做成新药，一般来说，做的新药的纯度在国内目前至少不低于 98.5%，99% 以上当然更好。

总的来说，化合物纯度一方面跟含量有关，另一方面，跟除主要物质之外的杂质有关，由此定义不同的等级，以形成基准物质、标准物质、干扰杂质等。

5.1.1 纯化技术与专利问题

通常情况下对于结构和性质上差别较大的有机物的分离纯化，可以考虑采用蒸馏、萃取、升华、重结晶、过滤等经典实验技术[①]。

对于结构性质相近、很难用经典技术分离的有机物，则要依靠色谱和电泳

---

① 杨高文. 基础化学实验 [M]. 南京：南京大学出版社，2010.

等近代化学技术才能达到较好的分离纯化效果。而且大多数情况下只采用一种方法很难达到满意的分离纯化效果，还需要综合运用这些实验技术，鉴于有机物结构层次的多样性，以及结构间的相似性和复杂性，有机物的结构鉴定和鉴别也十分困难和复杂。不但要依据元素分析、物理常数测定和化学性质鉴别，还要综合运用色谱分析、质谱分析和光学分析等多种近现代技术，才能最终得到比较确切的实验结论。对于蛋白质、核酸、多糖等生物大分子以及超分子有机化合物，其结构层次更加多样和复杂，而且其结构与功能密切相关。因此，这些物质的结构分析更具挑战性，在医学和生物学领域更加重要。

1. 纯度产品的新颖性

若物质已知，仅纯度不同，一般无新颖性；但若以前含有不希望但无法除去的杂质，现除去后达到了以前无法达到的高纯度，则无疑有新颖性，但纯度必须写入权利要求。现有技术未完全提纯时，发明物质纯度高不一定就有新颖性，关键在于该纯度以前可否达到①。总体来说，该领域发明的新颖性判断尚没有成熟的标准及经验。

但是，即便是"基本纯""高纯度"等未明确限定纯度值的技术特征，在实际审查中，有时又不被认为是没有限定作用的技术特征，例如：T 728/98 涉及欧洲专利申请 96200338.0（公开号为 EP0723958），其原权利要求 1 为"一种具有下述通式的基本纯的哌啶衍生物化合物"，实审部门认为 US4254129A 公开了与权利要求 1 中相同的化合物，而"基本纯"② 这一限定不能使权利要求 1 具备新颖性，因为它不能使所请求保护的化合物与现有技术的化合物区别开来。申请人争辩中称，本申请的化合物纯度高，因而具备新颖性。在复审过程中，申请人将"基本纯"删除。申诉委员会认为这种删除使权利要求包括了任何纯度水平，虽然"基本纯"一词是不清楚的（该决定还认为根据现有技术并不清楚它是多高的纯度，而说明书中从来没有对该词进行过任何定义，因而该词是不清楚的特征），但它确实对权利要求具有限定作用。

2. 纯度产品的创造性

1969 年，美国联邦最高法院判例曾指出③，新的物质仅化学结构、颜色、重

① 张清奎. 关于生物领域专利保护若干问题的探讨 [J]. 审查业务通讯，1996，3（11）：1-13.
② 欧阳石文，刘颖. 中、欧关于申请文件修改是否超范围的判断之比较 [J]. 审查业务通讯，2006，12（12）：17-23.
③ 张清奎. 德国及欧洲对化学中间产物的专利保护 [J]. 审查业务通讯，1997，3（5）：5-11.

量、熔点、pH 或其他对应用效果无影响的物理化学性质的不同还不够，必须有引起应用效果与现有技术明显不同，又不能由相近的已知物质推导出的性质，才可以认为有创造性。

1973 年，联邦专利法院又在重要判例中增加了可用中间产物再加工成最终产物产生的技术效果来证明中间产物的进步性和创造性的论述，指出中间产物的专利性不仅仅在于所生产的最终产物是否新和有进步性，若生产的最终产物已知，但新的中间产物为最终产物的制备开辟了新的独特的途径，或带来了意想不到的效果（如提高产率和纯度、节省原料、降低成本等），也可以用再加工过程的效果来证明中间产物的创造性，因为无该中间产物就不可能有这些效果。

5.1.2　各国专利审查基准

1. 中国专利审查指南

1) 新颖性

《专利审查指南》第十章《关于化学领域发明专利申请审查的若干规定》第5 节中规定了：专利申请要求保护一种化合物的，如果在一份对比文件里已经提到该化合物，即推定该化合物不具备新颖性，但申请人能提供证据证明在申请日之前无法获得该化合物的除外。这里所谓"提到"的含义是：明确定义或者说明了该化合物的化学名称、分子式（或结构式）、理化参数或制备方法（包括原料）。对于用物理化学参数表征的化学产品权利要求，如果无法依据所记载的参数对由该参数表征的产品与对比文件公开的产品进行比较，从而不能确定采用该参数表征的产品与对比文件产品的区别，则推定用该参数表征的产品权利要求不具备《专利法》第二十二条第（2）款所述的新颖性。

2) 创造性

《专利审查指南》第十章《关于化学领域发明专利申请审查的若干规定》第6 节中规定了：结构上与已知化合物接近的化合物，必须要有预料不到的用途或者效果。此预料不到的用途或者效果可以是与该已知化合物的已知用途不同的用途；或者是对已知化合物的某一已知效果有实质性的改进或提高；或者是在公知常识中没有明确的或不能由常识推论得到的用途或效果。

2. 美国专利审查程序手册

已知产品的纯化：纯的物质对于较不纯或不纯的物质是有新颖性的，因为纯的和不纯的物质之间有差异。因此该问题是纯的物质的权利要求相对于现有技术是否具备非显而易见性。在 reBergstrom, 427 F. 2d 1394, 166 USPQ 256（CC-PA 1970）中，已知产品的纯的形式可以授权，但是仅是产品本身的纯度并不能使产品具备非显而易见性。

决定一种已知产品纯的形式相对于现有技术是否是显而易见的因素包括：权利要求的化合物或组合物是否与现有技术已知的密切相关的物质具有相同的用途；现有技术是否暗示权利要求的物质特定形式或结构，或是否暗示获得此种形式或结构的合适的方法。在 reCofer, 354 F. 2d 664, 148 USPQ 268（CCPA 1966）中，权利要求涉及一种化合物自由流动的晶体形式，参考文献公开了相同化合物的粘稠液体形式，该权利要求被认为是非显而易见的。因为现有技术并没有暗示权利要求中的化合物的晶体形式或如何获得此种晶体。

参考 Ex parteStern, 13 USPQ2d 1379（Bd. Pat. App. & Inter. 1987），权利要求涉及纯化得到的均匀的分子量超过 12000 的蛋白质白介素-2，该权利要求是不能授权的，因为参考文献认识到希望纯化白介素-2 得到均匀状态，在一篇参考文献中提供了一种纯化分子量超过 12000 的蛋白质获得均匀性的方法，该现有技术中的方法与本申请中公开的纯化白介素-2 的方法相同。

3. 欧洲判例

在 T 990/96（OJ 1998, 489）中，必须审查争议中的实际代表了某一具体纯度的特征（特别是非对映异构体的纯度）是否构成了权利要求具有新颖性的新要素。

该委员会认为：根据公知常识，通过化学反应获得的任何化合物通常由于种种原因都会含有杂质，从热力学原因上获得严格意义上的完全纯净的，也就是完全不含任何杂质的化合物是不可能的。因此在有机化学制备领域中，本领域技术人员根据当时的需要和要求以常规的方法对一个特定的化学制备方法所获得的化合物进一步纯化。在纯化步骤中应用常规的纯化方法对低分子量的有机反应产物进行纯化，属于公知常识的范畴。在一般情况下，一个文件公开了一种低分子量化合物及其制备，本领域技术人员根据 Art. 54 EPC 1973 中的方法可以获得所需要的任意纯度。特殊情况下可能存在不同的结论。例如，可能有一种情况，所有现有技术并不能通过常规的纯化方法获得特定的纯度（T392/06）。

在 T 728/98（OJ 2001，319）中，申请人（上诉人）认为，这种情况正是 T 990/96中提到的一个特例之一。权利要求的药物组合物不同于现有技术，因为它包含的化合物的特别高的纯度水平不可能通过常规方法来实现。

然而，委员会发现，申请人应承担证明这一声称内容的责任，申请人没有提供必要的证据。实际上，现有技术教导了使用传统的纯化方法，以便得到更好，即使很小量的基本上纯的化合物。因此，一般情况下，相比现有技术，实现已知化合物的特别高的纯度并不能够赋予产品新颖性。

在 T 786/00 中，被告根据 T 990/96（OJ1998，489）提交的答辩意见是没有说服力的，因为这决定可能并不适用于本案。与 T 990/96 相反，本案涉及一种用于制备具有特定性能（即抵抗沸水）的聚合物的方法，其特征在于通过使用具有所需纯度的起始组分的有机化合物。换句话说，起始组分的纯度水平是该方法的必要技术特征，只能在纯度要求的范围，而不是在所有可用等级的起始原料的纯度下进行。在委员会看来，最终产物和那些在制备过程中使用的原料的纯度要求之间存在根本差异。相比之下 T 990/96 中，围绕在起始原料的考量是完全不同的，因为它涉及的立体异构体，其可以通过分步结晶进行分离，以使产物分解为两个光学纯的对映异构体，达到最终的纯度。与此相关的是，本领域技术人员考虑可能用最不纯的原料获得足够的产物，产物本身可以被进一步纯化。因此，T 990/96 中有关最终产品的纯度的一般陈述，不能直接应用于起始原料，因而不能用于本案。

在 T 112/00 中委员会认为包含溶剂且具有纯度大于 99% 的组合物相比现有技术中包含该溶剂但没有明确记载纯度的组合物具有新颖性。委员会指出，权利要求的组合物可以被认为是最终的产物，溶剂作为起始原料。在 T 786/00 中，新颖性通过限定的起始材料的纯度来确定。

T 803/01 涉及药物组合物的新颖性，该药物组合物与现有技术的组合物的区别仅在其组分之一的纯度程度不同。根据委员会的意见，每一个纯化方法，只要它是"常规"，不管能达到何种纯化程度，都被认为公众可以自动获得，并是一个完全可行的方法，足以成为破坏新颖性的公开文献。正如 T100/00 中说明的，术语"常规"可能仅仅意味着"鉴于具体的技术背景下的常规"。因此，相对于现有技术权利要求 1 中的聚丙交酯的纯度是否构成新的要素，需要在具体的技术背景下进行评估。

委员会在此案中总结：对比文件 2 中描述的纯化方法，被视为根据有关的具体的技术背景下的"常规纯化方法"，该方法不能提供所需的纯度。也没有任何理由能够得出其他"常规"的纯化方法将能够提供所需的纯度。委员会因此决定，权利要求 1 限定的纯度水平的特征是新要素。

在 T142/06 中委员会指出，基于 T 990/96 决定的考虑，根据该文件中公开了一种低分子化合物及其制备，通常可以获得这种化合物各种所需要的纯度等级，即有机化合物的纯度水平并不是限定该有机化合物的必要技术特征。然而，很明显所要求保护的乳胶的氯离子的含量是所要求保护的乳胶的一个重要特征，因为，根据在系列专利中，只有具有这种低水平的氯离子的乳胶使膜产品具有在氧气阻隔性和蒸煮发白性能方面期望的性质。这意味着，在氯离子含量方面所要求的纯度不能被认为是任意的纯度，而是有目的的选择。因此，基于 T 990/96 决定的原因考虑，经由 T 803/01 决定中的暗示，其并不适用于委员会以前的情况。此外，也基于 T 990/96 决定的考虑，根据委员会的看法，在审查现有技术中公开的常规纯化方法能否成功提供所需的纯度前，应当先审查获得声称的纯度等级的需求是否存在于相关的现有技术中（也见 2003 年 3 月 7 日 T100/00）。委员会无法看出现有技术文献中存在降低氯离子至很低量的愿望。因此，委员会只能得出这样的结论，发明者已经提供给公众新的东西，或者换句话说，权利要求 1 中存在新的要素（如氯离子含量不大于 500ppm）使得权利要求 1 相对于现有技术具有新颖性。

总体而言，目前中国的审查标准与欧洲的审查标准存在相似性：

纯度可以通过通常的实验室方法获得，例如色谱法、蒸馏法、重结晶法等是所属领域常规的方法，已知公开的低分子化合物被认为可以获得各种水平纯度，除非有证据表明通过常规的方法获得这一纯度是不可能的（引用 T 990/96 等，Cf. T 0090/96, point 7 of the decision；OJ1998，489；T 0728/98，point 6 of the decision；OJ 2001，319）。

但是，在具体评判专利申请是否具备新颖性或创造性时，区分以下情形：现有技术公开了相应的纯度，该纯度低于本申请，按照上述审查标准，通过常规技术手段获得化合物的高纯度属于公知常识，撰写申请文件时需要重点关注创造性问题，要重点强调纯化过程中遇到的困难，常规手段无法达到高纯度的效果。现有技术公开了相应的化合物，但未公开纯度，此时纯度限定无法使本申请与现有技术产生区分，申请文件中或在答复意见通知书中要证明本申请的纯度现有技术达不到，同时还要注意克服创造性的问题。

在考虑化合物纯度是否具备创造性时，目前主要考虑以下 3 种情形：

（1）制备出本申请高纯度的化合物是否有技术难度，即按照 T 0090/96 和 T 0728/98 的观点，除非有证据表明通过常规的方法获得这一纯度是不可能的。

（2）本申请的纯度化合物取得预料不到的技术效果，该预料不到的技术效果主要体现在：生物活性的提升、稳定性提高、副作用降低、生物活性的改变等。

（3）本申请的高纯度化合物中某种杂质的含量低于某种限度，现有技术中并没有要降低该种杂质的启示或愿望，杂质降低之后，药效、稳定性等产生了变化。

5.1.3　申请与实质审查

在中国专利数据库中，在权利要求中检索有关纯度限定的专利申请，检索的关键词包括：纯度，pure，杂质，%等，共筛选 35 个案例进行研究。

1. 申请文件撰写

权利要求请求保护的方式见表 5-1。

表 5-1　权利要求请求保护的方式

保护的主题名称	化合物类型					纯度类型			
	已知	新的	小分子	高分子	大分子	≥99%	≥95%	≥90%	<90%
主题为化合物	25	3	24	1	3	9	14	2	3
主题为混合物	1	0	0	0	0	0	0	1	0
可包括上述两种情况的情形	3	0	3	0	0	1	2	0	0

1）关于保护主题名称

根据公知常识，通过化学反应获得的任何化合物通常由于种种原因都会含有杂质，从热力学原因上获得严格意义上的完全纯净的，也就是完全不含任何杂质的化合物是不可能的。

纯度限定的化合物的权利要求，与单纯的化合物的权利要求其保护范围是不同的，不同纯度的化合物的产品权利要求应理解为不同的产品。例如，

A：式Ⅰ所示的化合物

B：式Ⅰ所示的化合物，其纯度为99%以上。

A 的保护范围应理解为 包含式Ⅰ所示的化合物的所有产品，其可以为单体化合物，也可以为混合物。

B 的保护范围仅为纯度为99%以上的化合物。

B 的保护范围落入 A 的范围内，其可以理解为 B 是对 A 的选择发明，而选择发明即需取得意料不到的技术效果。

由于化合物纯化属于现有技术中非常常规的技术手段（柱层析、HPLC、重结晶等），纯度的提高属于可预期的范畴，除非其达到了现有技术常规制备方法或现有技术无法达到的纯度。

因此，对于此类权利要求的保护主题，实际上应当与组合物/混合物作如下的区别（见表5-2）：

表5-2　化合物与组合物/混合物的比较

比较内容	组合物/混合物	化合物	纯度限定化合物
多组分产品	是	是	是
组分的形式	含多种已知组分	含多种未知组分	多种未知组分
组分的分离	容易 通常可物理性分离	不容易 需化学分离	不容易 需化学分离
纯度/含量	一般为含量	可纯度限定	可纯度限定

如果按照上述的解释方法，则实际上化合物应为纯度限定化合物的上位概念，但是组合物/混合物并不直接是化合物的上位概念。

2）关于化合物的类型

前已述及，对于有机化合物的分离纯化，蒸馏、萃取、升华、重结晶、过滤、色谱和电泳等都是一些常规的实验技术，这也是 T 990/96 等的技术基础，但是，蛋白质与小分子相比，除了相对分子质量大得多之外，更重要的是结构上的复杂性与可变性，因此，蛋白质与小分子的分离纯化可能会有较大的不同。

虽然对于蛋白质的纯化也可使用色谱、电泳、膜等方法进行纯化，但是蛋白质在分离纯化过程中除了要求具有较高的纯度外，还要求纯化后的产品保持其高的生物学活性，对于蛋白质等大分子化合物纯度的提高具有更不确定性，基于这一点，纯度限定的大分子化合物的考虑因素应当更多。

3）关于纯度的范围

前已述及，化合物的纯度一般分三个层次（见表 5-3）：

表 5-3　化合物的纯度层次

层次	纯度范围	用途	可否成药
1	90%左右	可用于测活性	不可成药
2	95%以上	可用于鉴定结构	不可成药
2	98%以上	可用于申请新药	可成药

因此，目前涉及纯度的专利申请，一方面大都是已知的化合物，另一方面大都95%以上，可能大多已具备成药的纯度这一要求，但是，是否能够制备成新药，还需要药效、毒理等多方面的决定因素，纯度只是其中较容易实现的条件之一。

4）关于杂质的性质

前也已述及，纯度主要是用于描述杂质的，因此，实际上纯度限定的化合物，对于杂质的技术性描述尤显重要，例如重结晶、色谱等虽然是纯化的常规方法，但是，有些杂质也会影响产品析出，进而影响重结晶的产率和提纯化合物的纯度，杂质的种类对峰影响很大，杂质的化学位移和产物如果重合，同样影响分离的难度。

2. 实质审查

涉及纯度限定的专利申请主要分为以下几种情形。

1）不涉及立体构型的化合物的纯化

此类型的专利申请，发明点在于纯度的提升，并不涉及立体构型的拆分。

根据本领域技术人员的常识，化合物纯度的提升必然导致活性的增强和制剂稳定性的提高。该类申请的说明书中需着重介绍现有技术或常规分离纯化手段在纯度提升所遇到的困难，本申请中的制备方法与现有技术具有何种不同，所得的纯度现有技术无法达到。

例如案例：CN200980111738。

权利要求1要求保护一种化学纯度超过95%的戊霉素。

本申请中详细记载了在纯化戊霉素时所遇到的技术困难，并经本申请中的制备方法，制备得到了高纯度的戊霉素，并最终获得授权（具体参见国内专利案件解析——案例1）。

2）已知化合物中具有多个手性中心，对其中一种构型进行纯化

化合物中具有多个手性中心，必然存在多种异构体，该类权利要求的发明点既在于化合物的纯度，又在于选择发明。

说明书中需记载在纯化过程中所遇到的问题，以及该构型的化合物所具有的有益效果。

例如案例：CN200680022964。

权利要求请求保护：

"1. 式Ⅰ的关于氮为S构型的分离的化合物：

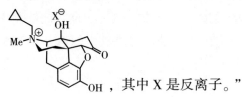

，其中X是反离子。"

在本申请说明书中详细记载了化合物分离纯化的方法，以及得到的化合物的不同于母体化合物的活性，并获得了授权（具体参见国内专利案件解析——案例2）。

3）已知化合物，其中包含的某种杂质，其含量低于某一含量

此类权利要求的发明点在于降低现有技术中某种化合物中所含的杂质，说明书中需记载现有技术中是否存在降低该杂质的需求或愿望、在去除杂质时现有技术遇到的困难，记载本申请详细的制备方法，以及确实达到了某种杂质降低的效果。

例如案例：CN 201310348207。

（1）一种高纯度枸橼酸托烷司琼化合物，其特征在于，枸橼酸托烷司琼化学名为：$1\alpha H,5\alpha H$-托品烷-3α-基吲哚-3-羧酸枸橼酸盐；

枸橼酸托烷司琼结构式：

分子式：$C_{23}H_{28}N_2O_9$。

（2）如权利要求 1 所述的一种高纯度枸橼酸托烷司琼化合物，其中以质量计，枸橼酸托烷司琼原料药含量 99.9% 以上、杂质含量小于 0.1%；其中，残留的有机溶剂三氯甲烷、甲苯均小于 0.001% 以 HPGC 无法检出，二氯甲烷、四氢呋喃、二氧六环、吡啶均小于 0.005%，乙醇小于 0.04%；水分小于 0.05%。

本申请在说明书中记载了在去除杂质时现有技术的方法遇到的困难，通过本申请中的方法才可以达到高纯度，从而获得了授权（具体参见国内专利案件解析——案例 3）。

对于已知化合物且纯化手段较为常规的纯度限定的产品权利要求，一般存在如下几种修改方式：回避高纯度特征，考虑制备方法的可专利性；回避高纯度特征，考虑化合物本身的可专利性；进一步细化纯度化合物之外的成分（杂质）。但是，如果本申请的纯度化合物能够区别于现有技术，克服了一定技术困难得到，或取得了较好的效果，确有可专利性之处，可以如下意见陈述方式：证明现有技术公开了一化合物并不意味着该化合物在所有纯度水平上是已知的；证明对比文件无法达到所述的纯度；本申请与对比文件在组成上能够区别开；化合物本身的特殊性或难以获得性；在某方面具有优异的性质或效果等。

5.2　国内专利案例评析

5.2.1　"高纯戊霉素"实审案

1. 案情简介

本案涉及发明名称为"高纯戊霉素"的申请号为 2009801117382 的发明专利申请（下称本申请），申请人为卢莫维塔有限公司，申请日为 2009 年 3 月 20 日，优先权日为 2008 年 4 月 1 日，公开日为 2011 年 4 月 13 日。

戊霉素是 1980 年代在瑞士以商品名 Pentacin 注册的药物的活性成分，但是由于难以满足注册产品对纯度和稳定性（即使市场销售的剂型含有抗氧化剂）的规格要求，从市场上撤回了。按照瑞士注册文件中的规格说明书，戊霉素的纯度是 95%。但是，当使用今天可用的现代分析手段时，现在发现在过去注册的戊霉素中存在的大量杂质没有被检测，因此过去的戊霉素的真正纯度远低于 95%。本发明要解决的问题是将戊霉素的纯度提高到 93% 以上、特别是 95% 以上，并使戊霉素达到能够重新进入瑞士的药物市场以及使其在其他国家作为药物注册的足够稳定的形式。

尽管进行了大量努力，但发明人在很长一段时间内不能将戊霉素的纯度提高到超过 93%。某些杂质似乎与戊霉素一起结晶在相同的晶格中，因此通过结晶进一步纯化被证明是不可能的。正如在本申请实施例 8 中所示，即使将粗品戊霉素用甲醇进行三次连续结晶后，获得的产品仍含有约 10% 杂质。所述杂质包含结构与戊霉素非常类似的化合物，因此它们不能通过简单的常规方法全部除去，所述杂质例如戊霉素的各种环氧化物、其中羟基被氧代基团替代或甲基化成甲氧基的戊霉素衍生物、其中双键被还原成单键的戊霉素衍生物、含有四氢吡喃酮环的戊霉素衍生物和/或可能的戊霉素的立体异构体。

本申请进行了大量的结晶实验，其中将戊霉素溶解在例如二甲基亚砜（DMSO）、二甲基甲酰胺（DMF）和 N-甲基吡咯烷酮（NMP）中。然后向如此获得的溶液加入反溶剂直到发生结晶，所述反溶剂是指戊霉素在其中溶解性相当低的溶剂，例如甲醇、乙醇、异丙醇、丙酮、乙酸乙酯或乙腈。也试验了溶解在大体积的反溶剂例如甲醇中的戊霉素的结晶。本申请发现戊霉素与吗啉和 N-甲基吡咯烷酮形成溶剂合物但是不与 DMSO 形成溶剂合物，并且通过所述溶剂合物的重复重结晶，所述溶剂合物可以令人吃惊地用于减少与戊霉素共结晶的杂质。连续制造和结晶戊霉素与吗啉的溶剂合物，其首先以针状形式结晶，然后将针状多晶型物吗啉溶剂合物转变成以薄片状形式结晶的吗啉溶剂合物，然后除去吗啉。与薄片状戊霉素吗啉溶剂合物相比，针状溶剂合物不太适合于纯化。根据到目前为止获得的（仍然有限的）实验经验，通过重结晶不能将它纯化到超过 93% 的阈值。因此，通过例如加入薄片状溶剂合物种晶，将针状溶剂合物尽可能快地转变成薄片状溶剂合物。吗啉或 NMP 可以通过从 DMSO/乙醇或 DMSO/甲醇中结晶来除去，由此得到了戊霉素的多晶型物 A。多晶型物 A 的纯度超过 95%。

本申请权利要求 1 请求保护：化学纯度超过 95% 的戊霉素。

最终授权时权利要求：化学纯度超过 96% 的戊霉素。

2. 案例解析：不涉及立体构型的化合物的纯度

对比文件 1（KR20060125156，2006 年 12 月 6 日）公开了纯化戊霉素的方法，并具体公开了纯度 95% 的戊霉素以及通过柱层析再重结晶的方式纯化戊霉素的方法。

按照前述审查标准，化合物的提纯方法属于常规技术手段，在现有技术已经公开了纯度 95% 的戊霉素，并且具体公开了提纯方法的基础上，本领域技术人员能够根据需要进行进一步提纯，从而获得化学纯度超过 95% 的戊霉素。本申请能否授权的关键在于：根据现有技术中公开的方法或者常规纯化方法能否达到 95% 以上的纯度。

通过本申请中记载的内容可以看出，本申请在纯化过程中遇到很大的技术难题，其采用的纯化方法并非现有技术已知的纯化方法，也不是常规技术手段。本申请通过将戊霉素与吗啉和 N-甲基吡咯烷酮形成溶剂合物，但是不与 DMSO 形成溶剂合物，并且通过所述溶剂合物的重复重结晶，吗啉或 NMP 可以通过从 DMSO/乙醇或 DMSO/甲醇中结晶来除去，由此得到了戊霉素的多晶型物 A，多晶型物 A 的纯度超过 95%。现有技术中仅公开了 95% 的纯度，超过 95% 的纯度是现有技术达不到的，其符合纯度限定的化合物的授权要求。本申请最终的授权权利要求为"化学纯度超过 96% 的戊霉素"，分析可能是申请人主动放弃了 95% 的数值点，规避了现有技术已知的 95% 的纯度。

3. 案例启示

该案例不涉及立体构型的化合物的纯度，该申请的发明点在于达到了现有技术无法达到的纯度。

本申请在说明书中详细介绍了现有技术中纯化戊霉素遇到的困难，以及无法达到 93% 以上的纯度。并记载了由于难以满足注册产品对纯度和稳定性（即使市场销售的剂型含有抗氧化剂）的规格要求，从市场上撤回。以此凸显本申请创造性的高度以及对于产业的价值。

从本申请说明书中记载的内容看，说明书中详细记载了使用常规的制备方法无法制备得到高纯度的戊霉素，而在与吗啉或 N-甲基吡咯烷酮形成溶剂合物，之后可以较大幅度降低杂质含量，且薄片状形式结晶的溶剂合物优于针状，加入薄片状溶剂合物种晶，将针状溶剂合物尽可能快地转变成薄片状溶剂合物。溶剂化物中的吗啉或 N-甲基吡咯烷酮随后可以通过从 DMSO/乙醇或 DMSO/甲醇中结晶来除去，由此得到了高纯度戊霉素的多晶型物 A。说明书中详细的记载使本申请的技术方案充分地公开，并通过对比，凸显了本申请所取得的效果预料不到。本申请的撰写方式，非常值得学习和借鉴。

申请人最终获得了授权，最终的授权权利要求为"化学纯度超过 96% 的戊霉素"（即回避了对比文件 1 公开的 95% 的点）。但是值得思考一下，本申请的权利要求保护范围是否可以更大一些。《专利审查指南》第十章《关于化学领域发明专利申请审查的若干规定》第五节中规定了：专利申请要求保护一种化合物的，如果在一份对比文件里已经提到该化合物，即推定该化合物不具备新颖性，但申请人能提供证据证明在申请日之前无法获得该化合物的除外。申请人在说明书中记载了现有技术中的纯化方法无法将戊霉素的纯度达到 93%，若申请人可以提供证据证明现有技术（KR20060125156）中公开的制备方法无法制备得到 95% 纯度的戊霉素，则本申请的原始权利要求"化学纯度超过 95% 的戊霉素"同样也达到了授权的条件。

5.2.2 "(S)-N-甲基纳曲酮、其合成方法以及其药物用途"复审案

1. 案情简介

本案涉及发明名称为"(S)-N-甲基纳曲酮、其合成方法以及其药物用途"的申请号为 200680022964X 的发明专利申请（下称本申请），申请人为普罗热尼奇制药公司，申请日为 2006 年 5 月 25 日，优先权日为 2005 年 5 月 25 日，公开日为 2008 年 6 月 25 日。

(S)-N-甲基纳曲酮结构式为：

甲基纳曲酮（MNTX）是纯阿片样物质拮抗剂纳曲酮的衍生物，其作为盐存在。Goldberg 等人的美国专利 US4176186 和 Cantrell 等人的 WO2004/043964 A2 描述了 MNTX 合成的方案。二者都描述了通过用甲基化剂季铵化叔 N-取代的吗啡喃生物碱来合成 MNTX。关于由合成产生的立体异构体，Goldberg 等人和 Cantrell 等人都未提及。因为基于现有技术不能确定立体化学，所以作者谨慎地未提及立体化学。如其他反应参数例如温度和压力一样，纳曲酮中的环丙基甲基侧链不同于现有技术的侧链并且可能影响了 MNTX 合成中的立体化学产物。基于各自中所述的合成方法，不知道由此产生的 MNTX 是否是 R、S 构型或两种构型的混合物。文献中没有描述纯形式的 S-MNTX 以及制备纯 S-MNTX 的方法。

本申请通过阴离子交换树脂、反相色谱柱、反相 HPLC 分离得到纯度高于 90%的 S-MNTX，活性测试结果表明：S-MNTX 起到 μ 阿片样物质受体激动剂的作用，R-MNTX 对吗啡具有拮抗剂活性，而单独使用时 S-MNTX 具有激动剂活性。

本申请权利要求 1 请求保护：

"式 I 的关于氮为 S 构型的分离的化合物：

，其中 X 是反离子。"

本申请经历了复审过程，根据复审决定第 47328 号，可以看到本申请的审查过程。

驳回决定中认为：对比文件 1（US4176186A，公开日为 1979 年 11 月 27 日）公开了 N-甲基纳曲酮的溴化物和碘化物，也是分离形式，虽然没有公开其氮原子的构型，但根据其制备方法，除氮原子外其余手性中心的构型与本申请完全一致，所得到的产物是氮为 S 和 R 两种构型的一对非对映异构体的混合物，本领域技术人员根据常规技术手段必然能够拆分得到其中的 S-或 R-异构体中的任一个，因此推定该化合物氮为 S 构型的异构体已经被公开了，其破坏了权利要求 1 的新颖性。

申请人认为：对比文件 1 没有提及合成产生的立体异构体，现有技术也未记载其立体化学结构，因此，不知道由对比文件 1 的合成方法产生的 MNTX 是否是 R、S 构型或两种构型的混合物。本申请的发明人发现，通过对比文件 1 中所述的方法实际上立体选择性合成了 R-MNTX。按照对比文件 1 的方法，根本不能产生本申请所述的 S-MNTX。

在复审程序中，合议组认为：虽然对比文件 1 公开 N-甲基纳曲酮的溴化物和碘化物，但是并未具体公开该化合物的立体异构体，从式 I 化合物结构上看其存在 1 个手性 N 原子和 4 个手性 C 原子，按照理论其具有 32 种立体异构体。对比文件 1 中并没有提及 N-甲基纳曲酮的溴化物和碘化物立体异构体，也未公开其为对映异构体的混合物，因此不能认为该化合物氮为 S 构型的异构体已经被公开。对比文件 1 公开的并非是 N-甲基纳曲酮的溴化物和碘化物的外消旋体，该化合物不止一个手性中心，因此不能认为对比文件 1 公开了等摩尔的 R-N-构型和 S-N-构型的甲基纳曲酮的溴化物和碘化物立体异构体。因此本申请权利要求具备新颖性。

在实审过程的补充检索报告中引用了新的对比文件：对比文件 2（Ryszard J. Kobylecki，et al. N-Methylnalorphine：Definition of N-Allyl Conformation for Antagonism at the Opiate Receptor. Journd of Medicinal Chemistry，1983，25（11）：1278-1280），并认为对比文件 1 和对比文件 2 的结合可以评述权利要求创造性。

对比文件 2 公开了关于氮不同构型的纳洛酮的活性，直立键异构体 A（即 N 为 S 构型）具有部分拮抗活性而平伏键异构体 B（即 N 位 R 构型）具有纯阿片受体拮抗活性，必须强调的是异构体 A 还具有一定的激动活性和明显的拮抗活性，A 和 B 均具有 μ 受体亲和力而没有 δ 受体亲和力，异构体 B 对 μ 受体和 δ 受体的亲和力均大于异构体 A（参见第 1280 页右侧栏第 1 段，第 1279 页表 1）。由于 S-MNTX 与对比文件 2 中所述的 A 异构体的结构区别仅在于环丙甲基替换烯丙基，二者结构非常接近，对比文件 2 给出了对于对比文件 1 中 N 的不同立体构型进行选择的启示，并且可以预期 S-MNTX 与异构体 A 一样也具有激动活性和部分拮抗活性。

申请人在之前的意见陈述中已经说明：对比文件 1 中描述的合成方法不会产生以具有激动剂活性的立体异构体作为主产物的产物，当然更不会产生纯度 75% 的 S-MNTX。从本申请说明书中记载的内容看：S-MNTX 组合物令人惊讶地表现出阿片样物质激动剂的活性，MNTX 的 S 对映体表现出与以前已知的 MNTX 组合物相反的活性，这是预料不到的技术效果。

本申请授权权利要求为：

"式 I 的关于氮为 S 构型的分离的化合物：

，其中 X 是反离子，该化合物具有至少 75% 的纯度。"

2. 案例解析：涉及立体构型的化合物的纯度

该案例涉及立体构型的化合物的纯度，本申请制备得到了高纯度的单一构型的化合物，且其取得了与其他构型相反的生物活性。

如本申请复审过程中所认为的：化合物中含有 2 个以上的多个手性中心，其存在着多个立体异构体。若对比文件中仅公开了该化合物，不能认为对比文件公开了所有构型的化合物。权利要求中请求保护某个特定立体构型的化合物，一般不涉及新颖性的问题，重点要克服创造性的问题。

与本申请最接近的现有技术（对比文件 1），公开了具有多个手性中心的化合物，并未公开 S-MNTX，因此本申请具备新颖性。对比文件 1 中公开的制备方法主要获得的为 R-MNTX，并不能获得 S-MNTX 为主要成分的产物。本申请中设计了特定的制备方法，产物中以 S-MNTX 为主要产物，且 S-MNTX 的生物活性与 R-MNTX 相反。本申请的创造性体现在通过特定制备方法制备得到高纯度 S-MNTX，且其生物活性与预期的不同，取得了意料不到的技术效果。

3. 案例启示

针对涉及立体构型化合物的纯度，应注意：现有技术中的制备方法制备得到的是单一立体异构体或多个异构体的混合物，现有技术中是否存在启示对立体异构体进行拆分，其预期的活性如何。还要记载：据现有技术中的常规制备方法能否获得该立体构型的化合物，是否需要克服技术上的困难。该立体构型的化合物所取得的生物活性是否根据现有技术可以预期。

若现有技术已经公开了制备的产物是具有多个立体构型化合物的混合物，利用常规分离手段对其进行分离得到高纯度的某种构型的化合物是容易的，本申请若想授权，其通常须取得了意料不到的技术效果。

5.2.3 "一种高纯度枸橼酸托烷司琼化合物" 实审案

1. 案情简介

托烷司琼是《国家级化学医药新产品开发指南》第三辑中推荐品种，它是高效、高选择性外周神经元及中枢神经系统5-羟色胺第三亚型（5-HT$_3$）受体拮抗剂，用于控制化疗而引起的恶心、呕吐。其特点为高效、高选择性，作用时间长，它能选择性地阻断引起呕吐反射的外周神经元突触前5-HT$_3$受体的兴奋，作用于传入中枢神经最后区的迷走神经活动的5-HT$_3$受体。

ZL201310029259和ZL201310029898中，通过改变结晶条件制备得到了两种晶型，但是其纯度只有98.5%，无法获得更纯的晶体。ZL201010117917等文献报道了多种高纯度盐酸托烷司琼的制备方法，其产品纯度达到99.9%，但是枸橼酸性质与盐酸不同，其为弱酸相对难以成盐，并且容易吸湿潮解，因此枸橼酸盐中夹杂的水分等难以除去，参考这些现有技术仍然无法制备得到高纯度的枸橼酸托烷司琼。现有的制备工艺尚有不足，特别是对于制备一种高纯度枸橼酸托烷司琼化合物，各项技术还有待于进一步提高。一方面，生产过程中的有机溶剂残留较多，导致药物不良反应；另一方面，残留水较多，影响固体原料药的稳定性。

本申请（201310348207.3）中通过以下方法，达到了高纯度的枸橼酸托烷司琼：①合成过程中不使用甲苯，改用安全的乙醇，避免了产品中的甲苯残留；②结晶过程：粗品1αH,5αH-托品烷-3α-基吲哚-3-羧酸枸橼酸盐加热溶于蒸馏水，过滤后，添加热的枸橼酸饱和溶液，冷却静置，析出白色结晶；过滤，滤饼抽干后再重复上述结晶步骤2次，得精制枸橼酸托烷司琼；枸橼酸托烷司琼原料药中以质量计，枸橼酸托烷司琼原料药含量99.9%以上、杂质小于0.1%；其中，残留的有机溶剂三氯甲烷、甲苯均小于0.001%以HPGC无法检出，二氯甲烷、四氢呋喃、二氧六环、吡啶均小于0.005%，乙醇小于0.04%；水分小于0.05%。

本申请原始权利要求请求保护：

"一种高纯度枸橼酸托烷司琼化合物，其特征在于，枸橼酸托烷司琼化学名为：$1\alpha H$，$5\alpha H$-托品烷-3α-基吲哚-3-羧酸枸橼酸盐；

枸橼酸托烷司琼结构式：

分子式：$C_{23}H_{28}N_2O_9$。"

实审第一次审查意见通知书中认为：权利要求 1 要求保护一种高纯度枸橼酸托烷司琼化合物，但是并没有对高纯度进行限定，D1～D3（CN101838266 A、CN103073542 A、CN103073543 A）都公开了枸橼酸托烷司琼化合物，其纯度都在 98.5%以上，按照通常的理解，可以认为都属于高纯度的范畴。因此，D1～D3 公开的化合物都落入权利要求 1 的保护范围，权利要求 1 不具有新颖性。作为额外的证据，D4（CN101787021 A）中公开了纯度 99.9%的盐酸托烷司琼，D5（彭茗. 枸橼酸托烷司琼中有机溶剂残留量的气象色谱测定法. 中国医药工业杂志，2002，33（8）：401-402）中公开了有机溶剂残留极少的枸橼酸托烷司琼，证明该化合物的纯化是根据现有技术记载的手段可以实施的，并且可以达到极好的纯化效果。

申请人在答复一通时将权利要求修改为：

"一种高纯度枸橼酸托烷司琼化合物，其特征在于，枸橼酸托烷司琼化学名为：$1\alpha H$，$5\alpha H$-托品烷-3α-基吲哚-3-羧酸枸橼酸盐；

"枸橼酸托烷司琼结构式：

"分子式：$C_{23}H_{28}N_2O_9$，其中以质量计，枸橼酸托烷司琼原料药含量 99.9%以上、杂质含量小于 0.1%；其中，残留的有机溶剂三氯甲烷、甲苯均小于 0.001%以 HPGC 无法检出，二氯甲烷、四氢呋喃、二氧六环、吡啶均小于 0.005%，乙醇小于 0.04%；水分小于 0.05%。"

在意见陈述中认为：由于本发明化合物结构较为复杂，为含有手性中心的胺类的有机酸盐，因此，其成盐后并不容易获得高纯度的结晶，并且容易在晶体中夹杂小分子溶剂。因此，通过简单的重结晶等方法难以纯化到很高的纯度。这也与对比文件4中给出的盐酸托烷司琼的情况不同，盐酸分子较小，并且为强酸，容易成盐。申请人最初的技术来源就是D5中提供原料的中科院上海药物研究所，引进技术时对方并未解决纯化的问题，该问题是申请人在后续的生产过程中发现和解决的，因此，D5的数据可信度是值得怀疑的。根据现有技术并非可以"根据实际需要可以获得各种纯度的枸橼酸托烷司琼化合物"，而是本申请改进了结晶条件和合成方法之后才制得了高纯度的该化合物。答复后，本申请获得了授权。

2. 案例解析：杂质含量限定的化合物纯度

本申请涉及杂质限定的高纯度化合物，本申请说明书中记载了：现有技术仍然无法制备得到高纯度的枸橼酸托烷司琼，现有的制备工艺尚有不足，特别是对于制备一种高纯度枸橼酸托烷司琼化合物，各项技术还有待于进一步提高。一方面，生产过程中的有机溶剂残留较多，导致药物不良反应；另一方面，残留水较多，影响固体原料药的稳定性。本申请通过特殊的制备方法制备得到高纯度、特定杂质少的枸橼酸托烷司琼。

申请人在答复一通时，以纯度以及杂质对化合物进行了限定，这些特征对比文件并没有公开。同时申请人还指出：申请人最初的技术来源就是D5中提供原料的中科院上海药物研究所，引进技术时对方并未解决纯化的问题，该问题是申请人在后续的生产过程中发现和解决的。即对比文件5并不能达到本申请中所限定的纯度（即杂质含量达不到本申请高度）。

3. 案例启示

对于此类专利申请，应注意：现有技术中能否达到与本申请相同的纯度、现有技术中是否记载该化合物中通常含有的杂质、该杂质是否会导致活性或稳定性的变化、是否有降低该杂质的愿望或启示、本申请中所采取的非常规的技术手段、该技术手段所带来的效果。

对于实审中通知书所指出的缺陷，可采用进一步限定纯度或者杂质的方式进行克服。在进行意见陈述时，可以重点陈述现有技术中的制备方法能否达到本申请中所述的效果。必要时，可以重复对比文件中的实验条件，以证明其能否达到其公开的效果。

参考文献

阿基业，等.固体制剂工艺对药物晶型的影响［J］，中国医药工业杂志，2000，31（11）：524-526.

鲍颖，等.溶析结晶研究进展［J］，化学工业与工程，2004，21（6）：438-443.

崔建军，等.X射线衍射仪角度校准的光学新方法［J］，天津大学学报（自然科学与工程技术版），2014，47（8）：747-752.

丁锦希，等.晶型药物专利保护策略研究——基于阿德福韦酯晶型专利无效宣告案的实证分析［J］，中国发明与专利，2012，（8）：40-45.

仿制药晶型研究的技术指导原则.［EB/OL］2009［2015-07-30］http：//download. bioon. com. cn/view/upload/201210/09161305_ 4919. pdf.

龚俊波，等.药物晶型转化与控制的研究进展［J］，化工学报，2013，64（2）：385-392.

国家药典委员会.0451 X射线衍射法［EB/OL］.2015［2015-07-30］.http：//www. chp. org. cn/export/sites/chp/resource/2014b/20140730094730072463. pdf.

国家知识产权局.专利审查指南2010［M］，北京：知识产权出版社，2010：282、284-285.

韩镭，等.浅谈化合物药物晶型申请的创造性审查［J］，审查业务通讯，2015，21（03）：35-40.

韩征.晶体权利要求涉及法26条4款的审查的思考［J］，审查业务通讯，2012，18（07）：1-6.

胡晓薇.头孢地嗪钠晶型转化与结晶过程研究［J］，天津大学化工学院，2013.

贾连锁，等.X射线图谱限定特征对晶型药物专利申请保护范围的影响［J］，中国新药杂志，2014，23（21）：2481-2485.

李恒.药用化合物水合物审查标准的探讨［J］，审查实践与研究，2012，（10）：82-84.

林广海，等.在专利侵权诉讼中如何解释权利要求［J］，人民司法，2008，（06）：42-47.

刘便霞，等.气体样品傅立叶变换红外光谱定量分析的误差研究［J］，分析化学研究报告，2011，39（04）：580-583.

刘海洲，等.β-内酰胺类抗生素的工业生产及发展趋势［J］，化工科技市场，2008，31（3）：1-4.

刘杰. 申请人公开晶体 XRPD 图的必要性 [J], 审查业务通讯, 2010, 16 (02)：97-98.

刘文琦. 解读美国专利法"不正当行为"理论的适用 [J], 电子知识产权, 2010, (05)：53-57.

吕扬, 杜冠华. 晶型药物 [M]. 北京人民卫生出版社出版, 2009：1-295.

美国专利局. 专利审查过程手册第 2100 章第 2144 节 2144. 04 作为支持理论的法律先例第VII 项已知产品的纯化 [EB/OL]. 2015 [2015-07-30]. http：//www. uspto. gov/web/offices/pac/mpep/s2144. html.

欧阳石文, 等. 中、欧关于申请文件修改是否超范围的判断之比较 [J], 审查业务通讯, 2006, 12 (12)：17-23.

欧洲专利局. 上诉委员会判例第 5. 1. 4 节达到更高纯度 [EB/OL]. 2015 [2015-07-30]. http：//www. epo. org/law-practice/legal-texts/html/caselaw/2013/e/clr_ i_ c_ 5_ 1_ 4. htm.

评美国专利法中最佳实施方式的规定及其修改. 2012 [2012-04-04]. http：//www. mysipo. com/forum. php？mod=viewthread&tid=40095.

任晓兰, 等. 欧专局关于化合物多晶型专利的审查 [J], 中国发明与专利, 2010, (05)：101-104.

魏宇明. 关于晶体权利要求清楚问题的一点看法 [J], 审查业务通讯, 2010, 16 (02)：102-103.

谢华, 等. 中国 1992-2011 年 β-内酰胺类抗生素专利分析 [J], 中国医药应用与监测, 2013, 10 (1)：48-51.

杨高文. 基础化学实验有机化学部分 [M], 南京：南京大学出版社, 2010：2

张辉, 刘桂英. 立普妥同族专利构建策略探析 [J]. 中国药学杂志, 2014, 49 (5)：437-440.

张清奎. 德国及欧洲对化学中间产物的专利保护 [J], 审查业务通讯, 1997, 3 (5)：5-11.

张清奎. 关于生物领域专利保护若干问题的探讨 [J], 审查业务通讯, 1997, 3 (11)：1-13.

张晓东, 等. 美国专利审查中"显易尝试"标准及对我国的启示 [J], 中国医药工业杂志, 2013, 44 (05)：533-537.

赵健, 等. 晶体药物专利申请的技巧及注意事项 [J], 现代药物与临床, 2012, (04)：1-4.

赵沁元, 等. 红外光谱技术在药物多晶型分析中的应用 [J], 广州化工, 2013, 41 (10)：34-35.

赵尊生. 化学专利申请说明书应注意记载较多的实施例 [J], 中国专利代理, 1997, (03)：29-30.

周肖寅, 等. 药物多晶型现象研究进展 [J], 化学与生物工程, 2010, 27 (10)：1-5.

周肖寅, 等. 药物多晶型现象研究进展 [J], 化学与生物工程, 2010, 27 (10)：1-5.

朱丹. 关于建立我国专利间接侵权制度的思考 [J], 人民司法, 2009, (01)：89-92.

Cynthia S. Randall, William L. Rocco, Pierre Ricou. XRD in Pharmaceutical Analysis: A Versatile Tool for Problem – Solving [EB/OL] 2010 [2015 – 07 – 30] http://www. american- pharmaceuticalreview. com/Featured – Articles/115052 – XRD – in – Pharmaceutical – Analysis – A – Versatile-Tool-for-Problem-Solving.

Raman Spectroscopy Analysis of Crystalline Polymorphs for Pharmaceutical Development [EB/OL]. 2015 [2015-07-30]. http://www. jascoinc. com/pharmaceutical/raman-spectroscopy-a-nalysis-of-crystalline-polymorphs-for-pharmaceutical-development.

Susanne H. Goodson. Challenges and Strategies for Patenting New Solid Forms [EB/OL] 2015 [2015-07-30]. http://www. fr. com/files/uploads/newsolidforms2. pdf.